U0566466

农情

——农业供给侧结构性改革调研报告

袁纯清 等◎著

NONGQING

NONGYE GONGJICE JIEGOUXING GAIGE DIAOYAN BAOGAO

人民出版社

序　言

凝神倾心在“三农”

党的十八大以来，以习近平同志为核心的党中央高度重视“三农”工作，总书记提出了新时期做好“三农”工作的新理念、新思想、新论断、新要求，我国“三农”工作发展进入到一个新的发展阶段。适逢其时，笔者自 2014 年 9 月至 2017 年近 3 年的时间里，遵照中央有关领导同志的指示精神，用了工作的大部分时间开展“三农”情况的调查研究，直接真切感受到农村改革带来的新变化，新理念带来的新发展，美丽乡村带来的新生活，新产业新业态带来的新动能，政策激励生产发展带来的农民收入新增长，亮点纷呈，激越人心。同时也感到，全面建成小康社会，实现总书记提出的“中国要强，农业必须强；中国要美，农村必须美；中国要富，农民必须富”的目标，任务十分艰巨，既有改革的深化遇到的深层次矛盾，又有发展遇到的资源、环境、劳动素质、传统生产方式的多层制约，如何破解，是我们所必须面对而又要着力解决的现实课题。笔者所牵头开展的三十余次专题调查研究正是循着这种现实的需要展开的,感谢人民出版社撷取其中的21篇调研报告,借以用调查的真实以及调研者的眼光和认知,来做一方题解,以期引起人们对“三农”更多的关注、思考,同心协力,做好“三农”这篇大文章。

梳理所辑调研报告有以下特点:

一是在调研主题上聚焦。调研什么,围绕什么开展调研,这是调研首先要解决好的问题,以提高调研的现实性、针对性、有效性。笔者这几年所开展的调研有一个明确的指导思路,即围绕每年中央一号文件来选题、确题,针对主要任务、主要目标、主要矛盾、主要难点来展开。围绕农村改革开展了农村产权交易市场建设(广西)、涉农资金整合(河南)、城乡统筹发展(四川成都)、农村土地制度改革(安徽)、农业供给侧结构性改革(河北)等多项调研。围绕农业生产方式和经营方式的转变,对河南第一二三产业融合发展、山东新型农业经营服务体系和福建转变农业发展方式展开专题调研。农民可持续增收是农村工作的出发点和落脚点,调研着意对湖南宁乡县进行了村庄剖析。针对脱贫攻坚的重大任务,笔者在贵州和甘肃这两个脱贫重点大省进行调研。

二是在总结发展亮点上深研。在改革力度加大、生产加快发展的大背景下,农村的活力得到极大激发,各种新的做法、新的样式、新的事物得到涌现。我们没有停留在情感的激奋,或是一般的现样描述,而是进行深入的分析,深层的思考,力求从它的发展的方向上去把握，在可持续性上去探求，在机理机制上去深化，在其规律性上去总结。如，我们对安徽现代农业产业化联合体在深入调研分析中，它是在家庭农场、农民专业合作社、龙头企业等新型经营主体基础上的再组织，从供给侧结构性改革的角度是一种有效实践，从新型经营服务体系的角度是一种有效形态，从产业一体化发展的角度是一种有效路径，是一种现代农业发展的新的组织形态，具有趋势性、方向性意义，具有创新和推行价值。又如，对山东新型农业经营服务体系的调研中，对大力培育新型经营服务主体的意义有着更为深刻的认识，它破解了以往土地适度规模经营往往通过租地流转的缺陷，通过经营服务主体“托管”农户承包地的方式，为发展土地适度规模经营开辟了一条新路径，既解决了“谁来种地、怎样种地”，又使家庭联产承包责任制找到了“统”和“分”的结合点，还成为帮助农民减少土地经营风险，获取土地增值收益的有效形式。再如，对农村兴起的“园区”经济，笔者研究认为，它既是现代农业的一种范式，又是一种方式，是现代农业生产方式、经营方式、组织方式的集合体，引领着中国现代农业发展的方向。

三是在解决难题上寻招。调研不仅在于发现问题，更重要的是解决问题。我们把破解问题之策，努力发掘各地好做法、好典型作为调研的重要取向。脱贫攻坚作为全面建成小康社会的聚力点。如，贵州在精准识贫上的“四看法”具有普遍性借鉴价值，即一看房、二看粮、三看劳动力强不强、四看家中有没有读书郎，并以百分制加以量化，为群众所认可，农民好理解、好比较、易接受。如，关于一二三产业融合发展难在方式和路径，河南采取规划引领、政策支持、集群化推进、循环化联结、园区化承载的办法，使河南这个粮食生产大省，实现由“国人粮仓”向“国人厨房”和“世界餐桌”的转变。又如，农民专业合作社大多存在的不规范问题，四川成都大力培养农业职业经理人，构建“土地股份合作社+农业职业经理人”的运行机制，破解了这一难题。

四是在改进改革上建言。提出工作和政策建议，为中央决策服务，是我们调研奉行的职责。可以说，每篇调研报告我们都以高度的责任感、实事求是的态度，提出一些建议。如，针对涉农资金整合问题，提出设立行业大专项、农业发展综合专项的建议，实现资金管理由部门多头负责，向集中统筹使用转变；涉农资金安排零散，向集中打捆办大事转变；涉农项目各自为战，向综合配套发挥作用转变，并建立以县为主体的运行机制。又如，关于农村转移人口市民化如何更好推进问题，提出把随迁子女义务教育作为重中之重来抓，建立以租赁市场建设为抓手的住房保障机制，等等。再如，对如何加快培育新型职业农民提出要提高对农民培训的专门性、针对性、规范性、实践性和可持续性，并建议开展百万新型农业经营主体领头人培育行动，三年内实施基本全覆盖，全面提升农业经营组织水平、管理水平。

五是在情况真实具体上下力。这是调查研究的基础。为使每次专项调查能获得现实的材料，能听到干部群众的真实反映，我们不仅行前大量地查阅了资料，做足“功课”，而且做好调研提纲，提高精准性。每次调研除召开各种不同类型的座谈会外，还要深入到农业农村生产生活一线，走村串户，现场和基层干部、新型经营主体管理人员、农民直接交谈、拉家常、谈农事。如，在甘肃调研脱贫工作时，从县到村的调研点由我们选定，事先我们就扶贫是否“精准”准备了60余道问答题，随机走访了45户农户，一一和农户交谈进行了解，不仅有了甘肃是否“真扶贫”“扶真贫”的直接感知，还从中发现了一些值得推广的好做法和值得重视的问题。我们在湖南宁乡调研农民收入情况时，吃住基本在乡镇，随机走访了40多户农户，一家一家算收入账，一家一家了解收入来源，一家一家谈增收门路，从中了解了农民对增收的期盼，看到了农民对发展生产的热情，发现了农民增收的新业态新动能。

通过大量的调查研究，也获得了一些基本认识，总归起来有以下几点：

一是坚定农业重中之重地位不动摇。把农业放在党和国家事业重中之重地位，这是习近平总书记多次加以强调的，而且率先垂范。党的十八大以来，我们所见，总书记每次到省地调研，必视察农村，必强调农业，必走进农户。总书记之所以告诫我们不能忽视农业，不能忘记农民，不能淡漠农村，这是总书记的战略眼光、全局胸怀、民生情愫。我们理解，中国有着广大的农村，这既是中国现实，也是中国未来，因为即使中国城镇化率达到70%,仍有几亿人口在农村,更何况对城里人来讲,农村是他们过去的根脉,根深才能叶茂。中国必须有农业,而且有现代农业,总书记点其要害在“中国人的饭碗任何时候都要牢牢端在自己手上,我们的饭碗应该主要装中国粮”,农业稳则百姓安,农业丰则农民富,农业强则国家昌。中国农民是伟大的,在改革开放的几十年里,2.7亿农民工成为城市建设工业发展的宏大部队,付出了艰辛、汗水和智慧,在村务农的农民支撑了中国粮食的“十二连增”,他们是我们党和国家最主要的政治基础、社会基础、群众基础,是经济发展的强大力量,他们应该而且必须受到关注和重视,得到尊重和关护。因此,我们认为把农业放在重中之重的地位是我们党的大政方针,是我们党的各级组织的一种施政理念,是我们党的干部特别是党的领导干部的一种政治自觉。

二是发展的广阔空间在农村。我们在调研中深深感到,确实存在“谁来种地、怎样种地”,传统农业收益递减的困扰,空巢房、空壳村牵人心忧。但是,用积极态度、发展的观点来看,农村依然是广阔的天地,首先蕴藏着极大的发展潜力,显示出美好的发展前景;其次是有着巨大的土地资源、巨量劳动力资源、丰富的生态资源、古老的农耕文化资源,资源就是财富;再次,随着信息化、交通现代化、城乡一体化的演进,农村又获得了新的发展机遇期。过去好山好水因交通阻塞“养在深闺”,今天乡村公路修到了农家门口,引来了乡村旅游“井喷式”发展;过去村里的山货因路遥道艰,只能倒掉烂掉,现在网上销售，成为城里人难得的抢手货；过去闲置的农舍，现今办起了乡间旅馆……零零整整，透出农村兴起、农业发展、农民致富新的生机。可想，这是一种发展的新机遇，只要遵循五大发展理念，创新推动，绿色发展，一定会迎来现代农业、美丽乡村、富裕农民的新时代。

三是补齐短板在农业农村。补短板，这是供给侧结构性改革的重要任务。相对城镇，农村是短板；相对工业，农业是短板。当务之急，第一是要补齐农业基础设施的短板，重中之重是加快高标准农田建设，这既是确保粮食安全之需，也是稳定种粮农民收入之要。第二是补科技人才严重短缺的短板。要加大以种子为核心的科研，提高农业的核心竞争力；要建立起一支科技服务队伍，让农业实用技术到田间；要研发农业生产技术装备，加快推进农业机械化进程；要加快培育新型职业农民，使农民职业化，进而实现农业产业化。第三是要补农村公共服务的短板，关键是教育和医疗。要努力使农村的孩子能享受到较高质量的义务教育，缩小差距。要提高农村卫生防疫和医疗水平，让农民享有更好的健康服务。第四是要补乡村人居环境建设之短。全面推进美丽乡村建设，加大乡村环境治理力度，提高乡村改厕、改水以及生活垃圾、人畜粪污治理的财政支持，提高农民的生活质量，也与乡村旅游相契合，实现生存环境、生活环境、生产环境“三新”。第五是要补上农业金融不足的短板。农户特别是新型经营主体贷款难、贷款贵是普遍的困扰。解决金融短板，关键在金融创新。要加快改革,使农民的土地承包经营权、住房财产权以及大型农机具、农业生产设施可以作为抵押品,解决农民缺乏贷款抵押物的制约;要建立健全农业贷款担保体系,使农户和新型经营主体获得信贷担保,金融机构减少信贷风险;要推行信贷保险的方式,通过保险的办法,放大信贷倍数,使农民获得更多的金融支持,发展生产。同时,农户的互助金融以及信用金融亦有广阔的前景,通过规范和完善,以形成完整的农业金融支持体系。

四是出路在农业供给侧结构性改革。我国农业农村发展进入一个“结构转型、方式转变、动力转换”的新时期。习近平总书记高瞻远瞩,审时度势,明确提出,推进农业供给侧结构性改革,提高农业综合效益和竞争力,是当前和今后一个时期我国农业政策改革和完善的主要方向。在调研中,我们实际地感受到农业农村发展动能接续不足,农业生产结构不尽优化、农业生产竞争力不相适应、要素配置不够合理、农业发展不可持续等问题越来越显现,推进农业供给侧结构性改革已成为顺应我国经济社会发展大逻辑的必然要求,也是破解我国农业农村发展诸种困难和矛盾的根本途径。农业供给侧结构性改革其要义是从供给侧入手,用改革的办法,来解决农业的结构性矛盾。要把握好两个关键点。第一是要把调整优化农业结构放在重中之重的位置。这包括调整产品结构、农村产业结构、农业经营结构、农业区域结构、农业生产方式、要素配置结构。结构调好了、调顺了、调优了,进而优化农业产业体系、生产体系、经营体系，土地产出率、资源利用率、劳动生产率会得到极大提高，增加农民收入、保障有效供给的改革目标得以实现。第二是要把深化体制机制改革作为改革的强大动力。核心是理顺政府和市场的关系，发挥市场在资源配置中的决定性作用，更好地发挥政府作用，让市场力量牵引结构调整。这包括要深化粮食等重要农产品价格形成机制和收储制度改革，有效发挥市场调节作用，形成合理比价关系，既确保粮食供给，又防止谷贱伤农。推动涉农资金整合，创新资金使用方式，发挥财政资金撬动作用。推进农村金融创新，全面提升农村金融服务水平。深化农村集体产权制度改革，增强发展活力。总之，通过改革激活农业农村市场，激活农业发展主体，激活农村各种资源要素，迸发出农业农村发展的强大活力和动力，推动农业农村更好地发展。

五是办法在基层在农村在农民。改革任务之重，农业可持续发展之难，农民增收压力之大，是前所未有的。中央的大政方针已经明确，现在需要的是解决涉水过河的船和桥，即办法从哪里来。调研的实际体会是，农民群众、广大基层干部不仅蕴藏着极大的发展热情，也具有巨大的创新能力，拥有爬坡过坎的聪明智慧。许多在机关冥思苦想不得解决的问题，基层早有创造蓝本。办法从实践中出，办法从基层、从农民中来。当年安徽小岗村农民首起实行包产到户包田到户，开启农村改革的先河，今天安徽农民又创造“一户一块田”，推进土地适度规模经营。还有浙江湖州的农户用秸秆和养殖专业户换沼渣,互利互惠,形成一种产业链的循环。前述中提到的贵州威宁县五星村用“四看”的办法识贫,也是农民自己想出的好办法。西藏林芝巴结村依托村边数百株巨柏开发成“柏树王园林景区”,使全村88户农民整体脱贫,显然是一个靠树“吃”树的典范,不能不是一种智慧。凡此种种,要求我们相信群众,尊重群众的首创精神,善于发现、总结、推广,以至形成政策、形成普遍性效应。

六是成功根本在党的领导。2017年中央一号文件是党中央连续发出的第14个指导“三农”工作的一号文件。以一号文件的形式确定“三农”方针、政策、任务,表明党中央对农业农村工作的高度重视,对广大农民群众的高度关心,向全党全社会释放出了党中央高度重视“三农”的强烈信号。回顾改革开放三十多年来农村农业发展的历程,农业加快发展、农民持续增收、农村社会稳定,我们仅用世界占比7%的耕地,养活了占世界22%的人口,其粮食人均占有量超过450公斤,远高于世界人均330公斤水平,这不能不是一个奇迹。这种巨大的成就和成功来自中国共产党的正确坚强的领导。2016年4月在安徽小岗村农村改革座谈会上,总书记强调要坚定不移深化农村改革,坚定不移加快农村发展,坚定不移维护农村和谐稳定,使命光荣,任务艰巨。这要求我们各级党组织向总书记、向党中央看齐,高度重视“三农”工作,列入重要议事日程,加大工作力度,完善政策支持体系。特别是要按照总书记2017年6月在山西视察时提出的要建设好一支懂农业、爱农村、爱农民的干部队伍的要求，使党对农村工作的领导得到更有力地落实。要加强农村基层党组织建设，使党的核心作用在农村支部得到充分体现，把农业搞得更强，把农村建设得更美，把农民变得更加富裕。

感受之，感想之，感言之，是为序。

袁纯清

2017 年 6 月 29 日

目　　录

第一篇　成都市实施统筹城乡发展综合配套改革试验、推动农村改革发展调研报告

2014 年 12 月 14—18 日，我们调研组一行到四川省成都市就统筹城乡发展、推进农村土地制度改革问题进行了调研。其间，我们与省有关部门负责同志进行了座谈交流，了解了四川省农村改革发展的情况。总的感觉，四川省委、省政府高度重视“三农”工作，提出了“两个重中之重”（即“三农”工作是全部工作的重中之重、农民增收是“三农”工作的重中之重）的要求。具体体现在：一是全省农村经济社会稳定发展。2014 年全省粮食生产可达 680 多亿斤，比 2013 年增加 7.5 亿斤，前三季度，全省农民人均现金收入达到 7853 元，比城镇居民可支配收入高 2.6 个百分点，比全国平均水平高 0.2 个百分点，全年农民人均纯收入可实现 11%的增长目标。二是为全面深化农村改革，2014 年年初四川省委专门成立了农业和农村体制改革专项小组，具体研究部署农村各项改革。2014 年 9 月，省委用两天时间召开深化农村改革推进会，明确提出四川省农村改革的主攻方向是：以放活土地经营权为重点，创新农业经营体系，发展适度规模经营，努力提高农业劳动生产率和农业现代化水平。目前，省委全面深化改革领导小组审议下发了构

建新型农业经营体系等5个专项改革方案，审议通过了《关于进一步引导农村土地经营权规范有序流转发展农业适度规模经营的意见》等3个指导意见和实施办法；专项小组审议审定了《关于全省农村产权流转交易市场建设的指导意见》等16个指导意见和实施办法。目前，全省有158个县(市、区)(不含成都市)开展承包地确权登记颁证工作，占应开展县数的96.3%；有89个县开展了农村房屋所有权登记工作；有19个县探索开展了小型水利设施、农牧业设施等产权确权工作。到年底，全省有55个试点县基本完成承包地确权登记颁证工作；集体建设用地使用权、宅基地使用权确权登记颁证率分别达到94%、96%，农村其他改革正在积极推进中。三是有几项四川特点的"三农"工作：一个是全面启动幸福美丽新村建设，推行保护、修缮、改造提升和新建相结合的模式，累计完成各类新村聚居点7269个，建成"1+6"(即：1个村民活动室加便民服务、农民培训、文化体育、卫生计生、综治调解、农家购物6个中心)村级公共服务中心5740个。一个是大力发展乡村旅游，制定全省乡村旅游提升计划，2014年前三季度收入达1062.7亿元，占全省旅游总收入的27.6%，增长18%。另外一个是推进农村廉租房建设，解决农村无能力自建住房户的困难，保证人均居住面积13平方米以上，争取2020年全部完成危房改造任务。

为了解成都市统筹城乡综合配套改革试验区的情况，我们先后到金堂县、崇州市、蒲江县、彭州市、郫县，实地走访乡镇、村组、农民合作社、农业产业化龙头企业、农业社会化专业服务公司，同市县领导、基层干部、农民群众进行了广泛交流，感到近年来成都市在统筹城乡发展、深化农村改革方面作出了有益探索，积累了一定经验。

一、成都市统筹城乡发展的基本思路

近年来,成都市积极深化统筹城乡综合配套改革,深入实施“两化”互动、城乡统筹发展战略。

(一)推进城乡制度统筹,构建城乡一体衔接配套的制度体系

围绕解决城乡分割、管理多头问题,设立了市、县城乡统筹工作委员会,赋予交通、水务、建设等政府有关部门城乡一体化管理职能。围绕解决地该怎么用问题,推进农村产权制度改革,在全国率先开展农村产权确权登记颁证,建立市、县、乡三级农村产权交易服务体系。围绕解决人往哪里去问题,推进户籍制度改革,逐步消除附着在户籍上的就业、社保、教育等 9 方面不平等权利和待遇,稳步推进城镇基本公共服务常住人口全覆盖。

(二)推进城乡建设统筹,构建梯次分明功能互补的一体化城乡体系

打破“重城轻乡”“重点轻面”的惯性思维和做法,大力实行城乡一体规划、一体建设,将城乡空间、设施和产业等进行统一规划、统筹布局,初步构建了“一城双核六走廊”的空间布局;推动交通、水利、电力等基础设施向农村延伸,初步形成了城乡一体、畅达高效的基础设施体系,城乡一体化规划、建设与发展的新型城乡形态正在形成。

（三）推进城乡产业统筹，构建三产融合规模经营的产业体系

积极培育生态高效农业，连片推进粮经产业基地、农业精品园区建设；发展农产品精深加工和农村商贸流通服务，推动乡村旅游提档升级；创新农业经营机制，建立职业经理人培养制度，加快构建“农工贸旅一体化、产加销服一条龙”的都市型现代农业产业体系。

（四）推进城乡公共服务统筹，构建城乡统一均衡配置资源的服务体系

紧扣以健全农村社会保障体系“兜底”、以提升农村公共设施配置标准“提质”的两条主线，推进城乡基本公共服务均等化。

（五）推进城乡社会治理统筹，构建民主决策联动高效的乡村治理体系

规范决策机制，通过建立村民议事会，促进治理方式民主化；加强培育引导，对基层治理骨干实施全覆盖、常态化的教育培训，促进治理主体多元化；打破城乡分治格局，推行属地化、网格化、信息化管理模式，促进治理手段科学化。

二、成都市统筹城乡发展取得的成效

国务院批准成都市为统筹城乡综合配套改革试验区以来，成都市按照中央要求和省委部署，积极深化统筹城乡综合配套改革，经济持续

较快发展，产业结构不断优化，城镇化率持续提高，城乡居民收入大幅增加，城乡差距进一步缩小，初步构建起了城乡一体化发展新格局。2008—2013 年，成都市地区生产总值从 3901 亿元增加到 9108. 9 亿元，增长 2. 3 倍，2014 年可以过万亿元，居副省级城市第 3 位；实现一二三产业结构比 3. 9 ∶ 45. 9 ∶ 50. 2；城镇化率从 63. 58%增长到 69. 4%；城镇居民人均可支配收入从 16943 元增加到 29968 元，增长 1. 8 倍，农村居民人均纯收入从 6481 元增加到 12985 元，增长 2 倍，城乡居民收入比从 2. 61 ∶ 1 降低到 2. 31 ∶ 1。

成都市将统筹城乡发展的着力点放在强农上，在全市范围内大力开展高标准农田建设，规范引导土地经营权流转，耕地流转率从 33. 4%增长到 53%，土地流转面积达 336. 9 万亩；主要农作物耕种收基本实现全程机械化，农机化率达 72%，农业科技贡献率达 54. 5%；实现口粮基本自给、蔬菜供给有余的格局。2013 年，成都市粮食总产量 243 万吨，全市城乡居民粮食消费 227 万吨；粮食单产由 389 公斤提高到 413 公斤，累计提高了 24 公斤，累计新增粮食生产能力 20 万吨。蔬菜总产量 541 万吨，全市城乡居民蔬菜消费 425 万吨，连续多年净调出量超过 100 万吨。

三、成都市促进农村改革发展的主要举措

在推进统筹城乡综合配套改革试验进程中，成都市始终坚持把农业农村工作放在重中之重的位置，将农业定位为“都市现代农业”，确定了到 2017 年“两率先、两倍增”的目标（在中西部地区率先基本实现农业现代化、率先实现农村全面小康；实现农业高端产业倍增、农民人

均纯收入倍增），按照“以工促农、以贸带农、以旅助农”的要求，全面深化农业农村改革，加快构建新型农业经营体系，持续推进幸福美丽新村建设。成都市在以下几个方面进行了有益探索，积累了一些创新经验。

（一）以确权赋能为核心，推进农村产权制度改革

1. 在全国率先开展全面、系统的确权颁证

从2008年开始，成都市对农村集体土地所有权、土地承包经营权、宅基地使用权、房屋所有权等农村产权进行确权登记颁证。截至目前，全市基本完成农村产权确权登记颁证工作，累计颁发各类产权证和股权证共计883.54万本。其中，颁发集体土地所有证3.64万本，集体土地使用证247.28万本，农村土地承包经营权证179.95万本，房屋所有权证189.55万本，林权证67.09万本，股权证196.03万本。

2. 完善农村产权的保障制度

建立农村产权管理体系、保护体系、纠纷调处体系，将所有农村产权登记纳入常态化、信息化管理，充分尊重确权颁证成果，组建农村产权维护法律援助中心，创设成都市农村产权仲裁院，健全市、县、乡三级农村产权纠纷调解体系，切实维护农村产权合法权益。

3. 建立农村产权交易平台

市级成立“成都农村产权交易所”，区（市）县建立了农村产权交易分所，乡镇建立了农村产权流转服务站，初步形成了市、县、乡三级农村产权流转服务体系和一整套农村产权流转交易的程序、规则、流程。成都农交所各类农村产权累计交易额达417亿元。

（二）以土地股份合作等多种形式，放活承包土地经营权

成都市充分运用土地承包经营权确权登记颁证成果，放活土地经

营权，创新土地适度规模经营方式，先后探索推广土地股份合作社、家庭农场规模经营、业主租赁经营等多种适度规模经营方式。调研中，我们感到土地股份合作社这种组织形式，对于实现土地适度规模经营、维护农民基本权益有着积极作用。以崇州市杨柳土地股份合作社为例：2010 年 5 月由隆兴镇黎坝村 15 组 30 户农户，自愿以 101.27 亩承包土地经营权入股成立。目前，入社农户 147 户，入社土地 506 亩。合作社大春种植水稻，小春种植小麦、食用菌，实现了粮食规模经营，促进了农民转移就业增收。按照入社自愿、退社自由和利益共享、风险共担的原则，合作社将以农村产权制度改革实测、确权颁证的面积为依据，以 0.01 亩为 1 股，将 101.27 亩承包土地经营权入股，共计入股 10127 股；入股土地按每亩折价 900 元，共折资 91143 元，作为合作社社员出资。经营收入按比例分红。通过发展土地股份合作社经营，实现了“三权分置”，同时保障了农民的决策权和土地增值收益权，真正做到了让农民“离地不失利”。2014 年，杨柳土地股份合作社大春优质水稻单产达 576 公斤，比农户入社前水稻平均每亩高出 65 公斤，每亩分红 569 元；小春油菜每亩分红 328 元，入社土地全年分红收入 897 元，比农户入社前土地每亩增收 350 元。

（三）以培养农业职业经理人为抓手，探索现代农业的经营模式

成都市借鉴现代企业管理制度，在一些县市建立了农业职业经理人制度，构建了“土地股份合作社+农业职业经理人”的运行机制。农业职业经理人是指运营掌控农业生产经营所需的资源、资本，运用现代经营管理理念和先进实用技术，专门从事规模化、集约化农业生产经营的组织者和领头人。做法是，采取自愿报名和乡镇推荐相结合、农业部

门审查的办法，选择有志于农业的大学毕业生、农机农技能手、返乡农民工等为对象，通过系统培训、考核颁证，将他们培养成为农业职业经理人。引导土地股份合作社等新型经营主体，将日常农业生产经营活动委托给农业职业经理人承担。2012 年、2014 年成都市两次下发专门文件，加强农业职业经理人队伍建设，建立健全农业职业经理人选拔、培训、管理、服务机制，并从产业、科技、补贴、金融等多个方面给予政策扶持。截至目前，成都市持证农业职业经理人达到 4082 人。

（四）以开展高标准农田建设为手段，创造推动适度规模经营的基础条件

围绕增加耕地数量、提高耕地质量，整体推进田、水、路、林、村综合整治，加快建设旱涝保收高产稳产标准粮田。2013 年成都市投入 23.2 亿元，重点提升建设崇州市 10 万亩水稻、彭州市 10 万亩“菜—稻—菜”、金堂县丘陵区 10 万亩特色产业等 10 个粮经产业高产高效示范基地。通过粮菜经作物轮种，实现每亩“千斤粮、万元钱”的增产增收目标。2014 年，进一步支持现有 35 万亩常年基本菜地基础设施提升建设，对建设达标的，市级财政按照 800 元/亩给予一次性奖励。目前，全市已实施完成 702 个土地综合整治项目，新增耕地 42 万余亩，累计建成集中连片高标准农田 376.2 万亩（占现有耕地的 59%）、水利渠系 6.2 万公里，蓄引提水能力 47 亿立方米。同时，成都市在全国率先探索建立耕地保护补偿机制。市、区（市）县两级每年从新增建设用地土地有偿使用费、耕地占有税和土地出让收入中提取一定比例的资金，年筹集约 29 亿元，按基本农田每年每亩 400 元、一般耕地每年每亩 300 元的标准，为承担耕地保护责任的农民发放耕地保护金，累计发放耕地保护金 81.2 亿元，惠及 180 万农户。

（五）以发展都市型现代农业为引领，推动产村融合

按照“全产业链”的思维，加快构建“农工贸旅一体化、产加销服一条龙”的农业产业体系，推动都市现代农业转型升级。

1. 推动集中连片产业发展

规划建设“10 个粮经产业综合示范基地”“7 个现代农业精品园区”和“3 条都市现代农业示范带”，形成集中连片标准化示范基地 165.2 万亩，示范园区 85.7 万亩。

2. 延伸农业产业链

推进农产品精深加工业、现代种业、绿色有机农业等高端产业发展，农产品精深加工业产值达 900 亿元，农产品精深加工率达 45%；现代种业产值达 65 亿元；绿色有机农业基地发展到 50 万亩，绿色有机农业产值达 50 亿元。

3. 大力发展休闲农业与乡村旅游

推进现代农业与都市休闲的深度融合，加快建设田园化、景观化的农业基地，通过举办桃花节、樱花节、油菜花节等各类节会活动，推动乡村休闲旅游发展。全市乡村旅游从业人员近 35 万人，2013 年，乡村旅游年接待游客 8559 多万人次，占全市旅游接待总人数的 55.17%；乡村旅游收入超过 140 亿元，占全市旅游收入的 10.74%；乡村旅游为农民人均带来的收入达到 1198 元，占全市农民人均纯收入的 9.23%。2014 年乡村旅游总人数和总收入保持稳定增长势头。

（六）以推广“小组生微”规划建设为理念，全面提升新农村建设水平

2012 年，成都市坚持形态、业态、文态、生态“四态合一”，按照“因

地制宜、宜聚则聚、宜散则散”的原则，探索在郫县安德镇安龙村规划建设“小规模、组团式、生态化、微田园”的10个农民新型社区，原则上以村民小组为单元，最大社区160户534人，最小社区20户79人。其突出特点：

1. 在规划上突出“三体现、一方便”，即体现田园风貌、体现新村风格、体现现代生活、方便农民生产

采取农民全程参与新村点位布局、民居户型设计和风貌形态规划，聘请专业规划设计机构编制了“多规合一”的村庄规划和“四态融合”的民居设计。按照“1+36”的公共服务配置标准，建成、完善公共服务中心、幼儿园、文化活动中心、卫生所、便民服务站等，方便农民生产生活，构建起“10分钟生产生活圈”，农民生活品质大幅提升。

2. 在建设上突出“资金市场化、决策民主化”

在搞好产权改革的基础上，采取农户利用集体建设用地（宅基地）使用权入股方式，组建集体资产管理公司，具体负责项目的实施和管理。采用集体建设用地使用权抵押融资、农民自筹、财政补贴等方式，筹集土地整理和新村建设资金。运用城乡建设用地增减挂钩政策，利用整理结余的集体建设用地指标到市产权交易所交易，在县域范围内落实使用，出让收益偿还融资本息。以安龙村为例，该村项目资金来源于集体建设用地指标交易收益达14910万元（全村参与农户共有集体建设用地763.3亩，其中新型社区317.3亩、产业发展和基础设施配套用地20亩，节约集体建设用地指标426亩，交易价格亩均35万元），农户自筹的人均1.4万元。为用好这笔资金，建设好自己的家园，有关部门帮助梳理了村民民主决策的流程，即“是否参与自己选、实施方案大家定、推进方式大家选、建设项目大家管、项目品质大家控、资金账目自己算”，进而真正做到了“新村怎么建，农民说了算”。

3. **在发展上突出“产业生态化、产品高端化”**

如安龙村立足长远发展和农民就业增收，先后组建了“生态蔬菜”和“小微盆景”合作社，发展生态有机蔬菜和微型盆景产业；新建绿道3公里，打造现代特色的乡村旅游，形成新的景观走廊；引导农民利用空闲房屋发展“乡村客栈”“农家乐”等乡村旅游体验项目，促进农民就近就业和持续增收。在总结安龙村试点经验的基础上，成都市积极推广“小组生微”规划建设模式，宜建则建、宜改则改、宜保则保，稳步推进“兴业、家富、人和、村美”的幸福美丽新村建设。目前已建成新农村综合体和聚居点1500余个，150万农民群众生产生活条件得到改善。从我们所到的10个“小组生微”新村看，有林有水有田园，川西民居特点明显，农民充满着幸福感，应该说，保留了农村与城市的功能性差别，因地制宜改善了农村生活条件，提高了农村的公共服务水平，受到农民群众的普遍欢迎。

（七）以保护农民利益为宗旨，统筹城乡公共服务资源配置

近年来，成都市努力推进信息化与工业化深度融合、工业化与城镇化良性互动、城镇化与农业现代化相互协调发展，市域经济实现了又好又快发展。

1. **推动小城镇建设**

推动有条件的重点镇向小城市发展，启动34个重点镇建设，总投资达756亿元，建成区面积达147.3平方公里，特色鲜明、功能完善的城镇组团已初具规模。推动有条件的小城镇建成特色镇，全面启动174个小城镇改造工作，完成总投资207.3亿元，有力推动了小城镇向产镇一体、产村相融，主导产业支撑有力、生态文明持续发展、文化特色鲜明、宜居宜业的特色镇过渡发展。郫县安德镇按照“一区一产业”的

发展定位，从一个只有0.8万人的小镇发展到常住人口5万人的工农一体化重镇，成为全国唯一以地方菜系命名的川菜产业化园区，形成了以“郫县豆瓣”为核心的特色产业集群，聚集棒棒娃、丹丹调味等企业84家，2014年实现工业产值78亿元。依托川菜产业园区带动安德及周边形成11万亩的标准化蔬菜配套基地，构建起“园区企业+种植基地+专合组织+农户”有机衔接的产业链条和利益联结机制，形成了“以工促农”的发展格局，有效地促进了产业结构优化升级、农民收入结构合理转型。

2. 实现城乡公共服务一体化

健全农村社会保障体系，从就业、社保、住房保障、社会救助、计划生育、义务教育、职业教育、民主管理权利、义务兵家庭优待9个方面入手，实现城乡居民享有平等的基本公共服务和社会福利。提升农村社会公共设施标准，在全国率先制定了系统、全面、多层次的农村公共设施配置标准体系，1个涉农社区配置不低于23项公共服务设施，1个村（农民集中居住区）配置不低于21项公共服务设施。为保证村级有能力办事，成都市从2013年起，向每个行政村财政拨款40万元，用于村内公共事业，这在全国是不多见的。

（八）以促进农业可持续发展为目标，建立农业投入的稳定机制

近年来，成都市采取多种措施增加对“三农”的投入。

1. 财政对“三农”的投入高速增长

2010—2013年，成都市累计投入达到1195.31亿元（不含耕地保护基金），年均增速18.41%，支持高标准农田建设和农业产业发展、支持民生工程和幸福美丽乡村建设、落实惠农政策。四年间，财政对“三

农”总投入中：投入农业 262.46 亿元，占总投入的 21.96%；投入农村 553.94 亿元，占总投入的 46.34%；投入农民 378.91 亿元，占总投入的 31.70%。2013 年，财政对“三农”的投入达到 377.59 亿元，较 2009 年增加 185.51 亿元，增长 96.58%，几乎是在“十一五”年末基础上翻番。

2. 不断完善强农惠农政策

仅 2013 年以来，成都市就先后印发各类支持农业农村发展的文件 33 件，先后制定出台粮食、蔬菜、猕猴桃、伏季水果、食用菌等产业发展意见，提出了各产业发展适度规模经营的具体要求和扶持政策；先后出台了支持龙头企业、农民合作社、家庭农场等多个政策性文件，引导承包土地向合作社、家庭农场、种植大户流转。2014 年，设立 1 亿元专项资金对 50 亩以上粮食规模化经营主体给予奖励，最高每亩可达 200 元。目前，成都市土地规模经营率达 55.7%，农民合作社 6190 家、家庭农场 2143 家，耕地经营规模在 20 亩以上的业主达 4 万多个，面积达 295.8 万亩。

3. 建立健全农业社会化服务体系

市县两级财政投入 6.6 亿元，建成 146 个标准化农业综合服务站，市县农情信息、农业技术、农机租赁、农资配送、劳务服务全覆盖。

四、成都市在统筹城乡发展中面临的困难与问题

调研中，我们一方面感到成都市统筹城乡发展改革成效明显，尤其是党的十八大以来，思路更加清晰，举措更为积极，有不少做法具有借鉴意义。另一方面感到，统筹城乡发展是一个较为长期的过程，其本质

是缩小城乡差距、工农差距，实现“四化”同步，其核心是加快推进农业现代化，因此既要持续加大政府投入，又要不断改革创新，激活农村发展要素，发挥农民的主体作用，久久为功。具体有以下几个值得关注和需要加快解决的问题。

（一）农业设施用地政策落实难的问题

新型农业经营主体普遍反映，中央和省市都出台了关于农业设施用地的政策，但是好看不好用。金堂县羊肚菌合作社负责人反映，合作社主要生产蔬菜，搞蔬菜清洗、包装等初加工、冷库等，既可以提高附加值、避免浪费，又可以减少城市污染。但是由于生产基地周边都是基本农田，实际上难以划出一定的耕地用于农业设施建设，中央的有关政策难以落地。此问题在各地具有一定的普遍性。

（二）新型主体面临贷款难问题

新型经营主体普遍反映，农业投资大，风险高，资金回笼周期长，急需政府和金融机构的资金支持。目前贷款面临一些条件限制。金堂县一个家庭农场主反映，投入大量资金建设了大棚等设施，但是不能抵押贷款。农村贷款难，发展资金瓶颈制约仍是一个要加快解决的重大问题。

（三）工商资本进入农业的风险防范机制尚未建立

金堂县赵家镇党委负责人反映，近几年，先后有几家新型农业经营主体，由于经营不善、经营资金链断裂或其他原因中途跑路，损害了农民利益，留下了烂摊子只能由镇政府收拾。我们已经建议成都市政府加强对工商资本租赁农村土地的风险防范的政策研究。

第二篇　福建省转变农业发展方式调研报告

2015 年 1 月 19—23 日，我们调研组一行到福建省主要就转变农业生产方式问题进行了调研。在闽期间先后赴福清、仙游、永安、沙县、连城等地走访察看了台湾农民创业园、国家现代农业示范区、福建农民创业园、农业龙头企业、农民专业合作社、美丽乡村示范点等，期间与省有关部门和地市负责同志及干部群众进行了座谈。

近年来，福建省委、省政府高度重视“三农”问题，按照中央部署，加快发展现代农业，创新农业体制机制，大力发展特色农业，农业农村经济保持良好发展态势。2014 年，预计全省农林牧渔业增加值 2085 亿元，增长 4. 5%；农民人均纯收入 12650 元，增长 10. 9%，连续四年快于城镇居民收入增幅。特别是福建省依托本地资源优势，积极推动农业发展方式转变，取得良好效果，有的做法具有一定普遍意义。

一、福建发展现代农业的特色做法

近年来，福建省在转变农业发展方式过程中，依托当地资源优势，抓住关键节点，形成了几个比较有特色的做法。

（一）大力发展特色农业，推动农业产业结构优化

福建地处亚热带，气候温和，光热资源充沛，具有丰富的动植物和微生物种质资源；境内山多地少，有“八山一水一分田”之称，人均耕地0.55亩。耕地资源相对较少而其他资源较为丰富，为福建省发展特色农业增加了动力、创造了条件。在确保粮食生产的同时，福建省通过提高土地的复种指数，扩大特色农业的发展空间。福建全省耕地面积2800多万亩，通过复种，全省重要农作物种植面积每年3400万亩，确保粮食作物种植面积1800多万亩，烟菜茶果等特色农业种植面积达到1600万亩。不少地区形成了“亩产千斤粮、收入万元钱”格局。我们调研所到的永安市，全市耕地面积26.6万亩，其中仅莴苣种植面积就达到16万亩，农民每亩莴苣就可以实现5000元以上净收入。沙县水稻种植面积18万亩，烟叶种植面积1.9万亩，蔬菜面积12万亩。连城的红心地瓜产业形成200多个品种，全县地瓜产业产值26亿元，产品销售全国各地，并远销日本、韩国、中国港澳台和欧美等国家和地区。农产品电子商务平台加速发展促进了特色产业发展，一大批农业新型经营主体入驻淘宝、天猫和京东商城等知名电商平台发展线上交易，福建农产品在淘宝网（含天猫）平台上的销售额位居全国前列。福建连城兰花股份有限公司近年来与邮政EMS合作，形成了集生产、包装、鲜活销售为一体的兰花产业体系，年销售额超过3亿元，成为全国最大的兰花种植企业。

（二）打造园区经济，带动现代农业产业积聚升级

福建省将建设国家现代农业示范区、台湾农业创业园、福建农民创业园及示范基地的“一区两园”，作为深化闽台农业合作、优化农业结

构、示范先进技术、带动区域现代农业发展的重要平台，力争达到每个县建有一个农业园区。目前全省建有5个国家级现代农业示范园区、6个台湾农业创业园、9个福建农民创业园和64个省级农民创业示范基地，基本实现了67个县全覆盖。引进了一批农业优良品种、聚集了一批特色优势产业、引导了一批带动能力强的项目、创新了一批生态环保的农业生产技术，初步形成“覆盖全省、特色鲜明、示范效果显著”的园区建设格局。以福清台湾农民创业园为例，园区从当地气候、自然、资源和区位条件出发，以生产反季节无公害蔬菜水果为基本定位，引进台湾农业优良品种570多种、吸引台资企业68家、利用台资1.85亿美元、推广面积7.8万多亩、总投资3.82亿元、带动60多家企业和3.8万农户发展现代农业、年均增加农民收入3.6亿元，初步实现“引进一个品种、建立一片基地、带动一个产业、致富一方百姓”的良好效果。

（三）突出发展设施农业，推动农业向中高端发展

省级主要精力抓设施农业，省财政不断加大设施农业支持力度。采取“先建后补、以奖代补”方式，重点支持发展蔬果温室和智能温控大棚生产、食用菌工厂化栽培、畜禽标准化设施化养殖等设施农业项目。制定了福建省设施农业温室大棚补贴建设标准，由种植业生产经营主体自行参照40万元、20万元、8万元、4万元、3万元和2万元的棚型，自行组织开展建设。建成后，由县级农业主管部门组织验收，达标大棚给予25%的补贴。从2013年开始，省级以上财政每年安排4.2亿元专项资金，对农业企业、农民合作社、专业大户、家庭农场新建连片规模的蔬菜、水果智能温控大棚和温室大棚给予补贴，对已与农户、农民合作社建立紧密利益联结机制的农业企业予以优先安排。每年省级扶持新建蔬菜、水果智能温控大棚和温室大棚1.4万亩以上，市、县（区）

扶持新建温室大棚 2 万亩以上，每年带动全省新建各类型大棚 10 万亩。对发展园艺作物设施生产等现代农业项目，符合农业生产设施用地和附属设施用地条件的，免予办理农用地转用审批手续。2014 年全省新建、改扩建设施农业项目 900 个，完成投资 56.17 亿元。目前全省设施种植面积达到 162 万亩，其中千亩以上规模的设施蔬果基地达到 75 个。2015 年福建省将重点扶持设施蔬果生产、食用菌工厂化栽培、畜禽水产生态型规模养殖，大力研发推广适合丘陵山区生产条件的温室大棚、水肥一体化、无土基质栽培、物联网智能控制、生态环保养殖等现代设施设备和技术，推动设施农业做大规模、提升质量。2015 年计划实施设施农业重点项目 600 个，总投资 70 亿元、新增 30 亿元，建成设施蔬果基地 175 万亩，其中千亩以上设施农业温室大棚基地 95 个、新增 20 个，工厂化栽培食用菌年产量达到 50 万吨以上，新增花卉智能温室 20 万平方米，工厂化渔业养殖基地 50 万平方米。

（四）治污与监管相结合，着力推进农业可持续发展

福建省狠抓农业面源污染治理和农产品质量安全监管，显著增强了农业可持续发展能力。关闭和拆除禁养区生猪养殖场，对可养区生猪规模养殖场进行标准化改造，推广畜禽排泄物加工而成的商品有机肥，减少了生猪养殖的面源污染，推动了生猪养殖的达标排放。仅 2014 年就关闭拆除猪舍 985.3 万平方米、消减存栏生猪 300 万头，全省实现达标排放的生猪规模养殖场 1217 家。建设农药监管平台，对 26 个茶叶生产县所用农药实行统一准入门槛和统一经营登记。建设农产品质量安全可追溯平台，将 6 大产业、300 多种食用农产品纳入平台监管，做到“生产有记录、流向可追溯、信息可查询、质量可追溯”。在 9 个设区市、78 个涉农县（市、区）、1014 个乡镇（街道）成立监管机

构，基本实现了省、市、县、乡四级监管机构全覆盖。创建了 16 个国家级农业标准化示范县，331 个国家级、省级园艺作物示范园，394 个国家级、省级畜禽养殖标准化示范场，推进了农业标准化生产。

二、值得推广的几种发展范式

为促进农业增效、农民增收，推动农业发展从数量型向质量型发展，从无视环境、忽视环境向最大限度地保护环境，从低产低效向高产优质高附加值转变，福建省各类生产经营主体在实践中摸索出一些在当地很有效、面上看具有推广潜力的范式。

（一）星源公司的循环农业

福建星源农牧科技股份有限公司成立于 1998 年，历经十余年发展，目前已成为一个以生猪养殖为龙头，集聚种植、食用菌栽培和有机肥生产等产业的现代循环农业园区。该公司现经营土地 3600 亩，在发展过程中公司意识到，猪粪污水既是一种高浓度有机废水，又富含丰富的微量元素和有机物质，处理不当将造成生态环境的严重污染，利用得当则是一种极有价值的资源。于是，公司从 2003 年开始对猪场粪便污水进行资源化利用。先是在所有猪舍建造了漏缝地面，减少了猪舍冲栏用水，每年减少污水排放 60%；再对污水进行干湿分离，每年收集固液分离的猪粪渣 1100 吨；利用猪粪渣种植食用菌，年产蘑菇 300 吨，可消纳猪粪渣 600 吨，节约原料成本约 60 万元；每年又回收种植完蘑菇的废菌渣 1000 吨，与猪粪渣拌和堆肥可年产 4 万吨有机肥，可实现利润 1200 多万元；再对剩余猪场粪便污水进行厌氧发酵，年产沼气 50 万立方米、沼液6.57万立方米、沼渣200吨，其中沼气每年可发电70多万度，减少二氧化碳排放700吨，并为猪场节约电费约40万元，沼液和沼渣则是种植业和渔业生产很好的液体肥料，可年产蔬菜1万吨、水果800吨、稻谷800吨，每年节约肥料成本33.48万元，年产值2500多万元，实现利润1000万元。这种循环作业方式，实现了猪舍冲栏污水的区域内闭路循环再利用，既达到污染“零排放”，又在猪价低迷的市场背景下为公司创造了巨大的盈利空间，仅有机肥一项就上缴税收200万元。此套循环环保设施投资800余万元，一年就可回收成本。我们认为，这一范式对我国很多地区具有普遍适应性。

（二）利农集团的设施农业

利农农业技术（莆田）有限公司是仙游县一家集蔬果产业研发、标准化加工、品牌化销售为一体的集约型、国际化的现代农业企业，注册资金2000万美元。流转耕地8000多亩，建立福建一流的现代蔬菜设施基地，建成钢架大棚蔬菜投产面积7000多亩，引进示范蔬菜新品种200多个，主栽良种蔬菜品种80多个。基地建设已完成投资6亿元，2014年产值3.8亿多元。其设施农业发展采取无土有机物基质栽培，以椰壳为主要基质，加入稻秸、豆粕等有机质，在增加农产品口感的同时，大大减少了农药和肥料的使用，彻底解决了设施农业种植重茬引起土传病害肆虐难以为继的恶性循环。应用该技术，每亩蔬菜只需要1000个基质栽培钵，每个1.5公斤，这种模式已经发展了1000亩。利用这种方式，蔬菜不种在土地上，减少了病虫害，脱离了耕地对农业的制约，以后无需费时费力费钱改良土壤。这表明无土有机物基质栽培是个很好的路径，可以将秸秆、豆粕等转变为有机肥，还可以将大量的贫瘠废弃荒地作为载体发展种植业，这样既可减少病虫害，又有利于保护环境。目前该项技术处于初期，由于我国相关基质原料病虫害的问题，目前80%的基质来源于斯里兰卡的椰壳，每吨成本3000元，其中运费占了大头。随着技术的突破，成本的降低，将具备较大的推广价值，为设施农业有机化、生态化可持续发展提供新的路径。该公司还创有一种“微菜园”的生产模式。根据蔬菜生长的特性，建立了一套适合城市家庭用户的“微菜园”生产体系，该体系包括水肥一体化系统、菜盘、物联网系统，并可以根据家庭需求量调节系统，为城市家庭提供一周的处于生长状态的新鲜蔬菜，用户通过物联网系统与厂家交流。用户常年吃菜，公司可以将系统配送。公司所需要做的就是像换桶装水一样，定期更换长有蔬菜的菜盘，为用户提供安全放心的蔬菜。其大面积推广，将让城市的千家万户吃到品质新鲜、价格合理、可追溯、安全放心的蔬菜，农产品质量安全将得到有效保障。

（三）沙县的农村金融服务创新

作为全国农村金融改革试验区，近年来沙县在农村金融改革创新实践中成效显著。我们认为沙县探索出的信用评价机制、村级融资担保基金和林权按揭贷款比较突出，有效缓解了农村金融发展中的制约瓶颈，具有很强的示范意义。

1. 进行全面的信用评估和授信

沙县为全县所有农户建立了经济档案，据此对农户进行信用评级，再根据农户信用等级核定贷款授信额度。信用等级为3A的农户最高可以贷款10万元。目前已对46379户3B以上农户授信20.16亿元。创建了沙县农户经济信用信息管理平台，实现了农户经济信用信息涉农银行间的共享。

2. 建立村级融资担保基金

该基金是按“自愿、互助、合作、增信”原则由村级发起，以村民出资为主、能人捐资和县乡村注资为辅，为本村加入基金的农户贷款提供担保的“社区型”担保基金。由村级融资担保基金提供担保，农商行结合农户信用等级和出资额情况进行授信贷款，降低了贷款门槛；通过村级融资担保基金农户最高可贷 10 万元，更好地满足了贷款需求；贷款利率扣除农户存入的基金定期利息，实际支付的年利息比同类贷款利息减少近一半，有效缓解了“贷款贵”；通过严把农户准入关、设置利率制约机制、设定风险警戒线和引入保险保障等多方联动的方式，有效防控了贷款风险，运行至今没有发生一起贷款违约情况。目前沙县全县已组建 59 只村级融资担保基金，基金规模达 4550 万元，已担保贷款 2.49 亿元。

3. 设立林权按揭贷款

这一金融产品的提出，是适应林木生长规律和林业发展特点而对林权抵押贷款品种做的一种创新性突破。林权按揭贷款最长期限可达 30 年，所谓“十年树木、百年树人”，破解了林权贷款“短期化”的难题；林权按揭贷款需要每年还本付息，有效降低了贷款风险；林权按揭贷款将实际融资成本控制在月息 0.7%以下，缓解了林农“贷款贵”问题；在省、市、县三级成立林权收储公司，提供“一站式”林业金融专业服务，便捷了贷款流程。福建是我国森林覆盖率最高的省份，全省有 7000 亿林权资产，林权按揭贷款对促进福建林业发展和林农增收，具有重要的现实意义。

第三篇　贵州省扶贫开发工作调研报告

2015 年 3 月 22—28 日，我们调研组一行对贵州扶贫开发情况进行了调研，以铜仁市江口县、毕节市威宁自治县为重点，实地考察了 9 个村（其中随机选定 4 个）、14 户农户，与村干部、驻村干部、农户面对面交谈，查看有关资料，深入生产现场，力求真实了解情况。期间，还召开了省级相关部门以及调研所及的两市、两县和相关乡镇负责干部的座谈会 9 个。

一、扶贫开发成效显著

我们总的感受是，贵州省委、省政府对扶贫工作认识深刻，落实党中央有关扶贫的方针决策态度坚决，信心决心十足，行动有力，举措务实，工作扎实，成效显著。

（一）经济增速加快

近三年来，贵州地区生产总值均呈两位数增长，2012 年 GDP 比 2011 年增长 13.6%，2013 年比 2012 年增长 12.5%，2014 年全省地区生产总值 9251.01 亿元，比 2013 年增长 10.8%，高于全国 3.4 个百分点。

（二）农民收入大幅度提高，贫困地区农民收入增长快

2012 年全省农民人均收入 4753 元，比 2011 年增长 14.7%；2013 年全省农民人均收入 5434 元，比 2012 年增长 14.3%；2014 年全省农村常住居民人均可支配收入 6671 元，比 2013 年增长 13.1%。50 个国家扶贫开发工作重点县农民人均纯收入从 2010 年的 3153 元提高到 2014 年的 5909 元，年均增长 17%，比全省平均高 1.7 个百分点。

（三）贫困人口大幅减少，“减贫摘帽”成效明显

全省农村贫困人口从 1149 万人减少到 2014 年的 623 万人，贫困人口全国占比从 9.4%下降到 8.9%，下降了 0.5 个百分点。农村贫困发生率从 33.4%下降到 18%，下降了 15.4 个百分点，农村贫困发生率全国排位从第三位下降到第四位。从 2011 年起，贵州省率先在全国出台“减贫摘帽”激励政策措施，“摘帽不摘政策”成为贵州扶贫新举措，至 2014 年年底，共有 25 个县 525 个乡镇实现“减贫摘帽”，分别占贫困县、贫困乡镇总数的 50%、56.2%。

（四）片区规划落实有力

贵州武陵山、乌蒙山、滇桂黔石漠化等三个特殊困难片区扶贫攻坚规划扎实推进，到 2014 年年底，累计完成投资 12056 亿元，占规划总投资的 40%，重大建设项目已有 40%开工建设，预计“十二五”开工率可达 75%，完工率可达 50%。

我们感到贵州在扶贫开发工作上有以下几方面工作尤为突出，提

供了有益的实践和经验。

(一)把扶贫开发作为第一民生工程,着力形成浓厚的社会政治氛围

强化扶贫的"一把手"职责。贵州省委鲜明提出把扶贫开发作为"第一民生工程",把推进脱贫致富作为"施政理念"、首要任务,以扶贫开发同步小康统揽全局,从省委书记、省长到贫困地区的市委书记、市长、县委书记、县长,都是扶贫攻坚的第一责任人。近几年来,省委、省政府多次召开专题会议研究扶贫开发事项。贵州还成立了扶贫开发改革专项领导小组。调研中我们感受比较强烈的是,各级党政组织齐心合力带领群众脱贫致富的良好政治氛围已经形成。

用扶贫的业绩聚焦党政干部考核。制定《贵州省贫困县党政领导班子和领导干部经济社会发展实绩考核办法》,将 50 个重点县县委书记、县长和党政领导班子作为考核对象,推动贫困县工作考核由主要考核地区生产总值向考核扶贫开发工作成效转变,围绕扶贫开发的权重设置达整个考核体系的 90%,引导贫困县把工作重点放在扶贫开发上。2011 年以来,"减贫摘帽"县的 17 名党政正职人员有 11 名提拔任职,6 名转任重要岗位,在干部中引起热烈反响,形成正向激励导向。

规范、完善、细化扶贫的政策措施。2014 年在全国率先出台"1+2"文件,即《中共贵州省委办公厅、贵州省人民政府办公厅关于贯彻落实〈关于创新机制扎实推进农村扶贫开发工作的意见〉的实施意见》和《贵州省贫困县扶贫开发工作考核办法》《贵州省财政专项扶贫资金项目管理暂行办法》。2015 年将出台"1+5"文件,即《贵州省"33668"扶贫攻坚行动计划》《关于建立贫困县约束机制的工作意见》《关于建立财政专项扶贫资金安全运行机制的意见》《关于进一步动员

社会各方面力量参与扶贫开发的实施意见》《贵州省公募扶贫款物管理暂行办法》和《贵州省创新发展扶贫小额信贷实施意见》。

着力建强乡镇党委书记、村支部书记和农村致富带头人“三支队伍”。全省实施“领头雁工程 19 条”，扎实推进发展型服务型基层党组织建设。在农村，将党性强、能力强、改革意识强、服务意识强的优秀党员，充实到基层党组织书记岗位上来，选好“领头雁”。比如，威宁县 658 个村支部，近四年时间调整了 526 个支部书记，多是选拔的有本事、有热情、能带领群众致富的“能人”。如我们随机走访到的该县炉山镇茶园村党支部书记李斌飞，2014 年 4 月份由一名经商能人选举为村支部书记，自己花差旅费到外省寻找带领群众致富的门路，终于引进水果萝卜并经自家栽种获丰收，进而组成农民专业合作社，仅萝卜一项使该村 2014 年就实现人均增收约 1500 元，人均收入达 8000 元。

（二）实施精准扶贫，切实推进扶真贫、真扶贫

全面完成贫困识别建档立卡。贵州在全国率先完成贫困识别建档立卡工作，按照国务院扶贫办制定的识别办法和程序，共识别出贫困村 9058 个，贫困人口 745 万人，均已建档立卡。我们在调研中感到贵州的贫困识别工作坚持标准可量化，群众评议全公开，一二三类贫困户确定比较准确，因何而贫底数清，群众满意、服气。如威宁县迤那镇五星村采取“四看法”（一看房、二看粮、三看劳动力强不强、四看家中有没有读书郎）并用百分值识别贫困的办法，群众十分认可。贵州省在全国还率先建成精准扶贫信息平台，运用信息网络、GPS 定位等技术对扶贫项目的立项审批、资金拨付、绩效评估和贫困人口进退机制等环节实行全方位、全过程监管，提高精准管理水平。

实现驻村工作队对贫困村全覆盖。贵州按“一村一同步小康工作

队，一户一脱贫致富责任人”的要求，从省、市、县、乡四级共选派驻村工作队员55864人，组建11590个驻村工作组，每个工作组至少3名干部，多则5名，到村开展帮扶工作，实现对贫困村、贫困人口的全覆盖。修改完善了《贵州省同步小康驻村工作管理规定》和《贵州省同步小康驻村干部考核评价办法》等，明确帮扶责任，确定分阶段脱贫目标任务，明确具体帮扶措施，实现驻村帮扶工作规范管理。为落实这一措施，省财政为每个驻村工作队拨付工作经费2万元，配套安排食堂、宿舍，使工作队员住得下，生活得安，不走读。

实行精准帮扶。在筑牢贫困识别建档立卡和驻村工作队这两项“精准扶贫”基础上，贵州深入实施干部结对帮扶、产业扶持、教育培训、农村危房改造、扶贫生态移民和社会保障“六个到村到户”和小康路、小康水、小康电、小康房、小康讯、小康寨“四在农家·美丽乡村”基础设施建设“六项行动计划”，着力解决好群众最迫切希望解决的问题，着力帮扶群众能增收脱贫的项目。我们所到村、户都看到了群众脱贫的种养项目，都看到贫困户门壁上挂有一个“结对帮扶公示牌”，上面有贫困户的基本情况、收入情况、致贫原因、致富需求、帮扶单位和责任人，帮扶措施、计划、成效，帮扶干部到户时间记录等内容。对结对帮扶，我们随机调查了相关干部或贫困户，他们所答与牌示内容相符。“六项行动计划”的实施效果明显，如我们所调研的威宁县莲花村，电网改造前每度电1.1元，现在0.456元，群众拍手称快。

（三）狠抓基础设施建设，基本解除了致富的瓶颈制约

贵州最大的发展制约是深山大山所造成的交通阻隔和工程性缺水，近些年来贵州强力推进铁路、公路建设，仅2014年公路建设投资1234.12亿元，比2013年增长36.3%，至2014年年底全省建成高速公

路4000公里,2015年再建成1000公里,实现县县通高速。到2014年年底,全省片区共建成高速公路2933公里,占全省高速公路通车里程的73.3%,普通国道6642公里,占全省普通国道的77.6%。片区内17284个建制村,已实现10542个通沥青(水泥)路,占比61%。除此之外,一些贫困村还修建了产业路、通组路,在江口县凯德社区黑岩村我们看到,该村围绕发展葡萄产业,硬化产业道路11公里,解决生产生活出行难问题。正是这些基础设施的强力推进和改善,使贵州发展在时空上发生了巨大变化,拉近了与发达地区的经济往来,也为贫困山村打开了致富的通道。

(四)大力发展区域性特色产业,形成脱贫发展的有力势能

贵州把开发式扶贫的基点放在山地农业、山地经济上,由此形成了“东油西薯、南药北茶、中部蔬菜、面上干果牛羊”的扶贫产业思路和格局,用70%以上的财政发展资金重点予以支持。为此贵州一是确定打造具有比较优势的核桃、中药材、茶叶等“十大扶贫产业”。以村为单位,整村推进,最大限度覆盖贫困区域贫困群体。二是创建“十大扶贫攻坚示范县”,每个县集中投入财政扶贫发展资金8000万元以上,探索“整县推进”脱贫新路子。三是培育产业特色鲜明、具有贵州特点的“十个现代高效农业扶贫示范园区”,打造扶贫产业“升级版”,形成“一业为主、多品共生;种养结合、以短养长”山地农业扶贫开发的发展模式。到2014年年底,贵州的粮经比达到49∶51,具体为:核桃700万亩,中药材458万亩,茶叶611万亩,精品水果505万亩,脱毒马铃薯1000万亩,油茶210万亩,以贵州2014年2104万农村人口计,含马铃薯在内,人均已达1.7亩以上经济作物,展示了农村脱贫致富的广阔前景。

我们在实地考察中已感受到产业扶贫给群众带来的实惠以及良好的发展势头。如江口县 2008 年以前没有一亩茶园，现今已建成生态茶园 11.84 万亩，2014 年茶叶收入 1.6 亿元，按 20 万农业人口算，人均收入 800 元；进入盛产期后，按亩茶 5000 元收入计，收入 6 亿元，人均收入达 3000 元。另外，该县还种有果蔬 13 万亩，油茶 2 万亩，核桃 5.5 万亩，中药材 3 万亩，烤烟生产稳定在 2 万亩以上，加上家禽养殖 35.06 万羽，大鲵存池 3 万尾，存栏羊 4.6 万只，萝卜猪 5.5 万头，已形成可持续脱贫致富的产业基础。

又如威宁县的莲花村，2124 人，因海拔 2000 米以上，缺水，交通落后，2013 年有贫困人口 611 人，因种马铃薯、党参、苦荞等作物，另每个贫困户支持养一头牛，加快了脱贫步伐，2014 年脱贫 209 人，2015 年计划脱贫 350 人，特别是试种玛咖成功，亩均收入可达 1 万元以上，为农民致富带来了新的产业。尤其值得肯定的是，贵州大力发展乡村旅游，已成为农民增收的有效途径。2014 年全省乡村旅游收入 550 亿元，占全省旅游总收入的 19%，同比增长 25.44%，接待人数 1.294 亿人，占全省旅游总人数的 40.31%，同比增长 22.49%，带动社会就业 234 万人，受益人数超过 470 万人。

（五）创新金融扶贫服务，金融支持作用明显

贵州围绕帮助贫困农户“换穷业”，积极创新金融扶贫服务，解决贫困户发展致富产业资金缺口。以建立“四台一会”为核心，与国家开发银行联合实施新型扶贫金融合作项目。以推行贫困农户小额信用贷款为载体，与中国人民银行贵阳支行进行支农再贷款专项合作。以拓宽扶贫融资渠道为目标，开展扶贫融资租赁合作，探索大型基金产业扶贫的路子。2014 年，省扶贫办共引导银行向贫困地区发放小额信用贷

款 78 亿元,其中与国家开发银行联合发放贷款 17. 1 亿元。

国家开发银行围绕改善民生,服务国家战略,在没有基层分支机构的情况下,积极与相关部门和信用社合作,搭建服务平台。对贫困县实现贷款全覆盖,累计发放贷款约 960 亿元,主要投向产业发展、基础设施建设等方面。支持“十大扶贫产业”,促进农民增收,近 3 年,面向农户、合作社、小企业等发放贷款 43 亿元,覆盖 22 个县,约 30 万人。与省财政厅合作,为棚户区改造项目提供贷款支持,发放 183 亿元,在贫困县覆盖 17 万人。与省教育厅合作,从 2009 年开始面向生源地发放助学贷款,特别是贫困村,在贫困县发放贷款 37 亿元,覆盖 32. 6 万人。发放交通、能源等基础设施建设贷款约 665 亿元。此外,在开发银行定点扶贫的 3 个县,计划放贷 34. 27 亿元,已放贷 21 亿元。

省农村信用社大力开展农村信用工程创建活动,探索创新金融与扶贫工作相结合的方式,扩大农户小额信用贷款覆盖面、授信面和普及度,让广大农户特别是贫困农户无抵押就能同样享有相应金融服务,缓解金融扶贫成本大、信用低等突出问题,进一步推动农业持续增效、农民稳定增收。从调研组随机抽查的贫困村、户的情况看,农民 3 万至 10 万元以下的贷款要求均可得到满足,且无需抵押、担保,利息在 7 厘左右。到 2014 年年底,全省应建档农户 731 万户,已建档 701 万户,建档面 94. 86%。评定信用农户 665 万户,占已评级农户的 95%。创建信用组 75519 个,信用村 9814 个,信用乡镇 632 个,信用县(市)13 个。从 2012 年开始,连续 3 年累计向 45 万多农户发放扶贫到户贴息贷款 26. 47 亿元,覆盖 11259 个村,扶持贫困户 25. 46 万户,户均贷款 2. 8 万元。累计投放农村危房改造贷款 58. 95 亿元,惠及农户 18. 75 万户。

贵州创新金融扶贫服务,有效缓解了贫困农户发展致富产业的资金压力,受到贫困群众的认可与欢迎。这种较大面积的对农村信贷的普遍好评，在其他地方是不多见的，值得进一步总结和推广。

（六）着力开展职业教育培训，智力扶贫见真见效

贵州把“扶贫先扶智”作为提高贫困群众就业创业和自我发展能力，阻断贫困代际传递的根本举措。在全省深入推进职业教育，开展“百校大战”，全面实施教育“9+3”计划，对“两后生”实行三年免费中职教育，对建档立卡贫困户子女接受职业教育培训再提供每年 1500 元的补助，全年共完成培训 20.8 万人。出台了《关于基本普及十五年教育的实施意见》《贵州省创新职教培训扶贫“1 户 1 人”三年行动计划（2015—2017 年）》。继续削减 5%的政府办公经费用于支持职业教育。计划用三年时间整合各类资金 31.59 亿元，实施职教培训 180.1 万人，确保到 2017 年实现全省 120 万建档立卡贫困户“1 户 1 人 1 技能”全覆盖，即每户至少有 1 人接受中职以上学历教育、接受职业技能培训后转移就业、接受农业产业化技能培训挂靠 1 个龙头企业（合作社）。这些举措，有效增加贫困农户工资性收入，逐步消除农村“零就业”贫困家庭，实现“直接培训 1 人，就（创）业 1 人，脱贫 1 户”。2015 年将安排 3 亿元财政扶贫资金，培训 40 万人。

毕节市专门建设职教城园区，提高职业教育培训总体水平。我们在毕节医专了解到，全校在校生约 7000 人，80%来自农村，毕业生就业率在 95%以上，毕业生大多回到乡、村卫生院、卫生室就业，在实现个人就业的同时，又缓解了农村特别是偏远贫困村医疗力量薄弱的困难。威宁县坚持穷县办大教育，2010 年以来，新建 5 所高中、1 所职院、1 所职校、1 所特殊学校和 1 所思源中学，新建 35 个乡镇中心幼儿园和 4 个街道幼儿园。针对师资力量不足问题，招聘特岗教师 10339 名，成为全国特岗教师最多的县。普通高中毛入学率从 29.6%提高到 65%。

当我们所到村问及群众时,均回答村里近两年曾举办过多次种养及泥瓦匠等技能培训班。村民们感到,通过培训,眼界开阔了,见识增多了,生产中的不少技术难题能解决了。

二、对扶贫攻坚2020年同步建成小康社会的预期

到2020年全面建成小康社会,是党的十八大作出的重要战略部署,是第一个百年奋斗目标的核心。习近平总书记指出,“全面建成小康社会,最艰巨最繁重的任务在农村,特别是在贫困地区。没有农村的小康,特别是没有贫困地区的小康,就没有全面建成小康社会”。因此,着力补好脱贫这块全面建成小康社会短板,推动包括贵州在内的贫困地区贫困群众脱贫致富,确保与全国同步全面建成小康社会,具有极其重要的意义。贵州省委、省政府认为,在党中央、国务院的坚强领导下,依靠贵州广大干部群众的艰苦努力,在保持现有支持政策不变的情况下,贵州将持续良好发展势头,实现脱贫目标,与全国同步全面建成小康社会。

贵州省具有这样良好的预期和信心,一是基于从经济社会发展所显现出的态势,2010—2014年,贵州全省地区生产总值从4593.97亿元增长到9251.01亿元,年均增长率约为19.12%;城镇常住居民人均可支配收入从14142.74元增长到22548.21元,年均增长率约为12.37%;农村常住居民人均可支配收入从3472元增长到6671.22元,年均增长率约为17.73%。照此趋势发展,到2020年,贵州预期将实现全省地区生产总值约26161亿元,城镇常住居民人均可支配收入52619.5元,农村常住居民人均可支配收入17715.15元,可以超过“两

个翻一番”的目标。

二是从这几年扶贫的实际效果及工作安排看，全省 2014 年还有农村贫困人口 623 万人，贵州提出，到 2016 年全面实现“2355”战略目标，即 20 个县实现全面小康，30 个重点县、500 个贫困乡镇实现“减贫摘帽”，农村贫困人口减少到 500 万人以内。2015 年将出台的《贵州省“33668”扶贫攻坚行动计划》提出，用 3 年时间再减少贫困人口 300 万人，实施“六个到村到户”“六项行动计划”，即 2017 年实现贫困人口人均可支配收入达到 8000 元以上，之后继续支持他们稳步增收。对剩余的约 210 多万无业可扶、无力脱贫的“两无”贫困人口一部分实施生态移民，一部分实行政策性保障兜底，2020 年农村最低生活保障达到 1000 美元，即 6200 元左右。

通过调研，我们感到贵州如期实现脱贫、同步进入全面小康社会主观上是积极的，客观上已形成良好的基础，通过中央政策的支持，各级党政组织踏石留印的真抓实干，广大干部群众的切实努力，完全可以实现这一战略目标。

三、有关工作和政策建议

（一）强化基础设施“最后一公里”建设

基础设施建设既是开发式扶贫的基础，更是关键。目前，水、电、路大的骨架已基本建成，但在贵州仍有近三分之一的行政村未通油路（水泥路），人饮水遇天旱不少水资源得不到保证，村组路、生产路不到 1/4，这些直接制约着农户发展。因此，要把重点放在“最后一公里”

上，实现与村、户的直接连接，使之直接受益，转变为群众的直接生产力。由此应加大这方面资金的整合和配置，将项目资金安排到县，项目审批权限下放到县，由县级统筹整合，以村为单位，整村推进，解决好村组路、生产路以及饮水、用电等可持续发展问题。

（二）加大农业特色产业支持力度

产业扶贫是实现“输血式”扶贫向“造血式”扶贫转变的主要抓手，也是开发式扶贫的力招。发展特色农业产业，需要政府给予必要的起始资金支持，采取有力的优惠政策。如在加大专项资金支持力度和财政转移支付的同时，参照粮食主产区对粮食生产补贴的政策，对贫困地区特色农业产业给予补贴；对到贫困地区发展种养特色产业及农产品加工业的企业在建设用地指标、税收减免和贷款等方面政策性支持。

（三）扶贫开发要与深化农村改革紧密结合

改革是推进扶贫开发的动力，扶贫开发既要放在全面深化农村改革的大场景下谋划，又要用好农村改革的动能和政策，取得加法效应。如贫困村发展农业特色产业同样应发展新型经营主体、发展适度规模经营，使贫困户在规模化经营中获得更高的比较效益。如分到一家一户贫困户的牛、羊、猪、鸡的脱贫项目，如何将分散的项目通过村里的“能人”实行集中养殖，形成合作经济，滚动式可持续发展，如何进一步实现由扶贫资金到形成资产以至变为资本，实现可持续增收效应，等等，需要下功夫总结和推进。

（四）完善驻村工作队干部结构

在调研中我们发现驻贫困村工作组多是新近参加工作的同志，不少是刚参加工作的大学毕业生，这对他们经受锻炼无疑机会难得，但对做群众工作、帮助群众脱贫致富显然有些力不从心，因此要合理配置驻村工作队干部组合，每个工作组至少要有一名有相当工作年限、有实际工作经验的同志，以利于工作组更好地担负起帮扶任务。

（五）加大扶贫生态移民搬迁的力度

对不具备生产生活条件的区域实施生态移民，这是扶贫的一个根本性举措，贵州要搬迁的人数达 200 万人，已搬迁 42 万人，下一步移民任务十分艰巨，其他西部地区亦有类似情况，需从中央层面加大资金支持力度，加强政策组合和设计，加快搬迁进度，并有专项发展资金支持，确保搬迁群众“搬得出，可生产，能就业，有保障”。

另外，对贫困地区同步进入小康社会有一个参照系问题，也应有合理的量化指标，需要予以研究。

第四篇　浙江省农业农村生态环境治理调研报告

2015 年 4 月 19—24 日，我们调研组一行对浙江农业农村生态环境治理工作进行了调研。调研期间，我们先后走访了杭州市桐庐县、湖州市德清县、吴兴区和嘉兴市南湖区、海盐县的村庄、农民合作社、垃圾污水处理站点、农业园区、环保企业，召开了省直部门负责人座谈会和 4 个基层干部群众座谈会，就农村生活垃圾污水治理和农业生产中秸秆综合利用、畜禽粪便处理、化肥农药减量以及建设现代生态循环农业等问题做了较为全面深入的调研。

一、主要做法和成效

在调研中我们深刻感受到，浙江省委、省政府一直高度重视农业农村生态环境治理工作。早在 2003 年，时任浙江省委书记习近平同志就提出了“绿水青山就是金山银山”的重要理念，大力推进发展生态高效农业，实施改善农村人居环境的“千村示范、万村整治”工程。十多年来，省委、省政府领导班子一张蓝图绘到底、一届接着一届干，锲而不舍、久久为功，使农村生产、生活、生态环境发生了巨大变化，农业农村生态环境治理工作走在了全国前列。近年来，省委、省政府以建立现代生态循环农业发展体系和农业可持续发展长效机制为主要任务，以“五水共治”为重要抓手，污水治理成绩显著，垃圾资源化利用开端良好，畜禽粪便污染得到有效治理，化肥农药减量化初见成效，现代生态循环农业新格局正在形成，在农业可持续发展、农民可持续增收、美丽乡村建设等方面都取得了重大成果。调研组所到之处，河道清澈、溪水明净，田园碧绿、村庄整洁，产业兴旺、农民乐业，展现出一幅赏心悦目的景象。

（一）强力推进农村生活污水治理，三年内基本实现建制村全覆盖

治理农村生活污水，涉及千家万户，量大面广，对改善农村生态环境和农民生活质量至关重要，且难度极大。浙江采取有力措施强力推进。一是领导重视，狠抓工作推进。省委、省政府连续十三年每年召开工作推进会，省委书记、省长亲自出席。二是规范管理，严把工程质量。省里制定出台了 20 个政策文件和操作规范。已标准化治理农村河道 42000 公里，占全省的近一半。三是整合资金，加大财政投入。以县为平台，整合中央、省、市、县相关部门资金，统筹使用。仅 2014 年省财政即投入 170 亿元，户均补贴 6000 元。四是立足长效，建立运维机制。出台了《关于切实加强农村生活污水治理设施运行维护管理的若干意见》，在全省建立县为责任主体、乡镇（街道）为管理主体、村为落实主体，农户为受益主体，以及第三方专业服务机构为服务主体的“五位一体”的运维管理体系。全省需要进行污水治理的行政村 2.4 万余个，2014 年已完成 6120 个村的污水治理，占要治理行政村总数的 25.5%；2015 年计划完成 10010 个村的污水治理，2017 年要完成村庄生活污水

治理任务,治理村覆盖率达到90%以上,除去需要搬迁合并的村庄,基本实现行政村全覆盖。

德清县农村生活污水治理走在全省前列。他们的基本做法:一是规划先行。坚持“统筹规划,因地制宜,量力而行”的原则,委托浙江省环境保护科学设计研究院编制完成了县域农村生活污水治理专项规划,制定出台了县农村生活污水治理三年行动计划,并细化量化年度任务表和推进计划表,实现“一根管子接到底”。二是分类实施。综合考虑村庄布局、居住环境等因素,细分了三类污水治理模式:城郊型村庄统一纳入城镇污水集中收集处理设施、平原水乡型村庄建设集中式处理池、山区型村庄建设分散式处理池,分别采用厌(兼)氧、好氧等处理技术,出水普遍达到一级B标准。三是建立机制。在建设管理中采用城建建设、环保监管、企业运营的模式,委托具有生活污水运营资质的专业公司实行第三方市场化运营。政府负责购买基础设施和设备(每户8000元左右)、支付运营企业终端维护费(每户每年90元),农户只需从自来水使用费中支付治污费每吨0.5元。四是创新技术。第三方企业浙江商达环保有限公司从英国曼彻斯特大学引进污水治理和监测管护技术,为德清县农村生活污水治理提供设计、供应设备,并负责日常监测管护。他们采用智能管理云平台,对全县农村所有的污水处理点进行远程集中管理,公司12名技术人员每人可管理100个点。2014年全县完成了57个村的治理任务,农户受益率达50%以上,2015年年底将实现农村生活污水治理全覆盖。

(二)全面治理农村生活垃圾,探索出减量化资源化处理路子

浙江省委农办负责同志告诉我们,改善农村人居环境,污水治理最

难,而垃圾治理最容易反复。浙江在全国率先开展农村生活垃圾治理,当前的主要着力点放在长效保洁和减量化资源化方面。2014 年,全省新增垃圾箱 7.01 万个、垃圾清运工具 4965 辆,各级财政投入长效保洁资金 12 亿元,97%以上的村已实现生活垃圾集中收集处理。与此同时,在 100 个村开展生活垃圾“农户分类收集、定时定点投放、生物发酵堆肥、资源有效利用”的减量化资源化处理试点,其主要做法是:重心前移,垃圾在户源头分类;因地制宜,垃圾在村就近处置;综合利用,垃圾在县变废为宝。资源化利用形成了微生物发酵资源化处置、太阳能普通堆肥和环保酵素三种主要模式。通过示范带动,省以下各级自行开展农村垃圾减量化资源化试点的村达到 1885 个,试点村占到全省行政村的 4.8%。

桐庐县是一个山区县,2008 年开始建立“村收集、镇转运、县处置”体系,但每年 10%的垃圾增长量,使日处理 500 万吨的县城焚烧处理设施将面临饱和。面对这一难题,他们于 2012 年全面启动农村生活垃圾分类收集和资源化利用行政村全覆盖工作,探索出了“源头分类—就近处置—综合利用”的减量化资源化处理模式。在江南镇环溪村垃圾处理站,村干部介绍说,按可堆肥、不可堆肥的垃圾分类方式,村民容易理解好接受。村里现有一台微生物发酵生活垃圾资源化处理机械设备,一次可处理 300 升垃圾,按一个月生产 2 吨有机肥计算,除去电耗等成本,净收益年可达 2 万元。桐庐县负责同志介绍,全县已采取政府全额补贴的办法,在各村安装了该设备并且运转良好。下一步考虑将垃圾的后端处理采取企业化运营的办法,在社会上招标,让有资质的企业进入,既可减少政府开支,又能保证垃圾的资源化利用可持续,政府的责任更多地放在宣传引导群众以及监管上。

在德清县,推行的是“一把扫帚扫到底”的垃圾治理模式。他们整合原本分散在多个部门和乡镇的管理职能,集中到县城管执法局,并专门成立了城乡环卫发展有限公司实行企业化运作,对全县域实行保洁、收集、清运、处理、养护"五统一"。率先制定出台农村环卫作业质量标准,明确了操作流程、工作要求、作业时间、作业范围。目前全县生活垃圾无害化处理率达100%,实现垃圾减量70%左右。在武康镇五四村垃圾处理站,我们看到通过设备化处理的垃圾有机肥已制成小包装专用肥。村干部介绍说,根据县里统一要求,村里将村民垃圾清运缴费义务、房前屋后监督职责、制止生活垃圾和污水入河道等内容纳入村规民约,农户担负包卫生、包秩序、包绿化的"庭院三包"责任并负责对门前卫生实行监督。县城乡环卫发展有限公司负责人说,处理垃圾产生的有机肥变废为宝,用小包装销售,每斤可卖5元钱,很受来此采购花卉的市民欢迎,垃圾有机肥企业化运营还是有前景的。

(三)从源头治理畜禽养殖污染,推动畜禽粪便资源化利用

畜禽养殖污染是农业面源污染的重中之重,畜禽养殖特别是养猪污染曾是浙江面临的一个难题。2014年以来,浙江根据生态省建设的总体要求和环境承载能力,重新制定生态畜牧业发展规划,从源头治理畜禽养殖污染,2015年年底可全面完成畜禽养殖污染治理。一是压缩数量。重新划定畜禽养殖禁养区、限养区,关停或搬迁禁限养区畜禽养殖场户7.46万家,调减生猪存栏566万头。全省出栏生猪由往年的3000万头,减至1200万头,过载区的嘉兴生猪养殖量调减了45%。二是治理存量。逐场逐户制订治理方案,大力推广雨污、粪尿、净污"三分离"技术和工艺,对治污成效突出、示范推广作用明显的畜禽项目和技术给予一定的政策优惠与资金扶持。整治年存栏50头以上养殖场4.89万个,占总量的五分之四,其余还在治理之中。对年存栏生猪500头以上(杭嘉湖地区300头以上)的规模化畜禽养殖场的排泄物进行

严格治理。三是推动畜禽粪便资源化利用。制定有机肥生产、使用及沼气利用等扶持政策，建成畜禽粪便收集处理中心 120 个、有机肥加工企业 140 个、规模化畜禽养殖场排泄物综合利用率达到 95%以上。四是建立死亡动物无害化集中处理中心。凡养猪量达 20 万头的县均要建立死亡动物无害化集中处理中心，2014 年年底已建成 32 个，2015 年 5 月底建成 10 个，全省按布局完成 42 个处理中心建设任务。

我们调研的德清县以治水为倒逼，铁腕推进污染养殖场关停整治，全面实施“禁养区内一律拆除、限养区内不符合条件一律拆除、一律不允许再新增”制度，在主要河流、交通道路两侧禁止生猪养殖。2013 年以来，共拆除关停生猪养殖场 3192 家计 180 万平方米，减少存栏 53.3 万头，减少 71%。对保留的生猪养殖场，按照“减量化、无害化、资源化”原则和“两分离、三配套”的要求进行治理，共建设改造沼气池 2.97 万立方米，新增沼液利用量 25.3 万吨，并按照农牧结合生态型循环发展模式，配套落实生态消纳地 31.8 万亩，占全县耕地面积的 87%。德清县还鼓励支持有机肥料生产企业发展，目前全县有 7 家有机肥料生产企业正常运行，年处理鲜粪可达 10 万余吨，占全县鲜粪量的 25%。

为深入了解病死动物无害化处理情况，我们考察了海盐县动物卫生处理中心。该中心政府投资 3682 万元，于 2014 年 8 月投入使用，日最高处理能力可达 25 吨，可以满足全县处理病死动物需求。处理设备采用高温高压干化无害化处理工艺，全封闭管化运行，在现场闻不到异味。县领导介绍说，处理中心按企业化运作，政府给予适当补贴，县财政按每头死亡动物 80 元标准对处理中心补助，处理中心按每头 30 元补助乡镇作为收集费用，乡镇按每头 5—20 元补助病死动物养殖户，同时辅助以监督举报措施，确保县域病死动物统一收集处理，消除病死动物污染环境和流入食品市场的隐患。

（四）加强种植污染防控，化肥农药减量化已显成效

减少农药化肥的施用量，是农业生态化的主要内容，是农业可持续发展的一个关节点，也是治理农业面源污染的一个难点。浙江以健全公益性服务和经营性服务相结合的农业服务体系为突破点，提高化肥农药减量和农药废弃包装物回收处置的覆盖面和到位率。一是以粮食生产功能区和现代农业园区为主要平台，深化测土配方施肥，大力推广配方肥、商品有机肥、沼液使用和绿肥种植、秸秆还田，实现化肥的减量增效。目前已完成全省的测土配方工作，并把结果发放到所有农户。在粮食主产区做到秸秆大部分还田。二是建立健全农作物病虫害监测预警信息体系，大力推广实施病虫害绿色防控、高效环保农业替代和专业化统防统治。我们所到的嘉兴南湖区，因实行精准预报病虫害和统防统治，已大面积地由往年一茬作物施 4 次农药减为 3 次。三是大力推进施用有机肥。政府均采取了对有机肥价格减半的办法，补贴种植户，推动农民使用有机肥。

浙江减少施用化肥农药的成效比较明显，据有关部门统计，全省 2014 年氮肥使用量比 2013 年减少 5.3%，农药使用量比 2013 年减少 3.7%。供销社系统农药化肥销量约占全省销量的 70%，2015 年一季度化肥销量 81.9 万吨，同比下降 6.1%；农药销量 1.35 万吨，同比下降 1%。

我们在桐庐县调查，让县有关部门整理了一份近年来减施化肥农药相关数据的材料，实录如下：

1. 近三年粮食生产情况

2012 年粮食种植面积 23.78 万亩，产量达到 9.34 万吨；2013 年粮食种植面积 23.26 万亩，产量达到 9.17 万吨；2014 年粮食种植面积 22.44 万亩，产量达到 8.77 万吨。

2. 近三年化肥、农药减量情况

(1)减少化肥施肥量情况:2012 年减少化肥使用量(折纯)310 吨;2013 年减少化肥使用量(折纯)380 吨;2014 年减少化肥使用量(折纯)465 吨。

(2)减少农药使用情况:2012 年减少农药使用量 22.45 吨;2013 年减少农药使用量 23.15 吨;2014 年减少农药使用量 23.85 吨。

3. 桐庐境内河流水质情况

2015 年 3 月,全县 83 条河流小溪 96 个监测点位监测结果显示:达到Ⅰ类水质断面 20 个,占 21.7%;Ⅱ类水质断面 40 个,占 43.5%;Ⅲ类水质断面 31 个,占 33.7%;Ⅰ、Ⅱ类水质河流达到 58 条,占比为 69.9%。同时,富春江连续八年出境水质优于入境水质。

(五)大力推进粮食生产功能区和现代农业综合园区建设,着力构建现代农业的新版图

浙江一直是农民收入最高的省份,2014 年农民人均收入 19373 元。浙江种养业发达,耕地产出比高,用浙江人的话讲,什么最赚钱就种养什么,畜牧水产以及苗木花卉成为浙江农业的主导支撑产业。如何实现农业可持续发展、农民可持续增收,浙江本着生态立农的理念,以建立高效生态农业为农业现代化的主攻目标,以建设“粮食生产功能区”和“现代农业综合园区”为抓手,不断探索和实践,努力构建现代农业的新版图。至 2014 年年底,全省累计建成 6441 个高标准粮食生产功能区,面积达 572 万亩,占全省耕地面积的 20%,下一步要按照 300 亿斤生产能力进一步加大建设力度。全省已建成 642 个现代农业综合园区,面积达 364 万亩,占全省耕地面积的近 13%。浙江还在湖州、衢州、丽水三市和 21 个县(市、区)整建制推进现代生态循环农业,

建立现代生态循环农业示范区 100 个、示范主体 1000 个、生态农场 10000 个以上,已经成为推进农业现代化的主要载体。

湖州市吴兴区八里店南片省级生态循环农业示范区围绕资源保护与节约利用、投入减量与生产清洁、污染治理与废物利用,积极探索实践生态循环农业发展模式,培育形成了玉米—湖羊、稻—鳖(鱼)、猪—沼—茶(蔬、果、苗木)、秸秆还田和杀虫灯绿色防控等一批“千斤粮、万元钱”生态高效循环农业样式,成为推动当地高效生态循环农业的示范主体。

海盐县通过构建大、中、小三级生态循环链,优化农业结构与生态布局。在县域范围,农林牧副渔各大产业规模合理、相互匹配,形成大生态循环链。在产业内部以“农业龙头企业+专业合作社+家庭农场”等多种合作模式,构建中生态循环链。在生产环节,生态型家庭农场、生态型养殖场、生态型种养农户,形成小生态循环链。还发展了生物有机肥厂、沼液专业合作社、秸秆专业合作社、秸秆燃料棒生产厂等市场主体,与三级生态循环链一起,把农业废弃物全部锁进循环链的笼子里。我们在元通省级现代生态循环农业示范区看到,4.3 万亩的区域划分为畜牧生态养殖、设施瓜菜、粮菜轮作、食用菌四个产业园区,产业上下游紧密连接,在园区形成生态循环链。

我们感到,浙江的做法具有趋势性意义,值得关注和总结。

二、几点思考和建议

(一)在农业现代化进程中必须强化生态立农的理念

生态文明既是人类文明的一个回归,也是现代化条件下不可或缺的文明形态。农业农村生态治理是生态文明建设的基础性工程，产品安全、资源节约、环境友好是农业现代化的应有之义，在推进农业现代化过程中必须牢固树立生态立农的理念。强化生态立农的理念，需要加快转变农业生产方式，走资源节约型、环境友好型农业发展之路，适度调整农业产业结构，根据各地资源禀赋优化农业功能区。应该看到，要改变多年来靠大量消耗水资源和大量使用农药化肥的粗放生产方式，解决农业农村环境污染问题，在一定意义上讲又是一场农业革命，难度之大可想而知。既然传统的生产方式难以为继，生态立农就应该成为我们必然的选择，就必须以壮士断腕的决心，采取强有力措施，宁可暂时牺牲一些农产品产量，也要解决垃圾污水、秸秆农膜、畜禽粪便、化肥农药等带来的污染问题，来换取农业农村的可持续发展。在这一问题上，浙江省见事早、力度大、措施实，十余年来坚持生态立农，粮食种植面积恢复到1900万亩，粮食生产能力保持在300亿斤，农民人均纯收入一直居全国首位，特别是优美的生态环境给农民进一步增收致富创造了新的广阔空间，大批旅游乡村的出现正在成为农村的重要经济现象，取得了良好的社会效益和经济效益，用实践证明了习近平总书记“绿水青山就是金山银山”的重大正确论断，更应坚定我们的信心和决心。

（二）“三生”共赢是解决农业农村生态环境问题的根本之策

农村的生产、生活、生态是一个有机整体，相互间关联性很强，因而农业农村生态环境治理应作为一个系统工程，按照“三生”共赢的系统思维考虑解决之策。浙江农业农村生态环境治理的一条重要经验就是生产、生活、生态环境统筹兼顾。他们以现代生态循环农业试点省建设为总揽、以农业面源污染治理为切入点推进生产环境治理，以“千村示范、万村整治”为抓手、以生活垃圾污水治理为重点推进生活环境治理,并以“五水共治”“四边三化”为抓手统筹推进生态、生产、生活环境治理,力求做到农村地区全面覆盖、各项治理相互促进,跳出了生产、生活、生态各自治理、首尾不及,甚至相互抵消的怪圈。浙江的经验还启示我们,要实现“三生”共赢,仅靠部门努力是不够的,必须摆上党委政府重要议事日程,加强顶层设计,做好政策配套,并加强部门间统筹协调。

(三)要进一步完善农业农村生态环境治理的各项政策

落实生态立农理念,必须要有政策支持和保障。多年来中央已经形成一套系统的强农惠农支农政策体系,对农业发展起到了十分重要的作用,下一步还需健全和强化农业农村生态环境治理方面的政策。

1. 推动农业农村生态环境治理法律法规和标准体系建设

抓紧修订农药管理等农业投入品方面和农产品质量安全方面的法律法规,以刚性要求和底线倒逼办法推动农业农村生态环境治理。同时,要加快国家标准、行业标准、地方标准的制定工作,做到各方面治理有据可循、政府购买服务有标准可依,为推动农业农村废弃物资源化利用、推广有机肥生产使用等创造条件。

2. 加大对农业农村生态环境治理的财政投入

贯彻“改善生态环境就是发展生产力”的理念,在中央财政预算中把治理农业农村生态环境投入放在更加重要的位置,进一步加大对治理污染基础设施、装备建设、日常运营管护、使用有机肥补贴等方面的投入。

3. 加大对农业农村生态环境治理相关科技研发和推广的支持力度

农业农村的特点决定了生态环境治理手段和技术的特殊性,针对目前有关技术手段的落后和空白,需要加大力度,支持研制和推广实用价廉的中小型污水处理、垃圾资源化处理、秸秆发电、病死畜禽处理技术和设备,并加强对技术人员的培训。

(四)逐步建立政府支持引导、农民积极参与、企业市场运营的长效运行机制

政府是农业农村生态环境治理的责任主体,但要提高治理的效能并做好管护运行,仅靠各级政府的力量是不够的,必须引入第三方并注意发挥农民的作用,建立长效运行机制。浙江在引入企业和发动群众参与方面做了有益的探索,尽管只是初步的,但可以给我们诸多启示:在农业农村生态环境治理中,政府的主要责任是规划引领、政策支持、必要资金保障以及督察评估;对能够采取市场运营的工作,采取政府购买服务的方式,将诸如生产生活废弃物处理及资源化利用、垃圾污水处理设施日常管护等属于公益性的能采取政府购买服务方式的均委托给企业,能实行企业运作的,应推进市场化运营;通过乡规民约和经济、行政手段调动广大农民群众的主人翁意识和参与积极性。为保障这一机制有效运行,政府要在建设基础设施和配置必要设备的基础上,科学测算购买服务的支付标准,同时可考虑将农村污水治理减排量纳入总量减排和排污权交易,进一步调动地方政府、企业和社会各界参与农业农村生态治理的积极性和主动性。

第五篇　河南省农村一二三产业融合发展情况调研报告

2015 年 5 月 17—22 日，我们调研组一行在河南省就农村一二三产业融合发展情况进行调研。期间，我们先后考察了郑州商品交易所、郑州国家粮食交易中心以及新郑市、兰考县、漯河市和新乡市的双汇、好想你、雏鹰等近二十家知名农产品加工企业、农民专业合作社、产业集聚区、标准化种养殖生产基地和南街村、龙泉村等典型乡村，听取了省政府和省直有关部门负责同志所作的情况介绍，在调研所到市县均召开了相关政府部门、企业、农民合作社负责人座谈会。

一、主要成效和基本做法

河南作为农业大省、粮食大省，切实履行维护国家粮食安全的政治任务，始终将“三农”工作作为全部工作的重中之重，努力破解稳粮与农民增收的难题，坚持做大做优做强第一产业，不断壮大第二产业，大力发展以物流为主的第三产业，初步形成了较为完备的现代农业产业体系、产品体系、品牌体系和市场体系，基本形成了粮食持续增产、农民持续增收、农业持续发展的良好局面，努力走出一条具有河南特点的农村一二三产业融合发展的路子。

（一）以粮食生产和畜牧养殖为主体，努力做大做强第一产业，不断夯实一二三产业融合发展的基础

河南高度重视农业生产，始终把年产千亿斤以上粮食作为施政的头等大事、经济发展的硬指标和考核的刚性要求。2014 年全省粮食产量 1154.46 亿斤，连续 11 年增产，约占全国粮食总产量的 10%。其中夏粮总产量 667.8 亿斤，实现“十二连增”，占全国总产量的 25%，是全国唯一一个夏粮产量超过 600 亿斤的省份，为保障国家粮食安全作出了重要贡献。采取的主要措施有：

1. 保面积

为确保粮食种植面积，河南省要求县级以上政府与下一级政府签订责任书，确保粮食播种面积。全省通过加大财政转移支付力度、落实补贴政策、增加科技等经费投入、推进农业保险等措施，努力保护和调动农民种粮的积极性，保证粮食面积多年保持了稳中有增势头。2015 年夏粮播种面积 8170 万亩，占全省耕地面积的 67%，比 2014 年增加 60 万亩。

2. 强基础

2012 年，河南省政府印发《关于建设高标准粮田的指导意见》，规划全省建设“田成方、林成网、路相通、渠相连、旱能浇、涝能排”的高标准永久性粮田 6369 万亩，以保障粮食生产能力。目前已建成高标准粮田 3876 万亩。漯河市到 2014 年已建成高标准粮田 108.7 万亩，占全市规划面积的 64%，吨粮田比例达到 100%。漯河市临颍县、郾城区的 30 万亩高标准粮田方和舞阳泥河洼的 16 万亩高标准粮田方，平均亩

产达到 1252 公斤。

3. 提单产

河南一直坚持抓优质高产小麦、玉米品种的选育,并大力开展测土配方施肥,推广农机农艺结合、良种良法配套技术,不断提高粮食作物的单产水平。2014 年全省夏粮亩产 409.7 公斤,比 2013 年的夏粮亩产 399.9 公斤提高 2.5%。

河南在抓好粮食生产的同时,按照"强猪、壮禽、扩牛、增羊"的总体目标,大力发展现代高效畜牧业,已成为名副其实的畜牧业大省。2014 年,全省肉、蛋、奶产量分别达到 719 万吨、404 万吨和 342 万吨,分别居全国第二位、第一位和第四位;全省牛的养殖量 1400 多万头,猪超过了 1 亿头,禽类 16 亿只,羊 3800 多万只,分别位居全国第一、第二、第二和第四;全省畜牧业总产值达 2505 亿元,占农业总产值比重的 33%,农业结构明显优化。河南抓畜牧业发展基本的经验是抓规范化养殖基地建设。近年来全省共投入各类资金 23 亿元,对 7500 家养殖场进行标准化、规模化改造。2014 年,全省拥有年出栏万头以上生猪养殖场 583 家,年存栏 10 万只以上蛋鸡场 69 家。全省生猪、肉鸡、蛋鸡和奶牛规模饲养比重分别达到 82%、97%、77%和 87%,规模化程度居全国前列。

(二)以农产品加工业为重点,充分发挥原料资源丰富的优势,强力推进一产到二产在转化增值中融合

河南最大的特点是,在壮大第一产业的同时,大力发展农产品加工业。早在 2009 年,省委省政府就出台了《河南省食品工业调整振兴规划》,连续编制了"九五""十五""十一五"三个食品工业五年规划,大力推动实现由"国人粮仓"向"国人厨房"和"世界餐桌"的转变,促使

粮食和畜禽就地转化增值，不断延长农业产业链、提升价值链、增加就业链，形成可持续增值链。截至2014年年底，全省规模以上农产品加工企业6976家，销售收入1.8万亿元，占全省规模以上工业产值的33%；从业人员198万人，辐射带动全省从事种养业的农户占全省农户的五成以上，户均增收2300元。2014年全省农民人均纯收入9416元，比2013年实际增长9.4%，农产品加工业起到了重要的带动和支撑作用。在经济下行压力加大的情况下，2015年一季度全省规模以上农产品加工企业7081家，实现营业收入4672.1亿元，同比增长9.3%，明显高于工业。近几年河南向外省调出的400亿斤粮食中，制成品食品占到150亿斤，无怪乎河南人自豪地讲，全国市场上的汤圆、饺子、火腿肠平均每两个中就有一个产自河南，馒头每4个中有一个产自河南，农产品加工业已经成为河南省的主导性、支柱性产业。

河南狠抓农产品加工业发展的主要做法有：

1. 大力强化政策引导

省政府先后出台了一系列促进农产品加工业发展的政策性文件，省财政每年拿出专项资金，对有关农业企业新增生产线贷款、新（扩）建畜禽养殖基地或原料种植基地的贷款给予贴息，对其新建农产品质量安全检测体系购置检测仪器设备给予资金补助。

2. 积极推动联合合作

紧紧抓住产业结构调整和区域转移的机遇，河南省以完善园区产业配套和延伸产业链条为重点，支持加工园区和企业既引进来，又走出去，实现优势互补；既做大做强企业，又把加工业的链条延伸拉长。目前，美国可口可乐、新加坡丰益、中粮集团等一批世界五百强企业和旺旺、统一、伊利、蒙牛、娃哈哈等知名企业落户河南，省内的双汇、雏鹰、三全等企业纷纷在省外建立生产基地和加工生产线。

3. **大力培育龙头企业**

河南省着力培育龙头企业,加快提升龙头企业的辐射力和带动力。目前,全省产值超亿元以上的农产品加工企业 3576 家,超 10 亿元以上的加工企业 300 家,超 20 亿元以上的 99 家,超 50 亿元以上的 25 家,超 100 亿元以上的 6 家。全国肉类综合 10 强中,河南省有 3 家企业入选,在全国方便面 10 强中,河南省的企业占据半壁江山。双汇集团并购美国最大的肉类加工企业“史密斯菲尔德公司”后,年加工生猪 3000 万头,肉鸡 5000 万只,营业收入达 1400 亿元,成为全球最大的肉类加工企业。三全、思念速冻食品全国市场占有率超过 50%。

(三)以集群化发展为方向,大力推进农产品加工集聚区建设,推动一二三产业融合向区域化、中高端迈进

狠抓以龙头企业为支撑的产业集群建设和加工业集聚地建设两个关键,以形成上下游协作紧密、产业链相对完整、辐射带动能力较强、综合效益比较高的格局,实现农产品生产及加工产业集中、集群、集聚发展。目前,全省每个县都基本建成一个产业集聚区,全省规划的 540 个产业化集群,基本覆盖了全省的面(米)、肉品、乳品等优势产业和区域性特色产业,2014 年实现销售收入 9579 亿元,集群内企业就业农民达 140.5 万人,近两年共新增农民就业 24 万人,年人均工资性收入 23856 元。集群内企业带动农户数量达 1100 多万户,户均增收 2180 元。像兰考县发展泡桐种植及加工集群产业,形成了高档实木家具、民族乐器制作产业,使全县 46 万亩、260 多万株泡桐资源成为农民致富的新渠道,仅其龙头企业华兰实业集团公司自建、联建加工基地 4 个,带动全县形成 28 个泡桐加工专业村、500 个中小型加工厂及 5000 余户加工户、200 多位木材苗木专业经纪人,该集群内从业人员年均收入 2.8 万

元。全省规划培育的集群涵盖了农产品加工领域十一个产业、五十多个子产业,已成为现阶段当地农村一二三产业融合发展迈向区域化和中高端的重要平台。

河南推进农产品加工业集群集聚发展的主要做法有:

1. 大力加强规划引导

省政府成立专门工作机构,通过编制农产品加工业集群发展规划,印发《农业产业化集群专项行动方案》,在用地、用电、财政、金融、物流、科研等方面出台相关支持政策,进而加速了一二三产业融合发展。2012—2014 年年底,全省集群内企业新上项目 825 个,总投资 2020 亿元,新增农产品加工能力 800 多万吨,新增企业自建联建种植基地 1400 万亩,新建规模养殖场 9883 个。

2. 大力开展招商引资

全省农业系统围绕农产品加工业集群发展,策划论证了一大批招商项目。据统计,近三年全省农产品加工业签约项目 637 个,招商引资 1076 亿元。

3. 大力支持企业融资和上市

近三年来,省、市、县共安排 14.32 亿元专项资金对龙头企业的新上项目给予贷款贴息支持。组织金融系统开展银企对接,银行与企业签署合作项目 4152 个,签约额 1197 亿元。组织省证监局开展企业上市培训班,讲授上市知识,推动企业上市融资,全省有 16 家涉农企业在境内外上市(主板 13 家,境外 3 家),有 6 家企业在新三板挂牌,上市农企数量位居全国前列。

4. 大力推进科技创新

对企业建立研发中心给予财政资金支持,目前,在河南省农产品加工企业中,建有国家级研发机构 18 个,省级研发机构 123 个,院士工作站10个，博士后工作站13个。小麦育种、食品加工领域不少产品处在全国前列。

（四）以信息化为支撑，大力打造多形态物流商贸平台，着力构建适应农村一二三产业融合发展的农业市场体系

河南省地处内陆，不沿边沿海，但由于十分注重发展以信息技术为支撑的现代物流业，促进农产品市场基本形成了大开放大流通的格局，构建了以全国和区域性农产品及农业生产资料期货与现货交易中心为龙头、以电子商务为引擎、以大型农产品集散地批发市场为基础、以各种商会展会为窗口的互联互通、立体式的农业市场流通体系及公共服务体系，为农村一二三产业融合发展发挥了重要的推动作用。

在构建现代农业市场体系上，河南省主要有四个方面的做法：

1. 以交易场所和项目为带动，着力建设现代化农产品流通骨干市场

依托郑州商品交易所和郑州国家粮食交易中心，加大农产品的期货交易；其中，郑州商品交易所的16个交易品种中有10个是农产品，交易量的80%产于河南。启动实施国家“双百市场工程”“农超对接”“农产品现代流通综合试点”等项目，积极培育与全国主要产销区、流通节点有效连接的大型农产品集散地批发市场，基本构建起农产品市场营销和物流配送体系。

2. 以互联网技术为支撑，大力发展农产品电子商务

积极适应电子商务和现代物流发展趋势，制定了《河南省电子商务进农村示范工作方案》，出台了一系列促进“互联网+农业”发展的政策举措，大力推进“大数据”和“互联网+”为代表的先进技术的应用，加快发展网络营销、在线租赁托管、食品短链、社区支持农业、电子商务、

体验经济等新业态、新模式。2014 年经营农产品的农村电子商务网店突破 3 万家。如光山县积极搭建农村电子商务平台，全县电商网上销售的产品发展到近 100 种，销售额达 10 亿元以上，带动网络创业就业人数达 5000 多人。

3. 以企业为主体，积极构建多业态的农资服务平台

典型的案例是郑州万庄农资集团于 2014 年 2 月建立农资线上电子服务和交易平台，组建了集农资电子商务、物流园区运营、仓储配送、互联网金融、农村大数据服务、农资经营于一体的现代化农资电子商务新模式。如该公司可以利用大数据将测土配肥覆盖到全省所有地块，还可以通过减少流通环节，降低交易与物流成本，为农民节约 10%以上的农资投入成本。

4. 以各种展会活动为载体，努力为企业等主体提供合作交流的机会和服务

河南是举办农业产业展会最多的省份，以此搭建农业产业合作交流平台，构建会展经济。已形成品牌的全国性展会有中国郑州农业博览会，自 2006 年起，每两年一届；全国农产品加工业投资贸易洽谈会，已举办 17 届；中国漯河食品博览会，已举办 13 届；河南省畜牧业交易会，已举办 25 届。这些展会为河南现代农业的发展引入了大量的资金和项目，仅 2014 年所举办的这些展会就共计签约各类项目 300 余项，签约金额超过 960 亿元。

通过调研，我们感到，尽管河南农村一二三产业融合成效明显，但有些带有普遍性的问题需要引起足够重视。一是农村一二三产业融合发展还处于初步阶段，如，食品加工业还处于中低端水平，附加值不够高，食品新产品研发能力不足，农产品深度开发不够。二是国产农产品加工设备水平不高，许多关键设备依靠进口。我们在实地考察中了解到,像漯河双汇集团的大型生产线全部是进口设备,兰考晓鸣禽业公司为雏鸡注射疫苗的自动化设备是租用美国公司的,我国还不能制造。三是休闲农业与乡村旅游作为一种新型业态远未做大做强,对农产品和农业资源的消纳能力和推动农民增收还有巨大空间,还需付出极大努力。

二、思考和建议

(一)加强总结研究,充分认识农村一二三产业融合发展对“三农”工作的重大意义

农村一二三产业融合发展是一个新事物,也是一个新课题。河南进行了有益的探索实践,但总体看还是初步的,还要深入推进。我们认为,在我国经济发展进入新常态的背景下,在“四化”同步推进的进程中,在亟须破解农业可持续发展和农民可持续增收难题的当下,充分认识农村一二三产业融合发展的价值和定位,对于做好当前和今后一个时期“三农”工作意义重大。

1. 从深化农村改革的要求看

按照党的十八届三中全会关于“坚持社会主义市场经济改革方向”的总体要求,推进农村一二三产业融合,有利于以市场需求为导向推动农业转型升级、提升市场经济条件下的农业竞争力,有利于建立与社会主义市场经济相适应的农村经济发展方式和农业经营体系。

2. 从对农业现代化的推动作用看

推进农村一二三产业融合,完全符合“生产技术先进、经营规模适

度、市场竞争力强、生态环境可持续”的农业现代化方向要求，不仅是推进农业现代化的一个有力抓手，而且可以不断丰富中国特色农业现代化道路的内涵。

3. 从破解农业可持续发展和农民可持续增收难题看

推进农村一二三产业融合，有利于提高农业资源利用效率、改善农村生态环境、提升农产品质量，推动农业可持续发展；可以拉长农业产业链、提高农业附加值，使农民获得更多的收益和就业机会。

4. 从对城乡一体化的带动效力看

推进农村一二三产业融合，可以带动农村地区农产品加工业和服务业快速发展、农村基础设施和公共服务水平快速提升、农民就地就近转移就业，还可以带动人才、技术、资金向农村地区集聚，壮大县域经济，加快新型城镇化步伐。综上所述，我们认为加快推进农村一二三产业融合对“三农”工作具有全局和战略意义。

（二）农村一二三产业融合要以做大做强一产为基础，走集群化、循环化、园区化的集约式发展路子

推进农村一二三产业融合，前提是保障国家粮食安全和增强农业综合生产能力，基础是要做大做强第一产业。河南的经验启示我们：保障国家粮食安全是农业的首要任务，任何时候都不能放松；通过实施高标准农田“百千万”建设工程和推动科技进步，提高单位面积产量，为合理配置土地资源创造条件；不断优化种植养殖业结构与布局，因地制宜发展畜禽养殖、水果蔬菜、花卉苗木以及众多特色产业，形成“一县一业、一村一品”。唯有此，方能筑牢国家长治久安的根基，也才能为农产品加工业提供充足的原材料。

集群化、循环化、园区化集约发展是现代产业发展的重要模式和组

织形式,有利于形成全产业链、方便企业协作、节约土地资源、保护生态环境。河南的发展实践也充分表明,农村一二三产业融合发展要走集群化、循环化、园区化的集约式发展路子。

1. 集群化推进

围绕地方特色优势产业联动发展粮食和其他农产品种植、畜禽养殖、农产品加工、农产品仓储物流,在县域或镇域形成上下游紧密协作的产业链,形成龙头企业带动、各类经营主体功能互补的专业化、品牌化产业集聚体。对于具有地域特色的小宗农产品尤需集群化发展。

2. 循环化联结

既包括"耕地种粮、秸秆养畜、畜粪还田"等一产内部循环,也包括上游产品废弃物用作下游产品原料的二产内部循环,还包括更具广泛意义的一二三产业联动循环。

3. 园区化承载

依托县城和重点镇,创建农产品加工业、生产性服务业、电子商务等综合性或专业性园区,为入驻企业提供基础设施建设配套和相关服务,使园区成为本区域的农产品加工中心、农产品集散中心、物流配送中心、展销中心和科研开发中心。同时也可依托农业综合开发项目、农民合作社、种养殖大户等形成规模化种养殖园区,形成规模效应和循环效应。

(三)加强制度创新、政策扶持、互联网应用和产业创意,催生新的业态,实现到第六产业的跨越

农村一二三产业融合不是简单的结合,而是改造传统农村产业形态并催生新的业态,融合的本质是将资源、资本、人才、技术进行跨界集约化配置,主要推动力是制度创新、"互联网+"、产业创意。为推动农

村一二三产业融合发展，需要加强顶层设计，加大改革力度，强化政策扶持，形成科学机制。

1. **加强规划引领**

把推进农村一二三产业融合发展列入国家“十三五”国民经济和社会发展规划中，在“十三五”农业农村发展规划中明确把加快推进农村一二三产业融合列入发展目标、作为重要任务，提出有力的政策措施。要加强产业发展与城乡规划、土地利用总体规划的有机衔接，优化县域产业融合空间布局和功能定位。

2. **优化要素配置**

农村一二三产业融合发展，需要有力的要素支持，当前最紧要的是加大土地和科技支持。在土地支持上，在国家和各省（自治区、直辖市）建设用地指标中专门单列一定比例，用于龙头企业、农民合作社、种养殖大户的加工、储存，产地批发市场，以及休闲农业、乡村旅游的设施用地。农村土地整理新增建设用地，优先保障新型经营主体，用于二三产业发展。在科技支持上，政府要加大农产品加工装备的研发和国产设备的投入及补贴力度，要在高等院校和中等职业学校增设与农业二三产业相关的学科和专业，以加快解决这方面的人才短缺问题。

3. **强化财税金融支持**

中央预算内投资、中小企业发展专项资金、农业综合开发资金要向农村一二三产业融合发展项目倾斜；在对新型经营主体的扶持政策中，优先保障一二三产业融合度高、与农民利益联系紧密的主体，对此应制定导向明确、简便易行的标准。对新型业态，严格落实企业所得税、增值税、营业税减免政策。

4. **支持鼓励业态创新**

鼓励运用“互联网+”和产业创意，改造传统农业，推动一二三产业融合,发展智能农业、创意农业、会展农业、休闲农业、定制农业等新兴业态。出台支持互联网应用、产业创意、休闲农业的政策措施。

(四)三产融合要以完善利益联结机制为核心,使农民从中获得更多的收益

农村一二三产业融合发展的主要载体应是新型经营主体,包括农民合作社、家庭农场和种养殖大户、农业社会化服务组织和农业产业化龙头企业,在其中起主导作用的是龙头企业。推进一二三产业融合发展的一个主要目的是解决农民转移就业和增收问题,因而在推进工作中必须紧紧抓住完善利益联结机制这个核心,解决好农民土地权益这一关键问题,使农民既是一二三产业融合的参与者,又是受益者。

1. 切实保障农民在土地流转中的权益

2015 年中央一号文件提出"土地经营权流转要尊重农民意愿,不得硬性下指标、强制推动",国务院办公厅《关于引导农村产权流转交易市场健康发展的意见》要求坚持公开公正规范流转土地经营权,这些要求必须得到认真执行。同时,对农民承包地不能一租了之,可以考虑探索流转土地的企业为流出土地农民购买社会保险、用工优先等制度。

2. 积极发展农民合作社

农民合作社是农民享受土地增值收益的有效组织形式,必须在规范的基础上加快发展。支持和倡导农民以承包地经营权联合组建股份合作社,把"允许财政项目资金直接投向符合条件的合作社,允许财政补助形成的资产转交合作社持有和管护"的政策落实到位。

3. 探索农业企业与农民紧密型利益联结机制

鼓励发展混合所有制农业企业,农民以承包地经营权入股,既能获

得保底收益，并能按股分红。鼓励龙头企业与农户、农民合作社签订稳定的购销合同，并提供贷款担保、社会化服务。大力推广利益共享模式，支持发展利益紧密型的升级版“公司+基地+农户”“公司+农民合作社+农户”等组织形式。

第六篇 山东省新型农业经营服务体系建设调研报告

2015 年 6 月 14—19 日，我们调研组一行在山东省，就新型农业经营服务体系建设情况进行调研。期间，先后到德州的陵城区、枣庄的滕州市、济宁的邹城市和济南的长清区，实地考察了农业生产、经营服务、农业园区和农村新社区等共 25 个项目点。召开了省级相关农业主管部门、涉农部门以及调研所及市、区（县）、乡（镇）负责干部和家庭农场、专业合作社负责人参加的四个座谈会。另请汶上、高密两县供销社负责人介绍了情况。

一、山东新型农业经营服务体系建设成效显著

总的感受是山东省委省政府高度重视“三农”工作，落实中央各项政策措施力度大，农业农村工作亮点多，农业农村发展成效好。总体来看，有四个较为显著的特点：一是粮食生产持续保持良好增长势头。山东省粮食作物播种面积常年稳定在 1 亿亩以上，甚至还有所增加，2014

年粮食总产达到 919.32 亿斤，比 2013 年增产 13.7 亿斤，实现了全国唯一的“十二连增”。2015 年夏粮已稳获丰收，小麦总产预计 460 亿斤以上，增产 10 亿斤以上。二是农业产业化水平高。2014 年，省级规模以上农业龙头企业 9200 家，实现销售收入 1.5 万亿元，处在全国前列，农产品出口 157.4 亿美元，占全国的 1/4。山东肉类、蔬菜、水果产量均居全国第一位，虽不是草原大省，却有 8000 多万只羊的饲养规模。省级以上龙头企业建立对接关系的农民专业合作社近 12300 家，参与产业化经营的农户达 1800 万户，从而大大提高了农业产业化水平。三是城乡居民收入差距比较小。2014 年，山东农村居民人均可支配收入 11882 元，高出全国水平 1990 元，城乡收入比为 2.46∶1，小于全国 3∶1 的平均数。四是农业经营规模化程度比较高。山东总结推广了 8 种适度规模经营的形式，目前经由专业大户、家庭农场、农民合作社等农业新型经营主体流转经营的土地面积达 2155.8 万亩，经由供销、邮政、农机三大系统专业性经营服务组织托管经营的土地面积达 2454 万亩，分别占家庭承包经营面积的 23.3%和 26.4%，以上两种适度规模经营形式就占到农民承包土地总面积的 49.7%。

在调研中我们发现，山东新型农业经营体系建设中最突出的特点和亮点是，在培育新型农业生产主体的同时，也十分注重培育新型农业经营的服务主体，两者相互支撑、相互补益、相互促进，呈现出生产与服务并举，共推农业适度规模经营、共促现代农业发展的生动局面。

（一）多元化发展专业性农业生产服务组织

山东在积极培育新型农业生产经营主体的同时，也大力发展多元化的专业性生产服务组织。这种专业性服务组织主要有三种类型：一是农户之间的联合，主要以农机合作社为主。二是依靠现有的供销、邮政、烟草、水利等系统发展基层生产性服务组织，大力开展经营性服务。三是龙头企业通过将农业生产内化形成专业服务组织，主要以订单连接较为紧密的经营服务组织为主。

1. 以大户联合为主的农机专业合作社

目前，这类农机合作社有3448个，占到全省开展农机经营服务农机合作社的78.9%，有的合作社还购置了无人植保飞机，综合服务能力大幅增强。在制度建设上，主要采取建设标准化、管理规范化、经营企业化、作业规模化、生产科技化的“五化”和有完善的基础设施、有良好的运行机制、有健全的财务制度、有较大的服务规模、有显著的综合效益的“五有”建设标准。从合作方式看，逐步从资产归己、管理归社、有合有分、按劳分配的松散劳动合作型向资产归社、管理统一、股份合作、劳资分配的紧密劳动资本合作型转变。2014年，农机合作社服务农户达637万户，涉及5.5万个整建制村，完成农机服务面积达7788万亩，成为农机服务的主导性力量。

2. 涉农部门大力发展基层专业性农业服务组织

全省供销、邮政、农机、水利、交通、科技、烟草等部门发挥各自优势，推动公益性服务和经营性服务相结合，推进服务向农村延伸，大力扶持和发展基层专业性服务组织，呈现出方兴未艾的势头。其中或是由政府部门支持指导建立的，或是由相关涉农部门自己组织的。如供销系统在农村建立为农服务中心、社区综合服务中心和农村综合服务站5.7万个；邮政系统建设的“三农服务站”6万多个，基本实现行政村全覆盖；农机系统2014年年底可规范化经营的农机合作社达4372个，合作社从业人员达11.8万人；交通系统在农村建立物流点7486个，农村货运车辆达2.3万辆；烟草系统组织各类专业队493支，专业化服务人员达1.25万人，对全省30万亩烟叶种植服务实现全覆盖；水利系统成立防汛抗旱供水专业服务队1606支,在72个县区设立了“116水利服务热线”,为农民提供公益性和经营性的灌溉、饮水服务。目前,山东各类专业性农业服务组织达20万个以上。专业性服务组织的兴起和不断完善,使服务内容更为丰富。如供销系统的服务内容覆盖耕、种、管、收、贮、销等所有环节;农机系统领办的合作社服务由原来单一的农田作业发展到目前的农机销售、维修和配件供应、农业运输、农机培训、林果蔬菜生产等服务领域;邮政系统则制定了“互联网+邮政服务三农”行动计划,打造“村村通”10分钟便民服务圈。

3. 以龙头企业为领办主体的专业合作服务组织

龙头企业直接领办或创办的农民合作社1957家,与12292家农民合作社建立对接关系。省级以上龙头企业发展订单基地6488万亩,占全省耕地总面积的60%,主要农产品原料采购值7300亿元,超过全省农林牧渔业总产值的70%,有效解决了农产品难卖的问题。

（二）在全省层面统筹建设为农服务中心

山东是国务院确定的4个供销社综合改革试点省份之一。开展试点以来,山东省供销社按照布局合理、规模适度、半径适宜、功能完备的原则建设为农服务中心、打造“3公里土地托管服务圈”,辐射面积3万—5万亩。目前,山东供销社系统已建成为农服务中心450个,计划到2020年建成1500个以上。

为农服务中心一般由县农业服务公司与镇农民合作社联合社合资成立二级法人公司建设运营。占地一般20亩左右,服务半径3公里左右,设计服务能力3万—5万亩,投资(不含土地)一般需500万元左右。山东省供销社2015年拟对200个新建为农服务中心给予每个50万元的资金扶持,相关市县也安排了专项扶持资金。高密市规划到

2020年在全市建设29个为农服务中心(目前已组建分公司3家、为农服务中心7个),政府负责提供土地,财政每个扶持100万元。从调研的情况看,山东已将此作为构建新型农业经营服务体系的一个重要载体在大力推进,山东省财政厅和省供销社正在联合制发《关于加快供销社为农服务中心建设的指导意见》。

为农服务中心的主要功能在于可为涉农部门在该中心设立服务窗口,实行“一站式”为农服务。为农服务中心的基本样式为“前厅后院”,“前厅”主要设置经营服务窗口,“后院”主要设置配套功能。一般包括7项服务功能:测土配方、智能配肥、统防统治、农机作业、烘干贮藏(或冷藏加工)、庄稼医院、农民培训。从已运营的为农服务中心的效果看,它既是供销社服务“三农”的综合服务平台,又是公共性、经营性、互助性“三位一体”的“三农”服务的有形载体,成为新型农业经营服务体系的枢纽,使服务“三农”更具便捷性、工具性、有效性。

(三)走出新型经营服务组织托管、半托管的土地规模经营新路子

在山东,农业新型经营服务组织的专业化、规模化带来的一个更具时代意义的功能性表现是,开展对土地经营的托管、半托管服务。“全托管”服务,即是从种子供应、耕地、施肥、播种、管理、收获、销售等所有环节提供全程“保姆式”服务。“半托管”服务,即是根据服务对象意愿,提供某些环节的“菜单式”服务。本着“托管自愿、有偿服务”的原则,以种植户、农民合作社、家庭农场、流转土地的企业为主要服务对象,与其签订《托管协议》,按照托管协议内容提供服务项目,收取相应的服务费用。

山东省供销社系统首起开展基层专业性服务组织领办农民合作社

或是开展农业经营性专项服务托管经营土地,得到山东省委、省政府的肯定和支持,并在全省加以推进。据了解,2013 年以来,山东省供销社系统制定了土地托管 2000 万亩的 5 年计划,这一计划到 2017 年就能提前完成。截至目前,全省供销社系统经营性服务组织已托管、半托管土地 1037 万亩,占到全省耕地面积十分之一强。全省邮政系统以邮政鸿雁粮食种植专业合作社的形式,建立统一供种、供肥、培训、深耕、防治、收割、销售的“七统一”模式,开展土地“半托管”服务,面积达千万亩。全省农机合作社中开展土地托管和规模化经营的面积达 600 多万亩。目前,不仅托管的面积呈加大的趋势,而且托管的内容也在拓展,如服务品种从玉米、小麦、水稻等粮食作物向棉花、花生、果品、瓜菜发展,且从产品销售向烘干、初级加工延伸。

土地托管经营直接的经济社会效益明显。一是增加有效种植面积,提高了粮食产量。普遍反映,在实行成形整块较大面积托管经营的区域,可通过去除户与户之间的耕地垄背增加有效种植面积 15%左右,每亩地可增产 150 斤。二是降低了农业生产成本,可有效防止假冒伪劣农资。由专业性服务组织实施土地托管经营,可以实现农资直购和集中采购,科学配肥施药,这不仅降低了生产成本,还可从源头上防止假冒伪劣农资进入农村。三是提高了农业生产效率,推动了现代农业的发展。土地托管较好实现了集中连片种植,促进了生产集约化、规模化、机械化和专业化。四是增加村集体收入,密切了干群关系。村“两委”通过组织农民合作社等形式,集合农民参与土地托管服务,形成村社共建的模式,可由经营性服务组织给予一定的服务收益(一般为有偿服务收益的 10%),并且,每销售一吨化肥就给村集体提成 100 元。这既丰富了村“两委”服务群众的内容,也增加了村集体积累,密切了干群关系。五是实现了农民和经营性服务组织的双赢。

据山东省供销部门提供的资料，经托管服务的每亩土地生产经营成本可减少近200元，经营性组织也可以获得每亩150元左右的利润，相得益彰。

表6—1　每亩土地托管服务供销社效益分析　　（单位：元）

服务项目	业务量	社会价格	供销社价格	为农民节支增效	供销社成本	供销社利润
耕整地	麦秋两季	70	55	15	45	10
供种	小麦30斤/亩	80	65	15	55	10
	玉米3.5斤/亩	50	35	15	25	10
供肥	小麦100斤/亩	145	145	配方少施肥节支20元	275	15 配方施肥得20元
	玉米100斤/亩	145	145			
种肥同播	小麦	75	65	10	60	5
	玉米	35	30	5	25	5
打药	5次	105	90	15	75	15
浇水	3次	105	75	30	55	20
收获	小麦	65	55	10	45	10
	玉米	65	55	10	45	10
秸秆还田	玉米	50	45	5	40	5
烘干	代农民烘干玉米	55	55	提质增收45元	40	15
合计		1045	915	195	785	150

注：1. 以小麦、玉米为例，参考价格为2014年度全省各地平均价格。
2. 本测算不含粮食增产、经营效益。
3. 为农民烘干玉米，每斤可增值0.1元左右，每亩增值120元。
4. 发展订单优质小麦、玉米，每斤可增值0.05—0.10元，每亩增收24—120元。
5. 飞防服务可减少农药用量20%，供销社每亩次可获利3元，打3遍药共获利9元。如承接政府购买服务，还可享受政府每亩次8—10元的作业补贴。
6. 测土配方、智能施肥每亩可减少用肥量15%，为农民节支40元左右。

（四）加强农业社会化服务体系建设的政策配套

一方面，夯实发展农业社会化服务体系的制度基础。大力推进农村土地确权登记颁证工作。完善的土地制度是农村土地经营权有序流转、发展农业适度规模经营、构建高效的新型农业经营体系和生产服务体系的制度基础。山东是全国整省开展土地承包经营权确权颁证试点之一，2013 年开展试点，到 2015 年 5 月底，全省已有 8757. 6 万亩耕地完成确权，占家庭承包面积的 94. 2%，到年底将基本完成改革试点任务。农村集体土地所有权、宅基地使用权、集体建设用地使用权发证率分别达到 99. 21%、93. 88%和 96. 31%，并将于 10 月全部完成。山东省已有 109 个县（市、区）开展农村产权抵押贷款，45 个县（市、区）设立了涉农担保机构。农村土地经营权、林权、水域滩涂养殖使用权抵押贷款全面推开，大型农机设备、蔬菜大棚等产权抵押贷款陆续展开。截至目前，全省农村产权累计抵押贷款 378 亿元。积极推进县域农村综合产权流转交易市场建设，把农村产权流转交易市场建成可以提供专业化、一站式服务，集多种功能于一体的为农综合服务平台的思想。全省已有 79 个县（市、区）建立农村综合产权流转交易服务中心，2014 年交易各类产权 917 宗，交易额 35. 2 亿元。

另一方面，加强对农业社会化服务体系的政策扶持。省财政投入 5000 多万元，设立省农业融资担保有限公司，一期注册资本金 1. 4 亿元，带动省辖市及县（市、区）建立担保公司，为全省新型农业经营主体提供贷款担保服务。2014 年，省委农工办又会同中国人民银行济南分行、省农业厅、省供销社，对 1760 家新型农业经营主体，在拓宽抵（质）押担保范围、优化审贷流程、合理确定贷款期限和利率定价等方面给予重点支持。选择 36 个县开展新型农业经营主体融资增信试点，省财政每个县安排400万元,试点县安排100万元,由合作银行按照1∶20的比例放大到1亿元授信额度,纳入范围的新型农业经营主体无需抵押、担保就可获得优惠贷款。

二、启示与思考

山东在新型农业经营体系构建过程中注重新型农业经营服务体系建设,具有很强的现实意义,不仅为建立新型农业经营体系、完善农业的社会服务创新了内容和形式,更为重要的是在不改变农民土地承包经营权的前提下,为发展土地适度规模经营开辟了一条新路径,有着多重内涵性意义,展示出广阔的前景。

(一)新形势下大力发展新型农业经营服务主体将是解决当下"谁来种地、怎么种地"的重要突破口

改革开放以来,我国农业发展呈现出新形势,一方面是传统的农业生产主体发生转变,更多的农村劳动力向城镇转移,"谁来种地"的问题日益突出;农业生产成本不断攀升,我国农产品竞争力不断下降。而另一方面,与生物和信息技术结合的农业生产和营销体系发展迅速,极具生命力;规模化、专业化、社会化的农业生产经营服务组织开始崭露头角,其不但能与一家一户的传统农业生产主体相得益彰,而且与专业大户、家庭农场、专业合作社等新型农业经营主体相互协力补益,成为解决"谁来种地、怎么种地"的重要手段。

（二）新型农业经营服务组织是农业经营体系中“统”与“分”的重要有机结合点

20世纪80年代家庭联产承包责任制，用“分”的生产关系优势激发了农民积极性，解放了生产力。但这种新的生产关系也在不断面临新的挑战：一方面，它导致分散的农业小规模生产经营与以集约化、机械化、专业化等为主要特点的现代农业生产力发展矛盾突出；另一方面，尽管过去也一直强调“统”，但缺乏“统”的有效路径。对农户等新老经营主体而言，新型农业经营服务组织的最大功能是可以“外包服务”，这无疑和农户等生产主体将由自己全部承担或部分承担的农业劳动进行“服务外包”的意愿相契合。实际的情况是，农户不用把土地承包经营权流转出去，在不改变农户承包关系、不动摇家庭经营这一农业基本经营制度的前提下，土地托管等服务形式实现了与农户的连接并可以实现生产过程的全程服务，链条式、规模化供给，进而把家庭联产承包“分”的优势与农业生产服务“统”的功能有机结合起来。

（三）为走具有中国特色的农业适度规模化经营提供了新的路径

山东的实践证明，专业化、规模化、社会化的农业服务体系不但适应中国一家一户传统农业的特点，而且适应新型经营主体的需求，这也就使得我国开展农业适度规模经营不只是土地流转这一条途径，不流转土地同样也可以实现农业的规模经营。俗话说，“拓新者路千条”，群众的实践是最有创造性、生命力和说服力的，通过农业生产服务的规模化同样能够给农业生产主体带来节本增效的规模效益。同时，土地流转伴随的高租金容易产生对转入方进行“非粮化”“非农化”的激励，有影响国家粮食安全之虞;而发展新型农业经营性服务组织,如土地托管则由于不流转土地、不涉及产权转变、不产生租金,其“非粮化”“非农化”激励也要小得多。

(四)是帮助农民减少土地经营风险、增加增值收益的有效形式

其一,通过对农民进行土地耕作经营服务是在不改变农民土地承包权、经营权和收益权的前提下实现的规模经营,农民依然是土地及其经营的主人,农民可以自主表达意愿和要求。其二,农民可以根据托管协议,获得约定的收益,并在支付服务费后,获得托管土地产出的全部收益,解决了农民流转土地只获得约定租金而不能获得租出土地的增值效益的弊端。其三,新型农业经营服务组织具有专业性、系统性以及规模化服务优势,在推广新品种、进行科学管理等方面也是一家一户的农户不可比拟的,这自然帮助农民减少了土地经营风险和市场风险,也为农民外出打工吃下了一颗定心丸。

三、政策建议

(一)加强新型农业经营服务体系建设的顶层设计

农业经营服务具有区域化特点,它的经营性可能带来趋利性冲动,所以,政府要加强统筹规划,进行区域化布局、政策性引导,明确农业社会化服务体系中各要素的布局、规模、功能设置,以使各种新型农业经营服务主体既充满活力,又能竞争有序,以利于现代农业的整体发展。

（二）加大对新型农业经营服务主体的政策支持力度

在对农业社会化服务体系建设方面，特别要加强具有前瞻性的重大政策研究，要像支持新型农业生产经营主体一样支持新型农业经营服务主体。山东的农业社会化服务组织建设实践表明，新型农业经营体系建设不但要积极培育新型农业生产经营主体，也要大力发展专业性的农业经营服务主体。因此，可以通过补贴的增量瞄准和存量调整等适当方式，对专业性的农业经营服务主体或是对其提供的服务项目进行必要的政策支持。

（三）推进农村基层服务部门的改革与发展

山东一条重要经验是，乡镇一级的涉农部门既从事政府的公益性服务，又发挥自身的职能和优势，拓展功能开展经营性服务。要在制度上加强农业社会化服务体系中最基层的组织建设，进一步调动和发挥传统的乡镇“七站八所”优势，推动相关基层服务组织向企业化转型，有效地将公益性与经营性相结合，通过经营性带动公益性发展，使之能够更好地为农民提供农业生产和经营服务。

（四）加大对新型农业经营服务主体的用地政策支持

在调研中普遍反映国土资源部和农业部 2014 年联合下发的《关于进一步支持设施农业健康发展的通知》难以落地。如滕州市 95 个农机合作社需要解决农机存放用地问题的就达 73 个，占 76. 8%。应在强化执法监管、规范设施农用地使用的前提下，保障农业生产服务业发展对设施农业用地的需求。

第七篇　吉林省黑土地保护情况调研报告

2015 年 7 月 19—24 日，我们调研组一行就吉林省黑土地保护和利用的情况进行了调研。调研组赴吉林省长春、吉林、松原、白城 4 市的榆树、前郭、镇赉、昌邑等市、县（区），实地考察黑土地保护利用情况，并召开多个座谈会，听取对黑土地保护的意见建议。

一、东北黑土地基本情况

黑土地指以黑土类土壤为主的耕地，广义概念上包含了典型黑土、黑钙土、草甸土、白浆土、棕壤、暗棕壤、暗栗钙土等，是肥力最高、最适宜农耕的土地。东北黑土区主要分布在松花江、辽河流域中上游，北达黑龙江右岸，东至小兴安岭和长白山山间谷地以及三江平原，南抵辽宁千山，西连内蒙古高原。据第二次全国土地调查资料，东北黑土区土地面积 103 万平方公里，耕地面积 4. 5 亿亩左右。其中，黑龙江省 23915 万亩，吉林省 10547 万亩，辽宁省 5951 万亩，内蒙古自治区 4810 万亩。

东北黑土区与美国密西西比河流域、乌克兰大平原、南美潘帕斯大草原并称为世界四大黑土带。其中，美国密西西比河流域是世界粮仓，乌克兰平原是欧洲粮仓，南美潘帕斯大草原是世界最大的粮食生产后备区。东北黑土区也是我国的“北大仓”，以种植玉米、水稻、大豆和高粱为主，常年粮食产量为2600亿斤左右，约占全国粮食总产量的22%，粮食商品率60%以上，在保障国家粮食安全中具有举足轻重的地位。

吉林省地处东北黑土带的中部核心区域，黑土地主要分布在松辽平原的6个市24个县（区），总面积9.66万平方公里，约占东北黑土区总面积的27%。其中，耕地7800万亩，占全省耕地的74%。黑土区基本覆盖吉林省重要的商品粮生产基地和畜牧业生产带，有15个商品粮基地，粮食产量约占全省粮食总产量的80%以上，不仅是重要的“米袋子”，也是重要的“奶瓶子”和“肉铺子”。

二、黑土地保护面临的主要问题及原因

东北黑土地曾是生态系统良好的温带草原或温带森林景观。原始黑土具有暗沃腐殖质表层，有机质含量高，团粒结构好，土壤水肥气热协调、保墒透水。19世纪末尤其是20世纪50年代以后，由于大规模、高强度的开垦，东北黑土区逐渐由林草自然生态系统演变为人工农田生态系统，开始出现退化。从数量上看，黑土地面积在减少，黑土地层在减薄；从质量上看，黑土地有机质下降，土壤质量降低。这既有暴雨、洪水等自然原因造成的黑土地流失，更有耕作过程超强度所造成的对黑土地的侵蚀。如不从早加以治理，既破坏长期形成的良好生态环境，也会因这种难以多得的优质土地资源的减损而威胁我国的粮食安全。

（一）从黑土地数量减少的情况看

1. 水土流失

据专家介绍，黑土表层土层较薄、底层土质黏重、土质松散、抗蚀性弱。加上东北地区春季干旱少雨风大、夏季暴雨冲刷，水蚀、风蚀严重。目前，东北黑土区水土流失面积达27万多平方公里，形成大型侵蚀沟29万条，侵占破坏耕地720万亩。吉林省水土流失面积已达到1260万亩，大于100米长的侵蚀沟道近6.29万条、沟道面积达3.73万公顷，我们调研的松原市前郭县有100多条侵蚀沟，每年损坏耕地3000多亩。水土流失已使东北黑土层厚度由60—100厘米减少到30厘米，平均每年流失0.3—0.7厘米，部分坡耕地已变为黑土厚度仅为20厘米的“破皮黑黄土”，甚至是没有黑土的“露黄黑土”。

2. 建设占用

当前我国正处于城市化高速发展期，非农建设占用黑土资源逐年增多。据了解，如建设用地较多的2012年，内蒙古、辽宁、吉林、黑龙江四省（区）非农建设用地占用耕地达到59.2万亩，其中吉林省非农建设用地占用耕地13.1万亩。被占耕地中大部分是宝贵的黑土地。

（二）从黑土地质量退化的情况看

1. 有机质含量下降，黑土越来越“瘦”

吉林省黑土地有机质由开垦之初的4%—6%下降到目前的2%—3%。榆树市目前有机质含量2.38%，比1987年降低了0.36个百分点。而自然状态下土壤有机质含量提高1个百分点需要400年左右的时间。

2. 耕作层变浅，黑土越来越“薄”

据吉林省农委负责同志介绍，目前全省土壤耕层仅为12—15厘米，远低于美国黑土区的35—40厘米。耕层变浅化，使作物根系难以利用土壤深层水肥，降低水、肥、气、热协调能力。

3. 土壤养分失衡，黑土越来越“硬”

据吉林省农业科学院负责同志介绍，一些地方“公顷吨肥”，氮肥用量超过合理用量的25%以上。大量施用化肥、除草剂，长期不施用有机肥，秸秆还田质量不高，导致黑土养分失衡、微生物活性减弱，土壤贫瘠化、酸化、盐碱化、污染等问题凸显。

三、吉林省加强黑土地保护的主要做法

吉林省委、省政府高度重视黑土地保护工作，吉林省发改委、财政、农业、国土、水利、林业等部门加强协调配合，加大资金投入力度，针对黑土地保护工作中面临的突出问题，大力开展保护和治理工作，取得了积极成效，有些做法走在了全国前列，提供了有益的经验。

（一）实施保护性耕作

吉林省重点推广高留茬、垄侧栽培、少免耕秸秆覆盖技术，面积达到1500万亩。从2008年开始实施机械深松作业补贴，截至2015年累计投入6.8亿元，机械深松7716万亩。

（二）实施土壤有机质提升

从2008年起，吉林省结合农业部土壤有机质提升补贴项目，在中央财政补贴的基础上，省财政每年安排1000万元，对秸秆腐熟还田技术推广和农民增施有机肥进行补贴，目前累计投入1.11亿元，示范推

广面积达955万亩次。

（三）推广测土配方施肥技术

吉林省从2004年开始推广测土配方施肥技术，目前已全覆盖主要粮食作物，不仅增产增收，而且减少化肥投入，降低面源污染。吉林省还结合智慧农业建设，利用信息化手段服务农民进行测土配方施肥，取得了良好效果。

（四）推进耕作层土壤剥离利用

从20世纪80年代末开始实施，初步形成了“表土剥离、移土培肥、改良耕地、提升质量、保护生态”的工作机制。截至2014年，全省累计实施项目近百个，投资10亿元，剥离耕作层土壤面积20多万亩。

（五）加强水土流失治理

截至2014年，全省总投资16.1亿元，治理小流域1355条，累计治理水土流失面积达9265平方公里，5000多条侵蚀沟得到有效控制，每年减少土壤流失量1100万吨，减少耕地损失1000余亩。

（六）实施农防林更新改造

2004年，吉林省在全国率先启动农田防护林更新改造试点，2006年在全省范围内全面铺开。10年来，累计更新改造防护林34.5万亩，新增农防林1.8万亩。

（七）加强土壤环境治理

重点开展了农村环境连片整治，对农村生活垃圾、生活污水、畜禽粪便污染进行整治。2011—2013年,全省共实施了三批示范项目,总投资14亿元,对1989个村进行了整治。

(八)开展综合整治试点

从2014年起,吉林省把黑土地保护作为全面深化改革的重点任务,按照"由点扩面、先易后难、整合项目、综合治理"的路子,启动综合保护治理和水土流失治理两个试点,总投资3亿元,试点范围由9个县(市、区)增加到15个。

调研中还了解到,吉林省黑土地保护立法工作走在前列,2010年6月1日就颁布了《吉林省耕地质量保护条例》,2015年,吉林省人大环资委、吉林省农委又启动了《吉林省黑土地保护条例》的起草工作,这两部法规将为吉林省耕地质量和黑土地保护工作奠定坚实的法律基础。此外,从20世纪80年代起,吉林省在4个黑土地重点分布县(市)设立国家级土壤肥力动态监测点5个。从2005年开始,开展了县域耕地地力调查与质量评价工作,初步掌握全省黑土地质量状况,为黑土地保护提供了技术支撑。

目前,吉林省有关部门围绕保护性耕作、有机质提升、高标准农田建设、水土保持治理、林业生态、土地面源污染防治、耕地治理监测等7大工程,正在研究制定综合治理规划,进一步推动黑土地保护工作。

四、加强黑土地保护工作的建议

在世界历史上,乌克兰大平原和美国密西西比河流域的黑土区都因开垦利用不当,发生过震惊全球的黑色风暴。20世纪30年代后,各国开始着手黑土保护。苏联主要是推广保土轮作、保留根茬、间套耕作、无犁壁耕地以及地块边缘用高秆作物围篱等。美国研究推广了保护性耕作技术，采取了种植制度和耕作方式改革，并制定了水土保持法和农民应用新技术的经济保障补偿政策，取得了显著成效。从国外的经验教训以及我国初步治理的实践看，忽视黑土保护对农业生产和生态环境的影响是极其严重的，但只要采取切实可行的措施，实现黑土资源的可持续利用也是可行的。

（一）要提高认识，增强对黑土地保护的紧迫感

要认识到东北黑土是难以再生、极为珍贵的自然资源，保护黑土地是一种历史责任。要认识到黑土地流失和退化已严重影响到生态环境和粮食安全，其恶化趋势如不尽快遏制，黑土地在不远的几十年就会丧失殆尽。要认识到黑土地的治理和保护任务艰巨，既是慢工活，又要抓紧干；既要有政策支持，又要发挥群众的主体作用；既要有顶层设计、综合施策，又要有实打实的举措，循序渐进。

（二）突出优先序，把工作的基点放在优化农艺措施上

黑土地保护带有普遍性、趋势性的问题是土壤退化，因此要把工作的重点首先放在加强农艺措施上，大力推广一些适应面广、花钱少、见效快、农民易于接受的措施，遏制黑土层减少、质量下降的势头。当前可以大力推广的农艺措施有三项：

1. 秸秆还田

东北黑土区作物生长期长、生物量大、秸秆资源丰富。实施秸秆还田是增加土壤养分、提升有机质含量、改善土壤结构最有效的措施。有专家指出，在土壤有机质含量为2%的情况下，如果实行3年全株秸秆

还田,土壤有机质含量可以提升 0.03 个百分点,效果十分明显。目前,东北地区已经因地制宜集成推广了秸秆粉碎深翻还田、秸秆覆盖免耕还田等技术模式,应用面积不断扩大。基层干部群众反映,秸秆还田需要使用大马力拖拉机,增加作业成本,建议增加大马力拖拉机农机购置补贴力度,并在作业环节提供一定比例的补助资金。

2. 增施有机肥

东北黑土区同时也是畜牧业优势产区,畜禽粪便等有机肥资源比较丰富。增施有机肥是实现用地养地结合的有效措施,通过鼓励规模化畜禽养殖场建有机肥工厂,在农村秸秆丰富、畜禽分散养殖区建设小型有机肥堆沤池(场),推动有机肥施用。从 2014 年起,榆树市五棵树镇在每个村(屯)建立一个农肥专业合作社和 1000 平方米的沤肥场,农肥专业合作社收集畜禽粪便、生活垃圾沤制农肥,第一年免费提供给合作社成员使用,调动农民施肥积极性。目前已在 5 个村开展试点,积造供应农家肥 25700 立方米,2.4 万亩耕地受益。五棵树镇党委负责人建议国家在有机肥积造设施和场地建设上给予一定补助,同时对农民施用有机肥进行补助。

3. 保护性耕作

保护性耕作技术可以减少土壤翻动,实现保土保墒保肥"三保"的作用。专家介绍,保护性耕作一般是在作物收获后以秸秆整杆或机收后的秸秆覆盖耕地,播种时用免耕播种机在有秸秆覆盖的耕地上直接播种,以减少土壤风蚀保墒,同时播种后进行封闭除草,每 3 年开展一次深松深耕作业。目前,保护性耕作技术在东北四省(区)得到广泛应用。据统计,2013 年东北四省(区)实施保护性耕作面积达到 5844 万亩。由于保护性耕作对农机具要求较高,深松深耕增加成本,基层干部群众建议加大深松耕农机购置补贴力度,并在深松深耕环节予以补助。

（三）加大工程性措施，加强水土保持

东北地区有不少丘陵漫岗，黑土表层疏松，加之雨量充沛，容易造成水土流失。吉林省水利厅介绍，吉林现有水土流失面积 4.82 万平方公里，6.29 万条侵蚀沟，现年均治理 1200 平方公里，按此速度治理需 40 年时间。所以，无论是中央政府的支持力度还是地方的工作和投资力度都需加大，以建立防止黑土地流失的工程基础。重点是加强水流域治理、建设高标准农田、改造治理坡耕地和水肥一体化设施建设。

（四）综合统筹，发挥政策的最大效益

黑土地的治理和保护有其特定性，需要中央有力的政策支持，但就其实质而言，是一个生态保护问题，是一个水土保持问题，是一个提高农业综合生产能力的问题。所以，要从整体上把握，加强顶层设计，综合统筹，整合相关资金，一体化加以推进。如秸秆还田和大功率马力拖拉机相联系，同时又和减少焚烧带来的污染相关，有必要一并考虑，提出相关政策。据测算，一亩玉米秸秆还田实施大马力拖拉机粉碎还田需 100 元左右。如水流域治理和防止黑土地流失可施行一体化项目。

（五）在改革上下功夫，推动适度规模经营和结构调整

适度规模经营和种植业结构调整有利于土地的保护和利用。要加快耕地确权登记，赋予农民长期而稳定的土地承包权，促进土地流转，发展多种形式的适度规模化经营。着力扶持种粮大户、家庭农场、农民合作组织等新型经营主体，建立健全农业生产社会化服务体系。同时，适当调减生态脆弱地区玉米种植。推动建立合理的轮作制度，推行粮豆轮作和种养结合，扩大大豆和青贮玉米面积，大力发展优质高效奶业

和肉牛肉羊产业，积极促进粮食就地转化为畜牧业。

（六）加快立法，建立黑土地保护制度

要将东北黑土地区的优质耕地划为永久基本农田，实行永久保护。要在国家层面尽快制定出台《耕地质量保护条例》《肥料管理条例》等法律法规，严格规范土地利用、耕地质量保护、肥料等投入品使用等行为，明确各级政府监管和保护职责，强化土地使用者保护义务，使黑土地保护走上法制化轨道，做到依法护农。建立黑土地保护目标考核机制，将黑土地保护纳入东北四省区各级政府目标考核内容。同时，建议农业部在东北地区派驻专门的黑土地保护督察机构，专职从事黑土地保护和质量建设监督管理工作。

第八篇　湖北省农业科技推广服务情况调研报告

2015 年 9 月 6—11 日，我们调研组一行在湖北就农业科技推广服务工作进行了调研。调研期间，我们先后考察了京山县、天门市、监利县的县乡农技服务中心、农民合作社、龙头企业和农业社会化服务组织以及湖北省农业科学院和华中农业大学的重点实验室、优良品种示范田、农业科技推广中心，分别与各级干部、合作社和龙头企业负责人、农技人员进行了座谈。

一、基本做法和成效

（一）坚持“三个面向”，新型农业科技创新和推广服务体系已初步形成

湖北农业资源丰富，是我国 13 个粮食主产省之一。同时，湖北是一个资源环境多样的省份，特色农产品生产在全国也占有重要地位。近年来，湖北立足当地资源优势，提出“面向市场、面向产业、面向特

色”的理念，充分发挥省内农业科技力量较为雄厚的特点，积极探索在科技创新和构建新型农业科技创新与推广服务体系方面的新路子。

为解决省域范围内农业科技创新分工不明、各自为战、重复研究等现象，强化资源整合和协调创新力度，2006 年，湖北省委、省政府依托省农科院率先在全国组建了湖北省农业科技创新中心。创新中心整合了省农科院、武汉大学、华中农大、各地市州农科院等 19 家涉农单位的 5000 名农业应用专家队伍，建立了 11 个分中心和 4 个综合试验站，设立 64 个创新团队、500 个创新岗位。省财政每年拨出 5000 万元支持该项工作。“创新中心”运行八年来，在省内农业科研顶层设计、运行机制和成果产出方面取得了明显进展，获得科技成果 1000 余项，其中国家科技进步特等奖 1 项、二等奖 10 项，动植物新品种 198 个、新技术 407 项。

同时，他们注重调动各部门力量，发挥各自优势，不断探索创新基层农技推广服务的内容和方式，初步形成了以基层公益性服务机构为基础力量、新型经营主体和新型服务主体为重要力量、科研院所和大专院校为关键力量、农业科技示范户为依托力量，公益性服务与多元社会化服务共同参与的新型农技推广服务体系。2015 年以来，湖北作为全国 10 个试点省之一，主要依托省农科院和华中农大，启动了科研院校开展重大农技推广服务试点工作，通过支持“科研试验基地+区域示范基地+基层推广服务体系+农户”的链条式农技推广服务新模式发展，推动技术创新与技术推广有机结合，促进院校科技服务与农业产业需求、院校专家团队与基层农技推广体系有效对接。

（二）不断改革探索，“以钱养事”的基层公益性服务机构平稳运行

湖北省从 2003 年启动了乡镇综合配套改革，按照“公益性服务由

政府采购，经营性活动走向市场”的原则，在全国率先实施乡镇事业单位管理体制改革，2005 年全省普遍建立起“以钱养事”机制。该项改革通过转变人员身份、建立养老保险制度、经费列入预算、资格准入、明确主体和确定合理服务模式等，探索出的“财政出钱，购买服务，合同管理，农民认可，考核兑现”等公益性“以钱养事”的机制。

从十多年的实践看，取得了较为明显的效果，改变了基层站所冗员繁多、干多干少一个样等不利状况，出现了队伍相对精干、干事有压力、服务讲效率的积极局面。

1. 有能人干事

乡镇事业单位改制后，虽然服务单位总人数有所减少，但精简了冗员，精干了队伍，一批有专业能力的农技人员被留下来。目前，乡镇农技推广服务人员为 11994 人，比改革前减少了 73%。基层农技推广队伍围绕水稻集中育秧、测土配方施肥、农作物病虫害绿色防控、稻田综合种养、标准化养猪等 100 多项农业先进实用技术和高产高效模式，共培育国家级农业科技示范户 11. 7 万户，建设试验示范基地 327 个，全省农作物主导品种普及率超过 90%，主推技术到位率达到 85%以上。

2. 干事的钱多了

各级财政用于“以钱养事”公益性服务的经费大幅度增加。省级财政补助资金从 2006 年每个农业人口 5 元，增加到目前的每个农业人口 15 元，省级补助资金达 6. 29 亿元。2014 年，全省用于农业技术推广支出 19. 17 亿元，增加 5. 59 亿元，同比增长 41. 2%。

3. 有章理事了

各地建立健全了管理制度，各项公益性服务实行项目合同管理，“钱随事走，以钱养事”，使公益性服务有矩可依、照章管理，逐步走上规范发展道路。

（三）新型经营主体和新型服务主体快速发展，已成为农村科技推广服务的有生力量

近年来，省委、省政府把农民合作社作为加强农技社会化服务的重要力量来培育，全省目前在工商注册的农民合作社5.5万家，430多万户加入了合作社，入社率近40%。通过近几年的规范化发展，农民合作社的服务能力不断增强，服务范围涵盖了产前、产中、产后各个环节以及种植、养殖和流通各个领域。这些合作社除了为社员服务外，还为社外农户提供服务，服务内容也由单一服务向综合服务转变。天门市华丰农业专业合作社，是一家从事水稻种养全程机械化生产和服务的专业合作社，该社邀请著名植物遗传育种专家朱国英院士建立了院士工作站，十年累计投入1200余万元与科研院所合作开展农业科技的研发、试验示范、推广应用，在集中培育插秧、统防统治、测土配方施肥、稻田综合种养等方面探索形成了一套具有自身特色的新技术和新模式。合作社每年选派15名科技人员到高校、科研院所、企业进行实训，这些科技人员再转换培训社内外技术人员2000余人。2014年，合作社自身种植面积8.1万亩，为社外机械服务面积80万亩次，并提供育秧、插秧、植保、收获等全程化服务，带动了更多农户发展粮食生产。

新型经营服务组织的兴起为农技推广提供了新的渠道。在荆州市监利县，近几年全县发展农民社会培训机构20多家、农资连锁供应门店100多家、测土培肥站10家、育秧工厂43家、统防统治专业队32家、农机综合服务组织100多家。天门市仅农机专业服务组织就达587个，农机服务作业收入突破11亿元。湖北目前已有3000多个农村专业技术协会。

龙头企业也在农村科技推广服务中发挥着重要作用。全省现有规

模以上农产品加工企业5073家,辐射带动了全省63%以上的农户。龙头企业一方面通过自建原料基地,带动农户实现了标准化生产,同时通过大力发展订单农业,为农户统一提供优质种苗和管理技术。荆州市监利县的福娃集团是一家以粮食加工转化为主营业务的首批国家级龙头企业,该企业流转土地种植有机稻面积达6万亩,与农户订单基地面积达130万亩。该集团通过建立大型育秧工厂统一为农民提供购种、整地、育插秧、统防统治、机收等一条龙服务,对农户进行农技指导,带动14万农户实行了标准化生产优质稻,每亩可为农民增产30公斤、增收80元。

(四)"产、学、研、推"结合,高校和科研院所在农村科技推广服务中扮演关键角色

高校和科研院所与县共建院士工作站和专家大院,形成科研和推广的有效通道。2007年以来,省农科院利用全省县级农业技术推广中心现有设施和人才,每年投入1000多万元,与26个农业主产县(市、区)人民政府共建专家大院,通过对接实施成果示范展示项目、设立成果转化岗位、建立农技服务室和新成果示范基地,形成了科技成果的快速转化通道。几年来,一批先进实用成果通过专家大院示范展示,被确定为国家、省、地市、县(市、区)主导品种和主推技术以及高产创建主推品种和主推技术。同时,以新型经营主体为基地,建立了一批院士工作站。桂建芳院士在京山县盛昌养殖专业合作社的院士工作站,帮助该合作社建立了全国唯一的国家级乌龟原种场,每年培育乌龟种苗500万只,有力带动了湖北及其他省份的稻龟养殖。

高校和科研院所通过科技特派员的创业行动,提升了基层创新能力。至2015年,全省共选派省级科技特派员1707人,投入专项资金

2200万元，各级科技特派员累计推广、转化农业科技成果150余项，带动农户92万户以上，培训农民工790万人次，领办、创办经济实体15家。省农科院有76名专家被聘为省科技特派员，采取合作建设原料基地、共建研发中心、转让品种经营权、协议约定服务等形式，强化与新型农业经营主体的深度合作。目前与省内外156家涉农企业、专业合作社建立了紧密的合作关系，合作共建校企研发中心12个。

高校和科研院所通过建立新农村发展研究院和开展科技推广专项行动，拓展了服务内容和形式。华中农业大学校领导率先垂范，校级11名领导每人直接联系一个县、两个村，进行包点式农业科技推广和服务。该校实施“百名教授进百企”科技支撑企业发展行动计划，校党委书记兼任新农村发展研究院院长，整合科技资源、解决技术难题、开发新工艺和新产品，促进涉农企业技术改造和升级，提升涉农企业创新能力和竞争力。省农科院组织开展的选派300名科技人员、带30项成熟技术、在全省30个农业县市、建立30个有规模的农业科技核心示范基地的“四三”活动，共示范推广各类农业新技术307项，累计示范面积3200多万亩，指导服务农民100多万人次。

（五）科技支撑农业发展和农民增收成效显著

湖北省科技对农业的贡献率已达56.2%，“十二五”期间年均增长1.8个百分点。全省60%以上的农作物品种来自农业创新中心，每年各类农作物新品种种植面积超过5000万亩次，占到全省种植面积的47%。其最突出的成效是科技支撑了粮食等主要农产品连续增产。在耕地面积不断减少的情况下湖北粮食产量实现了“十一连增”，2011年以来年均增产13.4亿斤，2015年有望再增产20亿斤，达到历史最高水平。肉、鱼、蛋、菜、果、茶均保持了连续稳定增产。省农业科技创新中心推广的各类农作物新品种每年产生经济效益达500亿元。省农科院专家团队针对襄阳的小麦品种、机械化生产、绿色防控等技术瓶颈问题开展的系列化专业技术服务,为襄阳市粮食总产连续三年突破百亿斤大关作出重要贡献。

科技还支撑了农民收入较快增长。2014年全省农民人均可支配收入达到10849元,首次超过全国平均水平,居全国第10位。科技推动了农产品加工业快速发展,2014年主营业务收入达1.19万亿元,跃居全国第5位,食品加工业产值达6000亿元,超过汽车产业产值2000亿元,成为全省第一支柱产业,有力地带动了农民种植、养殖收入提高,并大幅增加了农民的就业。省农科院的蔬菜所针对宜昌高寒山区特点开展山地高产有机蔬菜研究,在五个山区县推广220万亩,每亩平均收益由1000元提高到5000元,每年带动该地区农民增收88亿元。

二、几点思考

(一)在新形势下科技对农业可持续发展和农民可持续增收的作用进一步凸显

当前,我们面临既要保障国家粮食安全和主要农产品有效供给,又要破解农业资源环境压力加大、农民收入增速放缓的难题。近些年来,我们靠一系列强农惠农支持保护政策,取得了粮食"十一连增"和农民收入"十一连快",但政策红利已基本释放,边际效应明显递减。在这一新形势下,靠什么来破解发展难题?习近平总书记指出:"农业的出路在现代化,农业现代化关键在科技进步。我们必须比以往任何时候都更加重视和依靠农业科技进步，走内涵式发展道路。"湖北的实践充分证明了这一科学论断，他们开展具有地域特色的农业科技创新和推广服务，较好地解决了粮食增产、农民增收和改善生态环境问题，走的是一条以科技为内涵的农业现代化之路。如天门市华丰农业专业合作社，通过多年与科研院所合作，解决了泥鳅种苗繁殖问题，2014 年在 5000 亩水田进行稻鳅标准化种养，每亩产值达 9600 元，纯收入达 6000 元。天门市四海生态科技有限公司实行全程技术指导，2015 年带动本市 13 家合作社、8926 户农户实施稻鳅共生近 4 万亩，本省 8 个市（州）、县 10 万多亩。5 月中旬在每亩稻田投放泥鳅苗 5000 尾，10 月底每亩可起捕商品泥鳅 260 斤左右，据测算，每亩稻谷、饲料及生产资料投资 2300 元，泥鳅和有机稻谷可收入 6900 元，亩纯收入 4600 元以上，比单一种植稻谷每亩多收入 3900 元左右。这种生产业态和类似的种养结合、林下经济等模式都在全国具有较为普遍的推广价值和大面积推广可能。因而，我们要牢固树立"农业现代化必须是科技化"的理念，下大决心、采取重大措施，使农业发展由主要依靠要素推动转向主要依靠科技推动的轨道上来。

（二）新型经营主体和服务主体具有极强的农业科技研发和推广内生动力

近年来，农业新型经营主体和农业新型经营服务主体迅速发展，不仅推进了农业的适度规模经营，与其相伴随的是，它们已经成为参与农业科技研发和推广的一支生力军。探究新型经营主体和服务主体在农业科技研发和推广服务中表现出极大积极性和主动性，在于其市场化条件下的倒逼和规模经营的现实可能，形成一种内在的需求。一是无论是租赁土地形成的高成本压力，还是规模生产与服务的效率要求，都需要提高竞争力，需要其产品的单位面积数量多、质量好、品牌优，这些唯有科技才是最佳路径。二是规模化经营使单位面积降低了应用新技术的成本，提高了总体收益，容易体现出科技带来的价值。三是新的生产经营组织和服务组织组织化程度比较高，获得最新信息的能力比较强，加之有一定的资本和人才优势，对科技形成某种偏好，易于采纳新品种新技术。同时我们还注意到，新型服务主体因其自身的规模化和专业化特点，有力推动了技术集成和技物结合，成为农村科技推广服务的一支重要力量。这些新情况启示我们，随着农业新型经营主体和服务主体的不断发展壮大，必将成为农村科技创新推广服务的主体力量，需要政府给予更多的关注、引导和支持，创造更好的发展环境。

（三）现代农业的加快发展为农业科研院所展现了更加广阔的空间

农业现代化的本质是科技现代化，无论是农业生产方式的转变、农业产业结构的调整、农业标准化的推行，还是农业资源的高效利用、农业生态环境的治理、农业一二三产业的融合等，都需要科技的引领、内化和支撑。这给农业科研院所的科研开发提出了更紧迫的需求和更高的要求，同时也展现了更加广阔的发展空间。如果说过去的农业科研和推广主要侧重于提高农产品产量的话，那么农业发展的新形势则要求同时兼顾农产品的产量、品质、效益，更多地发展产业链技术、集成技术和高新技术。农业科研院所更应在种业创新、地力提升、化肥农药减施、高效节水、农田生态、农业废弃物资源化利用等方面组织科研攻关和协作，并大力开展“科研试验基地+区域示范基地+基层推广服务体系+农户”的链条式农技推广服务新模式。我们到湖北省农科院和华中农业大学调研，深切感受到农业科研院所汇聚着科研的极大热情，具备了良好的基础,获得了较多的经验,实践了较好的路径样式,只要引导得当、政策到位,他们是能够大有作为的。

(四)需要进一步明确政府在农业科技推广服务中的角色和定位

在农村基层为农户推广农业技术并进行公益性服务,是政府的重要责任,但如何发挥好政府的作用则值得认真总结和思考。当前出现的新情况是,政府的基层农技推广服务机构活力不足与社会化的经营服务组织快速发展形成了明显反差,多数农村基层公益性农技服务站所机构臃肿、机制不活、人浮于事、效率低下,进入一种在"不断加强"的努力下人员老化、力不从心、远不能满足农民需求的窘境。如何通过深化改革破解这一难题,是我们必须直面和切实加以解决的。湖北在农村基层公益性农技服务机构的改革,尽管还有不少需要完善的地方,但其所作的探索是十分有益的。我们认为,解决目前存在的问题,必须坚持市场在资源配置中的决定性作用和更好发挥市场作用的原则,解决好政府在农业科技推广服务中的角色和定位这一关键。我们感到,从事基层农村科技推广的公益性机构应该保留,经费也要形成稳定的增长机制,但其角色定位应当作调整,除必须的农技推广服务外,更多地应承担起组织者、协调者、推动者、监管者的角色,其上级政府的主要责任是做规划、搭平台、给政策、抓监管、建机制。对基层农技推广机构要在人事、劳动、分配制度等方面进行改革,引入竞争机制,让有专业技能、热心农业、能干好农业的人来从事农技推广服务工作。要坚持公益性推广和经营性推广分类管理,能交给市场去做的尽可能交给市场做,一些公益性推广服务也可以采取政府购买服务的方式。最终检验改革成效的标准不在于人员多少,而在于推广服务成效。

三、政策建议

（一）以改革精神加强农村基层科技推广服务站所建设

一是进一步明确农村基层科技推广服务站所职能。其重点应放在区域性新品种推广、科技示范户的培育、动植物疫病防控、农产品质量监管等方面。除直接开展推广服务外，还应强化组织、协调、监督职能。二是精准支持、提高效能。以问题为导向，支持经费主要用于解决骨干人员待遇较低和设备条件较差等突出问题。三是允许粮油大县、养殖大县奖励资金等国家支农资金中列支部分经费用于乡镇推广站条件能力建设。四是进一步加大偏远的少数民族地区和牧区基层站舍的建设力度，全面启动水产养殖技术推广服务体系的建设工作。

（二）进一步加强科技特派员队伍建设和规范管理

一是不断壮大科技特派员队伍。鼓励高校、科研院所、职业学校科技人员及企业人员发挥职业专长，到农村开展科技创业和服务。鼓励引导高校、科研院所，以及从事科技成果转化的中介机构、中小企业、龙头企业等发挥团队作用，作为法人科技特派员服务产业或区域发展，带动农民创新创业。鼓励大学生、转业退伍军人、退休技术人员、返乡农民工等参与农村科技创业。二是加强分类管理和指导监督。对从事公益性服务和经营性服务实行科学分类，并采取相应的保障措施和激励政策。完善多部门联动的科技特派员工作协调机制，不断创新科技特派员工作方法和模式。加强相关服务标准和规范的研究和制订，建立和完善考核体系。

（三）进一步引导支持科研机构和高等院校面向基层开展科技创新创业和推广服务

一是依托科研机构和高等院校建设跨县、跨市、跨省的国家级农业科技试验示范基地。在农产品主产区，根据产业布局特点，打破行政区域界线，建设试验示范基地，集中重点开展新品种、新技术、新机具的试验示范。二是加大财政投入，支持科研机构和高等院校开展农业生物技术、信息技术、新材料技术、先进制造领域的研究开发，在良种培育、新型肥药、加工贮存、疫病防控、农村民生等方面取得一批重大实用技术成果。三是切实为科研机构和高等院校科技人员创业铺路架桥。对所在单位同意到农村创业和服务的科技人员，其工作业绩可按照一定工作量纳入科技人员考核体系，可按照有关规定在一定期限内保留其编制、岗位、工资，且工资、岗位等级、职称晋升与派出单位在职人员同等对待，期限届满后可以根据本人意愿选择辞职创业或回原单位工作。

（四）加大对新型经营和服务主体科技研发和推广的政策支持

一是继续加大对农业新型主体在土地整理、小型水利工程、农机购置、仓储烘干等方面的扶持，为其开展科技推广创造必要的基础条件。二是为农业新型主体在政府科技项目申请、成果评价等方面提供与公办科研机构平等的机会和环境。三是建立中央财政重大农业技术转化专项资金，并鼓励各省建立地域特色明显的农业技术转化专项资金，使更多的农业新型主体能够得到免费的应用型科技成果。

（五）更好发挥信息化在农业科技推广服务中的作用

一是加强农村信息化工作的统筹和规划。加强部门间协同，引入社会力量，整合农业和农村科技成果资源，实现开放和共享，使农村信息化在农技推广中发挥大平台、全覆盖、广受益的作用。各地要根据实际需要，发展宽带、移动互联网的基础设施，推进基层信息站点建设，培养基层信息员队伍，不断提高农业科技服务的效率，降低服务成本。二是加强技术研发和模式创新。针对农业地理信息系统（GIS）、物联网和智慧农业等方面的技术需求，加大科技投入，形成一批成熟可靠的成套技术。推进农村电商发展，鼓励基层农产品电子商业增值模式的创新，促进农村科技信息服务的可持续发展。三是加强信息化工作经验总结和交流。对湖北等省开展的农村信息化示范省建设经验，有关部门应认真总结推广。

第九篇　新型职业农民培育工作调研报告

为深入了解新型职业农民培育工作的有关情况，2015 年 10 月 16 日、22 日，笔者分别召开了有教育部、人力资源和社会保障部、农业部以及共青团中央、全国妇联、国务院扶贫办相关司局负责同志参加的座谈会。11 月 3 日，到中央农业广播电视学校调研并召开了座谈会。4 日，又召开了安徽农业大学、广西大学农学院、湖州农民学院、苏州农业职业技术学院、陕西省农广校、江苏省农广校、袁隆平农业高科技股份有限公司、安徽荃银高科种业股份有限公司等 8 家单位的座谈会，教育部、财政部、农业部相关司局负责同志与会。此间，还专门组织了一次问卷调查，在农业部新型职业农民培训资源库内随机抽取 18 个省的 1448 位新型农业经营主体领头人开展了问卷调查。9—12 日，我们调研组一行赴河北省邢台市巨鹿县、邯郸市邱县以及河南省巩义市进行实地调研，考察了上述三县（市）的农广校、职教中心、农技推广中心站、实践实训基地以及十余家农民专业合作社、农业产业化龙头企业、家庭农场，在教学课堂、田间地头、实训场所与农广校（职教中心）校长、授课教师、合作社（龙头企业）负责人、家庭农场主以及接受过新型职业农民培训或已经取得新型职业农民证书的农民等数十余人进行了面对面交流，广泛听取了意见建议。期间，我们还召开了 3 个座谈会，听取了省、县(市)相关情况。

一、新型职业农民培育工作推进情况

2012年中央一号文件提出大力培育新型职业农民以来,农业部牵头、财政部支持、教育部等部门配合,积极推进此项工作,各地结合实际探索出一些有益的方式方法,培育出一批新型职业农民,“谁来种地”问题出现积极可喜变化,呈现良好发展势头,取得了明显成效。尽管任务依然艰巨,问题和困难不少,但前景十分广阔。

(一)农业部率先开展新型职业农民培育试点示范工作

2012年,农业部印发了《新型职业农民培育试点工作的指导意见》,在100个县开展新型职业农民培育试点。2014年农业部、财政部启动实施新型职业农民培育工程,有4个示范省、21个示范地级市和487个示范县开展整体示范培育,加上省级示范县,共覆盖948个农业县,按照每个新型职业农民培训费2500元的标准补助示范县。2015年,农业部、教育部、团中央启动实施现代青年农场主计划,对返乡创业大学生和农民工以及青年农民进行重点培育。总体看,试点示范工作扎实推进,成效明显。

1. 从培育对象来看

重点面向种养大户、家庭农场主、农民合作社领头人、农业社会化服务组织骨干以及返乡创业的大学生。

2. 从培育环节来看

努力实现由培训向培育的转变,实行教育培训、规范管理、政策扶持"三位一体"、全过程的培育。

3. 从培育考核来看

农业部专门针对培训对象遴选、课时要求、实训时间、考核考试以及学习后效果都提出了要求，以县为单位组织专门人员对参训农民进行学习评价和产业评估，规范认定后以县政府名义颁发《新型职业农民证书》，分为初、中、高三个等级。目前累计参加培育的农民超过150万人，其中，24万参训农民获得初级新型职业农民证书，到2015年年底参加培育累计超过200万人。

4. 从培育效果看

我们所见到的参加了新型职业农民培育的农民，都普遍感到，通过培训学到了一些必要的生产经营管理知识，开阔了眼界和思路，生产经营得到了提升，获得了实实在在的收益。像巨鹿县南哈口村，原是远近闻名的贫困村，全村540户，种植蔬菜3000亩，19位通过培训取得证书的农民，带动了生产技术的提高和合作社的规范管理，亩均收益1万元以上，2015年仅西瓜就亩均增产1000斤，目前正筹划蔬菜小棚改温棚，实现收入翻番。巩义市家庭农场主孙学朋，种植27亩水果，通过培训全部采用先进生产技术，实现销售收入20多万元，比2014年提高10%，而且开阔了思路，办起了农家乐餐厅，经营一年就收入10万元，他与淘宝电商对接，所产水果16天全部销完，就连2016年的水果也预售一空，我们见到他前几年建的水果冷库目前也变作杂物仓库了。

（二）教育部、农业部出台中等职业学校新型职业农民培养方案

为提升务农农民学历层次和自我发展能力，农业部、教育部2014年印发《中等职业学校新型职业农民培养方案试行》（以下简称《培养

方案》),按照服务产业、农学结合、方便农民的原则,对农民参加中等职业教育进行了安排和规划,初步打算每年招生60万人。这个方案的特点,一是突破了年龄限制,重点招收专业大户、家庭农场经营者、农民合作社负责人、农村经纪人等,凡50岁以下具有初中以上学历的农民均可申请参加。二是实行弹性学制,有效学习年限为2—6年,允许学生采用半农半读、农学交替等方式,分阶段完成学业,学分可以累积,实行零存整取。三是课程设计可选性强,按公共基础课、专业核心课和能力拓展课设计课程,农民按需定制学习菜单,开设可选课程319门。

《培养方案》从整体上讲,是一个落实中央要求、改革中等职业教育的创新举措,适应农民职业教育新的需求,适应农民学习特点,得到农广校和农业职业院校积极响应,受到农民欢迎。目前,有江苏、福建、海南、内蒙古等10个省区市转发了两部委的《培养方案》,已经开展培训试点的有河北、河南、福建、内蒙古、海南、广东等省(区),如河南省由农业厅、教育厅筹资210万元,在三门峡市和卢氏县招收455人,内蒙古在赤峰市试点招生1000人,开展示范性培养。我们感到,该方案有效解决了农民短期培训与学历教育脱节的矛盾,为新型职业农民有志于继续学历教育开辟了新途径,大有前景。

(三)多种培训形式应需而起

共青团中央、全国妇联、国务院扶贫办立足自身职能,把培养新型职业农民列为重要工作内容,与有关部委合作,推出具有自身特点的教育培训项目。如共青团中央仅2012年就联合国务院扶贫办开展了"'雨露计划'扬帆工程——中西部地区万名应用人才助学行动",2015年联合商务部开展农村电商培育工程,该工程已培训1.7万人。全国妇联开展了"千万农家女、百项新技术""巾帼科技致富工程"等农业科技培训活动，年培训农村妇女近800万人次。国务院扶贫办实施“雨露计划”，2014年培训创业致富带头人6万人次，培训转移劳动力73.5万人次。

地方政府、农业院校、涉农企业积极跟进，探索出各具特点的培训模式。

1. 产教融合培养模式

由农广校牵头整合资源，把教育培训办到产业链上，根据产业周期和农时季节开设课程，以农业企业、农业园区、农民合作社为实习实训基地，促进教育培训与产业发展深度融合。陕西是这方面的率先典型，该省农广校培育新型职业农民7.5万余人，认定16480人，同等条件下培育学员收入是当地农民3倍以上，成为当地主导产业“领头羊”。

2. 职教集团培养模式

由全国农业职业教育教学指导委员会牵头组织，对接对方政府、农业职业院校、农业企业，设立现代农业、现代畜牧业、现代渔业、现代农业装备、现代都市农业等5个农业职教集团，探索由农业龙头企业牵头开展素质技能培训，培养高端农业人才。湖南袁隆平农业高科技股份有限公司和省农业厅联合开展对种植大户的职业化培训，利用企业的种植基地，并建立云课堂，全方位提供信息、技术、政策、销售等一体化服务。

3. 政校企合作订单培养模式

江苏省太仓市政府2013年与苏州农业职业技术学院签订办学合作协议，首期学员41人，以全额学费资助、定向培养的方式，选派优秀高中毕业生报考农业专业，开展针对性的学历教育，学成后统一调配到村、社区（涉农）、合作农场和农业园区等一线岗位从事农业技术服务或经营管理工作。2015年开始又与昆山市签订了40人的培养协议。

安徽荃银高科种业股份有限公司根据地方农业部门提出的需求,以在校大学生为对象,2012 年在安徽农业大学设立"荃银班",专项培养现代农场主,将公司 5000 亩产业园区作为孵化基地,培养他们独立创新创业的能力。

4. 农民学院培养模式

湖州职业技术学院与湖州市农办、浙江大学联合发起成立湖州农民学院,坚持"政府主导、学校让利、学员自己出一点、部门合力支持"的原则,采取"学历+职业技能+创业引导"全方位培训,年培训 2000 人,涵盖了全市十大产业。

(四)不少地方推进措施相继出台

各地围绕建立新型职业农民培育制度、健全培育体系、明确目标任务,相继出台推进措施。

1. 工作部署上

目前,陕西、山西、江苏、安徽、湖南、云南、上海、山东、四川、广西 10 个省区市以省委或省政府名义出台专门文件,对培育工作提出指导性意见,作出工作部署。

2. 规划目标上

山西、北京、安徽、山东、江西等 12 个省区市已经或即将出台职业农民发展规划,江苏省还将职业农民培育程度纳入农业现代化指标,提出到 2020 年全省农民职业化程度达到 50%。

3. 政策激励上

多数试点县都出台了新型职业农民扶持奖励办法,河北省平泉县对获得证书的新型职业农民在政策、资金、金融、技术支持上倾斜,产业上实行"普惠+优惠+特惠"扶持,即在普惠政策基础上上浮 20%。巨鹿县近两年已对获证农民奖励和补助资金达 929.7 万元。河南省夏邑县政府每年拿出 100 万元，对获证的新型职业农民给予“九免、六奖、十优先”的专项奖励支持，极大激发了农民学习的积极性，该县已认定新型职业农民 518 人，在训 1132 人。

（五）取得了一些可资普遍推行的经验

农民培训历时多年，对农民素质的提高发挥了一定作用。主要的问题多是科普性的，加上不少是归大堆、大呼隆，缺乏针对性，效果不尽如人意。总结过去的得失，经过近两年来的探索实践，有 5 个可资推行的方面。

1. 专门性

职业农民培育要有专门的组织协调机构，有明确的培育对象、有规范的管理程序、有完整的制度要求。形成了“根据市场选产业、围绕产业办专业、办好专业促产业”的培训路径。夏邑县农广校实行“开设一个专业、办好一个教学班、搞好一个生产示范点、培养一批职业农民、扶持一项支柱产业、致富一方农民”的模式，促进当地主导和特色产业的发展。

2. 针对性

培训前进行摸底调查，遴选培训对象，了解农民真实需求；培训中采取问题导向，缺什么补什么，解决农民真实困难。

3. 规范性

对获得新型职业农民证书的培训有严格的时训要求和内容要求。新型职业农民证书在时间上必须保证 15 天，其中，理论知识课、生产技能课 7 天，实训课 3 到 4 天，交流及考试考核 4 天，我们所到的县都已形成“理论+实践+考评”的操作流程，结合产业特点和农时季节分阶段实施，强化政策扶持和后续跟踪服务。对于单项实用技术的培训也有累计 7 天的时间要求。

4. **实践性**

“分段式、重实训、参与式”是最为突出的特点，分段式即 15 天培训可根据实际分段进行，主要是根据产业的季节性特点开展，使实训效果更好。各地普遍选择具有规模、管理规范、技术先进、示范引领强的现代农业发展场所作为实践课堂和实训基地，大大增强了农民生产实践能力。河南省农广校在全省 1031 个基层农技推广区域站加挂“农民教育培训基地”牌子，作为实训基地，同时在龙头企业、合作社的示范基地建立农民田间学校 1000 多所。

5. **持续性**

培训后建立跟踪服务机制，实行长期培养。新型职业农民培育与以往不同在于不仅要培，更要育，不仅在培训之后到认定为新型职业农民有一个延续期以考核培训的实际效果，还要跟进政府的关注与扶持政策，实现“先感受、后接受、再发展”。同时，这种培训还带来了一个持续性的成果，很多参训学员通过 QQ、微信等网络工具，建立固定联系，分享经验、交流信息。安徽、上海、广西正在筹建成立青年农场主联合会，搭建职业农民创业创新、合作交流的平台。

（六）以农广校为主体的新型职业农民培育体系初步形成

各地充分发挥农广校作为专门机构的主体作用，统筹利用农业职业院校、农技推广服务机构、农业高校、科研院所等培训资源，积极开发农民合作社、农业企业、农业园区等社会资源，初步建立起“一主多元”的新型职业农民培育体系。

全国农业广播电视学校体系经过 35 年的发展，基本形成中央、省、市、县四级建制和乡村教学点五级办学体系。现有中央校 1 所、省级校 36 所、市级校 345 所、县级校 2184 所。农广校系统也根据新的形势需要把长期开展农村基层学历教育、农民技术技能培训的优势和经验,全面投入新型职业农民培育,一是总结推广新型职业农民培育十大模式。二是引进和开发优质教学资源,编制发布了50种新型职业农民培训规范,组织编写了近40种新型职业农民培训规划教材,分级建立10万人的师资库。三是打造信息化培训平台,主要有“农广在线”教育平台、“农广微教育”平台、“农广智云”平台,仅“农广智云”智慧农民云平台2015年年底将实现1万农业科技专家、10万农技推广人员、100万新型职业农民上线。四是建立农民田间学校,已有一大批依托农业新型经营主体的“田间课堂”建立起来,中央农广校正在总结的基础上,着手制定农民田间学校建设方案。2014年全国农广校系统承担了全国新型职业农民培育总任务量的55.7%。河南省农广校系统承担了全省54.6%的农民培训任务,农广校在培育职业农民中的主体作用发挥突出。夏邑县依托农广校成立农民教育中心,负责全县农民教育培训的统筹规划、综合协调、监督考核和指导服务,搭建了县域新型职业农民“1+N+X”的培育平台(1即县农民教育中心、N即以农广为主体的多个教育培训机构、X即建在农业园区、专业村、农业企业、合作社的农民田间学校),承担了全县新型职业农民培育任务。

二、存在的主要问题

(一)重视程度不高,农业农村发展远未转到依靠提高劳动者素质的轨道上来

中央提出大力培育新型职业农民的要求已经四年,但仍有一些地

方重视程度不高，多数省份还未制定相应的指导性意见，多是一般性号召，缺少具体的举措，非试点县多未开展真正意义上的新型职业农民培育工作。特别值得引起高度重视的是，农业投入不断增加，尤其是各地农业产业发展资金大量增加，但见物少见人，投入农民教育培训的资金严重不足。从而表明，农业结构调整、农业发展观念的转变，需要有一个以人为根本的重大转变。

（二）务农农民职业素质普遍较低，现代农业发展缺乏人力保证和人才支撑

随着工业化、城镇化发展，农村劳动力大量外出转移，2013 年农村劳动力变化出现拐点，即外出务工农民已经超过务农农民。目前全国务农农民 40 岁以上的达到 75.9%，平均年龄超过 50 岁，部分地区甚至达到 58 岁，女性约占 63%，初中及以下文化程度占近 83%，平均受教育年限仅为 7.3 年，只有 5.6%接受过系统性农业教育培训，接受过短期实用技术培训也仅 12%。从调查问卷来看，对本次 1448 份新型农业经营主体调查问卷统计分析显示，初中及以下学历占到 60%，40 岁以上年龄占 40%，新型职业农民持证率仅为 12.2%，国家职业资格证书持证率为 14.4%，农民技术职称持证率为 4.8%，绿色证书持证率为 9.5%。长此以往，务农农民素质低，“谁来种地、如何种地、如何种好地”问题凸显，将严重制约现代农业发展。

（三）适学青年不愿学农凸显，高素质农业人才前景堪忧

目前农业职业院校去农，毕业生离农、脱农趋势明显。从学校数量看，20 世纪 90 年代末我国共有各类农业中等职业学校 530 余所，目前仅剩 237 所，十余年间锐减了 300 余所，还在继续下降。从招生规模

看,2013 年农林类中职招生从 2012 年的 72 万人降为 46.7 万人,降幅达到 35.1%。从就业去向看,农业专业生源不足,一些农业职业院校中涉农专业学生比例已经低于 20%,就业后离农学生比例高达 70%。从县级职校看,学历教育人数总体在下滑,涉农专业下滑更大。巨鹿县职教中心原有 3 个涉农专业,目前已经停办,邱县职教中心没有开设涉农专业,巩义市职专是国家级重点职业学校改革发展示范校,2015 年涉农职业培训也只有 100 人。

(四)投入严重不足,远不能满足新型职业农民培育需求

据调查问卷显示,94.34%的农民表示有时间、且愿意参加较为系统的教育培训,表示愿意参加中等职业及以上学历教育的占 28.37%。但是目前,各级投入新型职业农民培育的经费严重不足,远不能满足需要。从农业牵头部门看,中央财政补助开展新型职业农民培育的专项资金只有 11 亿元,用于实施新型职业农民培育工程,2012 年至今连续 4 年未增长,示范性培育一半以上的农业县未覆盖。从相关部门看,尽管教育部和农业部 2014 年推出《中等职业学校新型职业农民培养方案试行》,但因为不能纳入助学和免学费政策范围,此方案除少数省试点外,没有得到全面实施;全国妇联、共青团中央积极开展了面向农民的教育培训项目,但投入经费十分有限。据反映,全国妇联每年可直接用于农村妇女的教育培训经费不足 600 万元,其中还含科技部星火计划支持的 100 万元。从各省情况看,目前全国 2/3 以上的省级没有投入专门的农民培训经费。河北省省级因缺少配套经费,中央财政给付经费每年仅满足培育需求的 20%;河南省尽管每年投入 1600 万元,但每年培育需求达 15 万人,目前中央和省级经费只能满足培育 5.6 万人。

（五）务农农民和转移农民政策不均衡，务农农民培训未受到应有重视

目前，我国5.3亿农村劳动力中，2.74亿实现了转移就业。人力资源和社会保障部为支持转移劳动力提升就业创业能力，于2014年起组织实施“春潮行动”，中央财政年补助36亿元，开展农民工职业技能提升培训达1069万人次。目前，他们还提出要调整就业专项资金支出结构，逐步提高职业培训支出比重，指导企业按照有关法律法规足额提取职工教育经费，增加企业在岗农民工培训的经费投入。

相比而言，2.5亿务农农民的职业技能培训未受到应有重视。中央财政补助经费为11亿元，在务农农民和转移农民基本相等的情况下，显得很不均衡，应统筹考虑，基本满足务农农民的培训需要。

（六）体制机制政策滞后，制约了新型职业农民培育工作

新型职业农民支持政策明显滞后，机制创新跟进不够，从而制约了新型职业农民培育工作。突出表现在：一是教材教法不适应，职业农民更加注重实践性，需要对课程、教材、实训形式进行改革创新，目前适应农民特点的课程体系和符合更大区域性特点的教材仍然匮乏，缺少与之相适应的师资。二是新型职业农民证书缺乏政策支持，获证农民在市场准入、财政支持、项目优惠、信用信贷等方面缺乏政策保障，目前已有一些县域“粮票”，需加以总结，提升为省级或全国性政策，提高证书的含金量，以更好激发农民学农、爱农、兴农的积极性。三是职业农民学历教育通道不畅，除目前对农民学历教育有年龄限制外，获得证书的农民有志于继续学历教育未能有效衔接，农民难以参加农业职业学历教育。四是职业农民终身学习制度尚未建立，受经费限制，目前规定，

凡已参加过新型职业农民培育的农民三年之内不能再次参加培训，终身学习、不断学习的通道尚未打通。五是职业农民难以获得职业技能证书，务农农民参加实用技术培训的效果认证，未能与劳动人事部门的转移农民工职业技能证书接轨，同样内容的培训，前者难以获得同样的职业技术证书。

三、思考与建议

（一）强化认识，把培育新型职业农民摆到农业农村工作的首要位置

农业现代化，关键在人的现代化，首要任务是农民职业化。一是现代化农业的基本特征是机械化程度高、农业科技含量高、产业化经营水平高、与现代信息技术融合度高，建设一支高素质的职业农民队伍是最紧迫的需求。二是农业转方式调结构向中高端水平迈进，必须要有中高端人才支撑。我国农村人才缺乏是严峻现实，如何克服农村人才短板，推动传统农业向现代农业转型，加大教育培训投入，培育新型职业农民以有效开发农村人力资源，实现人口红利向人才红利的转变，促进农业发展向中高端水平迈进，成为最紧迫的任务。三是适度规模经营成为农业发展的新常态新趋势，预计到 2020 年，我国土地流转率将达到 40%，适度规模经营将催生至少 1 千万新型农业经营主体，这是农业生产经营方式的重大变革，需要全面提高新型经营主体领头人的素质，加快他们的职业化，使之得以引领农业现代化水平的提升成为最紧迫的课题。总之，要把培育新型职业农民摆在农业农村工作更加突出和

紧迫的位置,科学谋划、精心布局、大力推进。

(二)加大投入,提高职业农民培育经费在“三农”投入中的比重

中央明确提出对“三农”投入的势头不减。我们感到,一方面要在新增农业投入资金中首先增加对农民培训的资金;另一方面调整投入结构,把一部分农业产业发展资金调整到新型职业农民培育上来,这是具有现实乘数效应的办法。我们在河北调研时,了解到该省每年财政投入 5000 万元补贴农民发展设施蔬菜产业,以 300 亩为单位建设蔬菜园区项目,财政补贴 50 万元/项目,我们和农业厅的同志探讨,如果将 10%的补助资金(5 万元)列为教育培训经费,则可以培训 20 个新型职业农民,他们按每人经营管理 15 亩菜园,足可以支撑 300 亩大棚蔬菜产业现代化发展,他们十分赞同这样的设想。由此,我们认为,全国各省用于农业产业化发展的资金少则上亿,多则近 10 亿元,如果按照 10%的比例调整列为职业农民培育资金,会有 10 余亿元的资金,就可以在现有培训资金上翻番、培育人数上翻番,这是十分合算的。也可以参照教育投入占 GDP 4%的标准,研究投入新型职业农民培育投入的比重,为农业发展提供人才支撑。

(三)统筹资源,以农广校为主体构建新型职业农民培育体系

我们认为,当前我国农业教育培训资源基本可以支撑职业农民教育培训需求,主要问题是碎片化、分散化,没有形成集中优势,要从五个方面统筹整合,构建以农广校等专门机构为主体的新型职业农民培育体系。一是加强师资队伍建设。根据产业类型、培训内容、农民特点,

统筹整合涉农师资人才力量，分级分层建立师资库，以县为单位推行引导产业发展、辅导学习培训、指导生产生活的导师制度，建立“一对多”稳定联系，对新型职业农民开展服务。二是加强田间学校建设。依托国家和省级农民专业合作示范社建立农民田间学校，把田间学校建设情况纳入示范社评选条件，在有条件的地方可以“一社一校”实现对产业的全覆盖，促进新型职业农民培育工作与产业发展深度融合。三是加强教学标准化建设。实施培训时严格落实新型职业农民培训规范所提出的培训计划、内容、学时、评价等各项要求。农民中、高等职业教育要制订科学的教学计划，构建以综合素养课、农业通识课、专业技能课为核心的新型职业农民培育课程体系，严格落实教学环节。聚焦职业素养、家庭经营、政策法规、电子商务、农业创业等必修内容，打造国家级精品课程，开发特色鲜明、内容全面、形式多样、务实管用的精品教材。四是加强现代化、信息化手段建设。依托云计算、大数据，加快建设农民在线、远程教育云平台，打破城乡数字鸿沟，满足农民多样化、个性化、自主学习的需要。五是加强主体机构建设。健全完善农广校体系，首先解决还有500个县未建立农广校的问题，实现有农业的县市区农广校全覆盖，可将依托农广校建立的农民科技教育培训中心调整为职业农民工作站，进一步明确职能任务、稳定机构队伍、改善公益基础设施、完善公共服务条件。省、县(市)应成立农民职业培训的领导小组或委员会，借以统筹好各类教育资源，分层连接农业科研院所和农业职业院校，对接农业园区和农业企业，覆盖新型农业经营主体，形成政府统筹培育新型职业农民的基础工作体系、资源集合体系和教育培训支持体系。

(四)改进方法，着力提高职业农民培育的实效性

农民教育培育具有独特性，既要尊重农民意愿，适应农民特点，更

要务实管用、促进生产。要着力从以下几方面提高职业农民培育实效性。一是实施精准培育,宏观上要对全国新型农业经营主体进行摸底,掌握现状和发展态势,对需要培育的培育对象建档立卡,做好规划;微观上要做好培训前的需求调查,了解农民真实需求,做到有的放矢。二是提高培育针对性,要以服务县域经济发展作为培育新型职业农民的导向,围绕一村一品、一乡一业做文章,促进地方主导产业和特色经济发展,带动农民增收致富。三是提升培育有效性,要把好认定关,以发放新型职业农民证书串联教育培训、规范管理和政策扶持制度体系,让农民学得到、用得上、有实效。

(五)突出重点,专项开展百万新型农业经营主体领头人培育行动

调研中,基层干部群众普遍反映,如果一个村子有一个得力的村干部、一个优秀农业科技示范户、一个农民合作社领办人、一个专业大户、一个适度规模家庭农场、一个农业社会化服务人员,这个村子产业就有了带头人、示范人,村子就活了,产业就强了。循着这样的思路,从宏观与微观上谋划,在全国 58 万行政村普遍推行培育这样 5—6 个人,只需要培育 300 多万人就能够基本实现全覆盖。另一个角度,全国目前近 87 万家庭农场、140 万农民合作社、340 万专业大户覆盖约 600 万骨干农民,如果一半人能达标,大约也是 300 多万人。由此设计,抓住这个重点群体,每年培育 100 万人,如每人平均 2500 元的补助标准,每年财政投入 25 亿元,资金可在中央现有 11 亿元专项的基础上增加一部分,地方在农业产业化资金和新增投入上列支一部分,应该是可以做到的。这样三年就能实现轮训一遍,后续两年继续培育新增新型经营主体,基本可以做到全覆盖。可以预见到 2020 年,完全形成一支有文化、懂技

术、会经营的新型职业农民基本队伍，农村的组织水平、经营水平、规模化水平将大大提升、农业现代化水平将大大提高，农村面貌将大为改观，党在农村的政治基础、经济基础、社会基础更为稳固。这是一件抓得住、行得通、能见效的事，已有试点经验可循。建议可由农业部牵头，加强顶层设计，提出实施方案。

（六）加强政策研究，建立健全激励和推进机制

建议出台相应扶持政策，首先要明确的是将强农惠农政策向获得证书的职业农民倾斜。重点是把新型职业农民证书与农民信用挂钩，解决金融信贷难题。如四川崇州初级职业农民证书可作为信用贷款10万元，中级20万元、高级30万元。推行江苏省的经验，把培育职业农民作为考核地方政府的硬指标，纳入农业现代化的指标。借鉴上海松江区、安徽南陵县的经验，在有条件的地方可以探索开展准入试点，如在登记注册家庭农场、农民合作社、土地规模经营等方面，把获得新型职业农民证书作为重要条件之一，为今后全面推进农民职业化积累经验。

调研中，省、县（市）的同志都认为培育新型职业农民是大事，希望中央加强顶层设计，制定"十三五"新型职业农民培训专项，印发专门的指导意见，出台职业农民培育条例，推动职业农民促进法立法，尽早召开专门会议推进这项工作深入开展。

第十篇　农村产权流转交易市场建设调研报告

2016 年 1 月 11—15 日，我们调研组一行在广西壮族自治区玉林市调研农村产权流转交易市场建设试点工作。期间，分别在自治区、玉林市及其下辖的北流市、容县召开了 4 次座谈会，并请田东县、龙州县参会（除玉林市外，田东和龙州是广西目前已成立农村产权交易中心且运营的两个县），实地考察了市、县、乡（镇）、村四级农村产权流转交易市场建设情况，随机查阅了有关交易制度、档案，与所到的农村产权流转交易中心（办事处、工作站）工作人员、办事群众进行了面对面交流。19 日，在北京召开了由北京市通州区、天津市宝坻区、辽宁省海城市、陕西省西安市高陵区、宁夏回族自治区平罗县等 5 家农村产权流转交易市场建设试点以及山东省齐鲁农村产权交易中心负责同志参加的座谈会，进一步了解情况、展开讨论、听取意见。

一、农村产权流转交易市场建设进展情况

从 2014 年确定的这几个试点地方的情况看，均就农村产权流转交

易市场建设工作进行了积极探索,扎实开展了相关工作,均已取得了初步成效。但因各地基础条件、改革推进情况有所不同,呈现出一定的差异性。同时,由于农村产权的确定和流转交易是一种深层次的改革,相关条件要求比较高,且环节较多,还需假以时日,不断加以总结、规范和完善。

(一)试点地区高度重视

各地都高度重视农村产权流转交易市场建设,试点地区的北京、天津、辽宁、山东、陕西等省(市)政府办公厅均制定颁发了关于引导农村产权流转交易市场健康发展的实施意见。广西成立了农村和生态文明体制改革专项小组,将农村产权流转交易市场建设放在农村产权制度改革框架内通盘考虑,围绕“抓产权打基础、抓主体促交易、抓市场配资源”的思路,稳步推进农村产权流转交易市场建设。玉林市成立了以市委副书记为组长、市政府分管副市长为副组长的领导小组,全面推进农村产权交易中心各项建设工作。辽宁省海城市成立了农村改革试验区领导小组和农村产权交易监督管理委员会,市政府主要领导担任主任,相关部门主要负责人为成员,办公室设在市农村综合产权交易中心,统管全市农村改革、农村产权流转交易市场建设和农民权益保障工作。

(二)扎实开展相关工作

试点地区均采取有力举措扎实推进农村产权交易中心建设,基本已经建立起“上下联动、辐射镇村”的较为完整的工作体系。

1. 建立健全机构设置

从调研所及 9 家单位的情况看,主要有两种模式:一是设立企业法人,实行公司化运作。如玉林市农村产权交易中心、齐鲁农村产权交易中心、天津农村产权交易所、田东县农村产权交易中心。二是成立事业法人,由财政全额拨款,作为政府下辖的公益性事业单位。如通州区、海城市、高陵区、平罗县、龙州县。其中,高陵区准备近期改为企业法人。

2014 年 10 月,玉林市经广西壮族自治区政府批准成立了广西首家市级农村产权交易中心,注册资本 1000 万元,为国有控股企业(其资本结构为市属的地产集团出资 300 万元,占比 30%;广西北部湾产权交易所和广西农村信用联社各出资 150 万元,各占比 15%;剩余为所属各区县各出资 50 万元);制订了《玉林市农村产权交易四级服务机构建设工作方案》,初步建立以市级为核心,在各县(市、区)设立分支机构、各镇(街道)设立办事处、各村(居)设立工作站的四级农村产权交易平台。齐鲁农村产权交易中心是经山东省政府批准、于 2014 年 9 月在潍坊市设立的省级综合性农村产权交易机构,属国有控股企业,注册资本 5000 万元;在潍坊全市设立了 15 个县(市、区)分中心和 134 个镇(街)办事处。天津农村产权交易所是由市农委、宝坻区政府、市产权交易中心共同出资 2000 万元组建的企业法人;依托各区(县)、乡(镇)农村土地承包管理部门设立的公益性平台成立分支机构,多数与各级经管站合署办公。田东县农村产权交易中心于 2012 年 12 月成立,是广西首家农村产权交易机构、县属全民所有制企业。此类模式,虽然制定了收费标准,但目前对农村集体经济组织和农民免收服务费,多由政府进行扶持和补贴,如玉林市和潍坊市,每年财政分别提供 300 万元、500 万元的工作经费,连续补助 3 年,从 2017 年起实行自负盈亏的市场化运营;天津则主要是依赖注册资本金来维持运营。今后如何运营,需要在实践中逐渐形成定制。

通州区在2010年7月即已成立的宋庄镇集体资产交易市场的基础上，从2014年11月起开始筹建成立北京通州农村产权流转交易市场，属政府主导、服务“三农”的非营利性机构，是全额拨款事业单位，以政府购买社会服务方式聘用专职工作人员15名；各乡镇设分支机构，各村设服务点。高陵区农村产权交易中心于2010年9月成立，与农村土地流转服务中心合署办公，为区政府直属事业单位，财政全额拨款，近期，计划投入注册资本金2000万元，改建为国有企业。平罗县于2013年12月挂牌成立全自治区首家县级农村产权交易中心，2015年12月经自治区编委批准，成立“平罗县农村综合改革服务中心”，挂平罗县农村产权流转交易服务中心牌子，是县政府直属事业单位。海城市农村综合产权交易中心成立于2014年3月，是全额拨款事业法人。龙州县农村综合产权交易所是广西边境市县第一家综合性农村产权交易所，2014年2月成立，属事业法人单位，经费由县财政统一划拨，工作人员从县农业局抽调干部职工组成。

2. 建设统一的网络平台

各地均能高度重视利用现代信息技术，采取“互联网+”形式，搭建农村产权流转交易网络平台。玉林市开发了全市统一的农村产权电子网络信息服务平台，在网上实现了交易信息登记、汇总上报、审核、发布、业务管理、竞价交易等主要功能。通州区农村产权流转交易网络平台涵盖农村产权交易信息汇集发布、综合业务审批、网络竞价服务三大系统，采取逐级审核、集中管理的模式，建立村、镇、区三级网络群管理体系，交易中心负责总体把关发布，实现产权流转交易项目的申请、审批、发布、交易全部线上进行，无缝链接。

3. 构建抵押融资机制

各试点单位都把农村产权抵押融资作为产权交易的一项重要功能

和重要手段,大多都制定了相关规范性文件,与农业银行、农村信用社等金融机构构建合作关系。突出的范例是齐鲁农业产权交易中心,该中心发挥"交易鉴证书"产权明晰作用,赋予交易的农村产权具备可抵押、可融资资质;制定了农村产权抵押登记制度、规则、流程、风控体系,设计研发了农村产权抵押登记管理系统和农村产权抵押登记他项权证;深化与担保公司、银行等金融机构的业务合作,出资1000万元设立了农村产权抵押融资的风险补偿资金池,建立起农村产权"交易鉴证+抵押登记+银行贷款+政策担保+风险补偿+不良资产处置"的抵押融资机制,成为一种先进的流程设置。

4. 狠抓制度建设

玉林市先后制定出台了《农村产权交易管理暂行办法》《农村土地承包经营权流转交易细则(试行)》《农村小型水利工程产权交易细则(试行)》《农村林权交易细则(试行)》等三十余项规章制度。海城市先后出台了《农村集体资源交易管理办法(试行)》《农业实施交易规则(试行)》《农村土地经营权抵押融资管理办法(试行)》等十个农村产权交易规范性文件,对流转土地的用途、年限、价格、挂牌交易方式、成交确认后双方权益保护等敏感问题都做了制度性规定,将农村土地流转等农村产权交易行为纳入规范化轨道。

5. 统筹相关机构形成合力

农村产权交易涉及农、林、水、国土等多个部门,怎样减少因部门权属所带来的掣肘,增强交易的便捷性,这是农村产权交易市场遇到的现实问题,各试点地区为此进行了富有成效的工作。玉林市依托原有公共资源交易中心,实现"一个屋顶之下,多个窗口服务",将分散在国土、住建、林业等涉及农村产权交易的六个流转服务机构,统一组织到交易中心集中办公、运营,逐步形成统一的农村产权交易市场。通州区成立“区农村产权流转交易监督管理委员会”,由主管副区长兼任主任,区编办、区委研究室、区农委、区财政局、区规划局、区国土局、区经信委、区经管站八个部门为成员单位,定期召开联席协调会;各乡镇相应成立了“农村产权流转交易监督管理工作小组”,镇长兼任组长。天津市农委负责同志作为召集人,由市级十个部门建立农村产权流转交易市场建设发展联席会议制度。

6. 着力引入中介服务机构

各试点地区在引入有资质的社会中介服务机构、建立完整服务链条上,进行了积极探索。目前有两种形式,一种是采取会员制模式,一种是直接引入。如玉林市向社会征集评估公司、拍卖公司、会计事务所、律师事务所等 18 家中介机构作为会员单位,为交易双方提供拍卖、招投标、评估等一系列功能性服务。齐鲁农村产权交易中心共吸纳 15 家招投标公司、评估公司等作为会员单位,为农村集体经济组织、农户、新型农业经营主体提供农村集体资产招投标、订单农业、政策咨询、项目包装、业务培训、资产评估等服务,有效整合了农村交易与相关配套服务的“一条龙”服务链条。田东县直接引进有资质的广西大公评估公司、广西同德评估公司、百色百盛评估事务所、百色泓昌评估公司 4 家评估机构入驻交易中心,交易者可比选。

(三)取得的积极成效

1. 规范了农村产权交易行为

一方面,有效减少了农户的私下交易,确保农村产权交易公开、公平、公正;另一方面,通过交易中心的鉴证,交易双方的权利和义务得到保障和明确,减少了纠纷和争议。特别是各地大都明确规定,农村集体产权必须在产权市场公开交易,有效防止了村、组一级集体产权流转中可能出现的暗箱操作、袖口交易等违法违规行为，确保集体资产保值增值。

2. 促进了土地流转和适度规模经营

这是建立农村产权流转交易市场目前最直接的成果。以玉林市和高陵区为例，玉林市累计组织交易及鉴证服务的合同7285份，已出具《产权交易鉴证书》343份，流转交易面积21.42万亩，农村土地流转率达到54.5%；其中，土地承包经营权、水域养殖权、林地使用权交易及鉴证流转面积从2014年当年的3540.38亩、101.58亩、4574.83亩增加到2015年当年的78808.19亩、13610.79亩、121804.04亩，分别增加75267.81亩、13509.21亩、117229.21亩。高陵区农村产权交易中心目前累计进行土地流转交易10.8万亩，农村土地流转率达55%。

3. 推动了产权融资

这是农村产权交易的一个重大后续效应。利用产权进行抵（质）押，破解当前农民特别是新型经营主体融资难，增加了金融资本对农业、农村的投入。据玉林市介绍，截至2015年6月，玉林市涉农贷款余额501.48亿元，比年初增加了37.66亿元，同比增长16.94%，快速增长的原因来自产权抵押贷款，其中林权、土地承包经营权等农村产权抵押贷款达11.13亿元。高陵区发放农村承包土地经营权、集体经营性资产、农民住房财产权等抵押贷款2200余宗，涉及金额6.95亿元，单笔金额最高达500万元。平罗县农村产权流转交易额累计达10.01亿元，其中农村产权抵押贷款1.29万笔、5.7亿元，覆盖了全县超过1/4的农户。

4. 增加了农民和农村集体的财产性收入

通过规范有序的招拍挂，农村生产要素实现了保值增值。通州区农村产权交易市场2015年共完成招投标120项，招标底价12719万元,中标总价13989万元,溢价总额达1270万元。其中:土地租赁溢价907万元,房屋租赁溢价11万元。北流市西埌镇东进桥发电站和大车发电站40年经营权经两轮竞价,以220万元成交,溢价达15.79%;该市作为集体建设用地入市试点,2015年12月24日首次拍卖3宗土地计81亩,成交额679万元。

(四)一些值得关注的新探索

1.探索发布价格指数

玉林市根据产权类别、数量、价格在一定区间内的变化情况,在2015年下半年尝试发布了玉林市土地承包经营权、林权交易价格指数,借以发现和引导相关产权的流转价格。

2.开展“以地换股”交易

2015年5月玉林市农村产权交易中心获悉陆川县集华农副产品贸易有限公司有意愿以公司50%的股权获取农民的土地承包经营权,以扩大种植经营规模,经中心发布信息和撮合,为该公司获得了1437亩的土地经营权,而土地承包者获得了该公司50%的股权,开创了“进场交易、以地换股”的农村产权流转新范式。

3.进行耕地、宅基地自愿有偿转让的交易

平罗县按照农户共有人书面申请、村集体经济组织审核、协商评估、签订补偿协议、交易中心鉴证、兑现补偿费并变更权证六个程序,探索了农民产权自愿有偿转让的交易模式。县政府设立了500万元的收储基金与移民安置资金捆绑使用。三年来,农民产权自愿有偿转让交易1718笔2.06亿元。其中,结合插花移民安置,收储农民退出宅基地1300宗,房屋4200间,转让耕地面积6600亩,插花安置移民1174户;农民“三权”在集体经济组织内部转让418户,转让耕地3090亩。

4. 产权交易越出市域地限

最突出的例证是齐鲁农村产权交易中心，该中心注册地在潍坊，投资方主要是潍坊市政府，但该中心以参股和发展综合会员的形式开展跨区域经营，在山东省济宁市、邹城市和德州市的平原县、禹城市设立了 4 个省内分中心，又以业务复制和战略合作的形式，先后在青海、北京、黑龙江、上海、河北、广西、甘肃设立了 7 个省外工作站。

二、农村产权流转交易市场建设中遇到的困难和问题

（一）交易机构的审批、建设、管理主体比较杂乱

在交易机构审批方面，广西明确了流转交易市场由自治区金融办审批，由自治区政府发文，其主要依据是国务院及有关部委关于交易场所监管工作的文件，对农村产权交易机构把关较严，目前全区获得资质的仅有 4 个农村产权交易中心。辽宁省海城市农村综合产权交易中心则由海城市政府发文设立。在交易机构设立方面，有企业性质的，也有事业性质的，发起方有的是国有企业或国有资产产权交易机构，有的是政府相关管理部门，也有的是地方金融管理部门。在交易机构管理方面，有成立监督管理委员会的，也有以农业、林业、国资等部门管理为主的。

（二）交易品种还比较单一

国务院办公厅《关于引导农村产权流转交易市场健康发展的意

见》中列出了8个方面的交易品种,各地交易机构在业务范围中也列出了多个品种,但实际发生的流转交易还是主要集中在农户承包土地经营权、林权、“四荒”使用权。如玉林市列出交易的品种为14类:农村土地承包经营权、农村集体建设用地使用权、农村林地使用权、林木所有权和山林股权、农村小型水利工程产权、滩涂水域养殖权、农村房屋所有权、农村集体经济组织股权、涉农知识产权、农村装备与设施所有权(包括渔业船舶所有权)、活体畜禽所有权、农产品期权、涉农金融不良债权和不良资产等各类农村产权、涉农企业股权、其他依法可以交易的农村产权。目前开展交易的只是所列的前5种产权产品。主要原因:一是法律和政策规定所限,未获得相关权能;二是未能确权,权属不清,不具备交易的资质;三是难于评估,难以获得市场的认质。

(三)产权评估成为主要的瓶颈制约

各地反映比较强烈的是,普遍缺乏专业的农村产权评估机构。一些地方作了有益的探索,如广西玉林、宁夏平罗等地出台了农村土地价值评估指导价格,在土地抵押贷款中具有一定适用性,但对其他产权评估缺乏权威性。流转交易较多的林权、小型水利设施产权、设施农用地,专业评估机构严重缺乏。产权评估的短缺,明显阻滞了流转交易和抵押贷款。

(四)专门人才比较缺乏

目前大多农村产权交易所(中心)的人员构成中,具有产权交易实践经验的专业人员是极少数,少数是大专院校经济、金融、法律专业的毕业生,大多数是从农业、林业、水利等部门抽调的现职工作人员。在县一级交易中心的工作人员,多数是政府通过购买公共服务的渠道聘用的,因身份不明确且待遇较低,难以吸引优秀的专业人员,同时人员具有不稳定性,长此下去,必然影响农村产权交易市场建设的质量和效率。

(五)农民进场交易的意愿不太强烈

从广西等地的情况来看,交易的数量有增多的趋势,但进场交易的农户承包土地经营权、林权流转宗数和数量占流转总量的比例还较低。除了流转交易市场建设不够完备和覆盖面不够的原因,向农民宣传不够、进场流转交易对农民吸引力不强等是主要原因。

三、思考和建议

(一)要把建立农村产权流转交易市场作为农村建立社会主义市场经济的基础性工程来抓

建立社会主义市场经济,既是农村自身生产要素顺畅流动的要求,也是城乡生产要素平等交换、实现城乡共同发展的必要途径。建立农村产权交易市场,不仅使农村的各种要素进入市场参与交换,搭建起有形的平台,发挥市场在资源配置中的决定性作用,而且它本身又是市场经济的重要组成部分。因此,它既是农村市场经济体系建设的重要任务,又是现代农业经营体系和服务体系不可或缺的组成部分。要按照《中共中央关于全面深化改革若干重大问题的决定》和国办《关于引导农村产权流转交易市场健康发展的意见》,把建立农村产权流转交易市场,作为改革的一项重要选项抓紧抓好。从目前的情况看,各地的认识高度、重视程度和工作力度不仅存在差异,也有差距。机构总量不够、人员配置不到位、运行不规范的问题，制约着农村产权的规范化流转交易，需要采取有力措施予以推进。当前，一是要在机构建设中把人的建设作为重中之重抓好，要按专业性特点选人育人，要按长期性要求，解决机构的列编问题，要按照服务“三农”的性质，加强管理，确保农村产权流转交易市场正确的价值取向。二是要充分看到产权交易市场的敏感性和复杂性，需要中央有关主管部门加大对试点单位的跟踪力度，加强指导，及时总结先进经验，及时发现存在的问题，及时予以调整和改进。

（二）深化农村集体产权制度改革，增加农村要素供给，促进新型农业经营主体发展和农民增收

农村产权流转交易市场能否发挥其功能和作用，很大程度上取决于交易的产品和质量，需要有充分的要素供给。农村产权流转交易市场的完善和完备，为农村供给侧改革提供了现实的途径。深化供给侧结构性改革，应当深化农村集体产权制度改革，放活优化农村要素供给，以更好地发展新型农业经营主体，推动现代农业发展。从促进农民增收来讲，只有深化农村集体产权制度改革，落实农户的土地承包经营权、住房所有权、宅基地使用权、农村集体经济组织收益分配权，才能使农民的产权流转交易变现和抵押融资成为可能。当前现实和紧要的工作是做好相关产权的确权颁证工作，使农民和村集体获得明确的权能，使之成为可流动可交易的生产要素。除加快推进农村土地集体所有权、农民土地承包经营权、农民住房所有权和宅基地使用权等的确权登记颁证外，此次调研中，地方反映，“四荒地”是数量很大的资源，应加快予以确权确股，发挥它的巨量价值。另外，应抓好农村土地征收、集体经营性建设用地入市、宅基地制度改革试点工作。以广西北流市为

例,据调查统计,村庄零星集体建设用地面积达11.8万亩,约有2万亩建设用地可以入市交易,按每亩15万元的价格计算,平均每个村(一共278个行政村)可以获得1079万元的收益,按120万农村人口算,人均可获得2500元收入。由此可见,农村集体建设用地入市是农村集体和农民一个很大的利好。建议有关部门支持鼓励试点地区,充分利用国家的法律和政策授权积极试验,以形成可复制可推广的经验,为进一步扩大试点和修订法律创造条件,更好释放产权改革的潜能。

(三)要充分利用和整合现有资源,重点抓好县域农村产权流转交易市场建设

县域是农业农村经济发展的基本单元,城乡一体化主要围绕县域展开,同时农村产权流转交易的主体是农民、农户、农民合作社、农村集体经济组织,因而必须抓好县域的农村产权流转交易市场建设。从农村产权交易市场发展的历程来看,经历了农户自发转包转让土地、县乡政府农业行政主管部门及其所属农经站主导流转、农业产权交易市场起步发展三个阶段,基本是在县域范围内展开的,县乡两级政府农业行政主管部门及其所属农经站发挥了主要作用,也积累了较多的经验。我们在调研中注意到,农户承包土地经营权、林权、"四荒"使用权的流转仍是目前农村产权交易的主要业务,交易的主要组织方仍是县级农村产权交易所(中心)、土地流转服务中心,即便一些由市级交易所(中心)出具鉴证书的地方,其交易项目的信息收集、资料审核等基础性工作也是由县乡两级完成的。事实已证明,农村产权交易机构设在县级,方便农民群众,有利于管理、交易服务、纠纷调解仲裁的对接和联动。为此建议,农村产权交易机构应主要设在县级,可对县级农业、林业、水利、科技、国土等部门涉及农村产权流转交易的机构整合的基础上,提

升其能力和规范其交易行为。暂不具备流转交易所(中心)的,可先实行"一个屋顶之下,多个窗口服务"。地市一级建立农村产权流转交易机构的,市县两级交易机构均应具有资质,其关系可为分支机构,也可为非行政隶属的紧密合作关系。一般的土地经营权、林权、"四荒"使用权流转等业务应由县级机构承担,超过一定额度的上述大宗业务和较为复杂的交易品种可由市级机构承担。应支持和鼓励发展市、县、乡、村四级联动的信息网络和服务平台,推行统一交易规则、统一交易鉴证、统一服务标准、统一交易监管、统一信息平台、统一诚信建设的"六统一"模式。省一级的任务应重点放在制定有关政策意见、加强指导和监管上。

(四)坚持农村产权流转交易市场的公益性质,必须以制度和机制做保障

农村产权流转交易市场具有信息传递、价格发现、交易中介的基本功能,更具有为农户、农民合作社、农村集体组织流转交易产权提供便利和制度保障的特殊功能,因而必须始终坚持农村产权流转交易市场对农民和农村集体经济组织的公益性质。我们在调研中注意到,各地的农村产权流转交易机构能够坚持为农服务的原则,对流转土地的农民免收服务费。但也发现一些带有趋向性的情况和深层次的问题:一是一些地方为了吸引农民入市交易,先规定三年内免收费用;二是政府虽然投入了筹建费用,并给予每年一定额度的运行费用,但没有建立补贴与业务挂钩的机制,让交易机构感到不踏实;三是企业性质的农村产权交易机构有与生俱来的追求效益的冲动,其"兴奋点"更多的是关注收益较高的业务。为此建议:一是要进一步明确农村产权交易市场为农服务的公益性质,要求各地农村产权交易市场监管机构牢牢把握好

这个方向；二是地方政府要尽快建立科学的政府购买服务的制度和机制，保障必需的管理运行费用和工作人员收入水平；三是对违规收取农民服务费用的农村产权交易机构予以警示纠正，屡纠不改的，乃至吊销营业执照。

（五）大力培育专业性中介服务机构，加大专业人才培养力度

发展专业性中介服务机构是规范产权交易、降低交易机构成本、提高交易机构工作效率所必需的。目前由于缺少专业性中介服务机构，许多中介服务都是由政府部门和交易机构承担的，既不符合政事分开原则和市场规范，也大大增加了交易机构成本。建议有关方面采取措施，积极发展法律咨询、资产评估、工程招投标服务等专业中介性服务组织，确定符合农村实际的收费标准和办法，并根据他们为农民服务的工作量，给予一定的财政补贴。人才队伍建设对于农村产权流转交易机构的发展至关重要，一方面应加强对在岗人员的培训力度，另一方面应制定立足长远的农村产权流转交易市场人才队伍建设规划，并制定吸引优秀高校毕业生到县级农村产权流转交易机构工作的优惠政策。另外，为了推动农村产权流转交易市场健康发展，建议适时建立全国性农村产权交易行业协会，以发挥其推动行业发展和行业自律的作用。

第十一篇　涉农资金整合调研报告

2016 年 3 月 20—24 日，我们调研组一行赴河南省信阳市调研涉农资金整合情况。期间，实地考察了新县、商城县、平桥区的 16 个涉农资金整合建设项目，与乡（镇）村干部、农民群众面对面进行交流；在上述三县（区）分别召开了 3 次座谈会（请潢川县参加了在商城的座谈），在信阳市召开了有省直相关厅局和信阳市主要负责同志、市属相关委办局参加的座谈会，对相关情况做了较为广泛深入的交流和探讨。2016 年 3 月 29 日，在北京召开了涉农资金整合成效明显的黑龙江省财政厅、山东省莱芜市、江苏省财政厅、湖北省委财经委（省农委）、十堰市郧阳区、重庆市永川区等相关负责同志参加的座谈会，进一步了解情况、听取意见。

一、涉农资金整合的基本情况

（一）涉农资金整合的基本过程

2006 年以来，财政部积极推进该项工作，大致可以分为两个阶段。

2006—2012年为第一阶段,主要按照"渠道不乱、用途不变、统筹安排、集中投入、各负其责、各计其功、形成合力"加以推进,原则上不触及现有体制机制,不突破现有资金管理制度。2013年至今为第二阶段,按照"渠道不变、赋权到省、以省为主、分类整合"的原则,采取试点先行、上下联动的办法,由省级进行自主整合统筹,着重解决好中央宏观指导与地方自主统筹的关系。2013年启动实施了黑龙江省"两大平原"涉农资金整合试点。2014年,农业部、中央农办、财政部等13个部委联合下发了《关于第二批农村改革试验区和试验任务的批复》,正式提出了涉农建设性资金整合试验,安排山西省祁县、内蒙古自治区达拉特旗、河南省信阳市、重庆市永川区为试点。2015年,财政部按照"大专项+工作清单+集中下达"模式,进一步深入推进黑龙江省"两大平原"涉农资金整合试点;同时,联合有关部委在江苏、山东、河南、四川4省开展涉农资金管理改革试点,由试点省份自主开展涉农资金管理体制机制的改革创新;在湖南启动了以高标准农田建设为平台整合涉农资金试点。按照国务院要求,2016年起,将在江苏、河南、湖南、广东4省选择1市3县开展试点,由试点市县开展涉农资金整合统筹,力图与黑龙江省试点进行对比分析,从不同层级探索涉农资金整合统筹的有效途径。

(二)涉农资金整合的一些基本做法

1. 成立较高规格的领导机构

试点地区党委、政府都高度重视涉农资金整合工作,行政主要负责人亲自抓总。如黑龙江省政府建立"两大平原"涉农资金整合联席会议制度,省长担任总召集人,常务副省长、分管副省长担任召集人,省直有关部门为成员单位,负责审定涉农整合资金重点使用方向和支持项目，协调解决有关重大问题。省财政厅成立“两大平原”涉农资金整合工作领导小组，负责政策设计、统筹协调、整体推进和督促落实。各市县也建立了相应领导机构，形成上下贯通的工作体系。山东莱芜市按照“1+N+N+1”模式组成专门领导小组，“1”就是由市长任领导小组组长，“N”就是所有副市长任副组长，“N”就是所有涉农部门主要负责人为成员，“1”就是明确领导小组办公室设在市财政局。河南新县成立由县长任组长，发改、财政、农开扶贫办等17个涉农部门负责人为成员的领导小组，统筹全县涉农资金整合工作，所有涉农资金整合必须上报领导小组统筹安排，经分管副县长、常务副县长、县长签字后实施。

2. 把“规划先行”摆在突出位置

加强涉农资金整合工作的顶层设计，编制整合规划，以规划加以统筹并实施整合是各试点地区的突出特点和有效做法。黑龙江按照“区分轻重缓急、突出关键环节、坚持量入为出”的原则，将三年试点期支持重点细化到具体年度并明确了投入规模，形成了《黑龙江省“两大平原”现代农业综合配套改革试验涉农资金整合三年规划》，该规划体现了“钱随事走、集中力量、形成能力、解决问题”的整合思路，又与国家重大工程延续项目、省情实际、各项专项规划、项目建设与改革创新有机结合。信阳市要求从项目规划、申报环节加强统筹，由县级平台统一制定“年度整合规划”和“五年整合规划”，每年确定2—3个基础条件较差、地点偏远、最需要资金和项目支持的片区，集中配套投入。新县结合全县“十三五”规划编制和扶贫开发、美丽乡村建设、现代生态农业发展等专项规划，编制了《新县2015—2019年涉农资金整合规划》，明确涉农资金整合目标、原则、范围、地点、措施和时限，作为5年内涉农资金整合的指导性依据，在此基础上，根据上级政策与资金量的变化，编制年度涉农资金整合规划。

3. **着力从制度建设上加以保障**

试点地区都注重制订实施方案、管理办法等配套文件,以明确各相关责任、界定整合范围、明确整合路径,确保整合后的涉农资金用途不变、性质不变,增强整合工作的规范性和可持续性。黑龙江省制定了《黑龙江省“两大平原”现代农业综合配套改革试验涉农整合资金使用管理办法》,健全使用方式、完善监管机制、建立考评制度,探索建立起了“使用有规、监管有章、激励有方”的涉农整合资金管理模式。从2014年开始,湖北省连续三年分别出台了《湖北省人民政府关于创新管理机制统筹使用财政专项资金的指导意见》《湖北省人民政府办公厅关于创新建立贫困县资金整合机制实施精准扶贫的意见》《关于整合相关项目资金推进高标准农田建设的指导意见》,省财政厅、农业厅、环保厅、审计厅、扶贫办等相关部门相继出台贯彻落实上述三个《指导意见》的配套文件,为整合工作提供政策制度保障。河南省财政厅会同有关部门先后出台了《关于支持高标准粮田建设的实施意见》《关于支持农业产业化集群发展的实施意见》《河南省支持新型农业经营主体发展的若干财政政策措施》《关于统筹相关财政资金支持驻村第一书记开展帮扶工作的意见》,聚拢政策、统筹资金、整合资源,支持涉农重点工作。

4. **以县为主体进行资金整合**

从调研所及地区看,目前开展涉农资金整合工作大多都是以县为主体。信阳市《涉农建设性资金整合试验实施方案》确定以县区为整合主体,总的要求是“四统一创”,即由县级统一决策、统一制定规划、统一项目审查、统筹考核验收、创新资金管理,市级层面主要负责宏观指导、督促协调和资金监管。河南省大力增强市县在资金统筹和项目决策方面的自主权,2013年以来,省财政逐步将具备条件的资金项目由审批制改为备案制,大力推行公式法、因素法等分配方式,将决策权、审批权交给市县,切块下达资金范围不断扩大,由最初的农田基础设施和农田水利建设资金扩大到专项扶贫资金等所有适合切块下达的财政支农资金;切块下达资金规模由 2013 年的 1. 8 亿元增加至 30. 7 亿元,增长 17 倍,极大增强了县级统筹安排涉农资金的能力。湖北省按照省级“管总量不管结构、管任务不管项目、管监督不管实施”的原则,采取基数法、因素法、目标任务法、绩效考核法等办法分配资金,切块下达,实行资金、项目、招投标、管理和责任“五到县”,扩大县级统筹安排自主权,同时建立负面清单制度,负面清单之外,县级政府均可自主安排项目、统筹使用资金。

(三)涉农资金整合的主要内容范围

各地根据中央精神,大都突出自身建设和发展重点,狠抓重点地区和薄弱环节,统筹使用涉农资金。如:

信阳市要求涉农资金整合主要突出以下五个方面:一是围绕精准扶贫、精准脱贫整合;二是围绕改善农村人居环境和美丽乡村建设整合;三是围绕加强农村基础设施建设整合;四是围绕促进现代农业发展整合;五是围绕培育农业新型经营主体整合。

江苏省 2016 年省级财政安排的涉农资金项目整合为六大类,分别是农村生产保障能力建设、农业公共服务能力建设、农业可持续发展能力建设、现代农业经营能力建设、直接惠农补贴、扶贫及其他,下设若干专项。

黑龙江省把涉农资金整合分为三大类,即农业生产发展类、农村社会发展类、扶贫开发类。从 2013 年始,三年累计整合资金共 931. 3 亿元,其中,2013 年整合 3 大类 77 项涉农资金 307. 6 亿元(中央 255. 9 亿元,省级 51.7 亿元);2014 年整合 3 大类 58 项涉农资金 330.1 亿元(中央 279.9 亿元,省级 50.2 亿元);2015 年整合 3 大类 54 项涉农资金 293.6 亿元(中央 254.8 亿元,省级 38.8 亿元)。

湖北省涉农资金整合重点聚焦精准扶贫、高标准农田建设和新农村建设。2014 年全省 77 个县市统筹整合财政专项资金达 287 亿元,占财政涉农资金的 20.5%,2015 年统筹整合资金达 573 亿元,占财政涉农资金的 43.4%。

(四)涉农资金整合的效果评价

试点地区涉农资金整合效果是明显的,提供的主要经验有:实现了涉农资金管理由各部门多头负责,向集中统筹使用转变;涉农资金安排由零敲碎打,向集中打捆办大事转变;涉农项目由各自为战,向综合配套发挥整体效益转变。从实际效果看,主要体现在以下 5 个方面。

1. 推动了区域化高标准基本农田建设,提高了农业生产能力

河南省按照"项目跟着规划走,资金投在方里头"的思路,坚持"水、土、田、林、路"建设同步推进,整合国土部门的高标准基本农田、财政部门的高标准农田、水利部门的小农水建设、发改部门的新增千亿斤粮食生产能力等项目,四年来累计整合涉农项目资金 465 亿元,建设高标准粮田 4602 万亩,完成全部规划任务 6369 万亩的 72%,高标准粮田建成区内,粮食产量比全省常年平均产量高出 15%。我们调研所到的商城县高标准粮田建设李集片区项目,涉及 16 个行政村 1.7 万亩农田,先后整合了农业综合开发及配套工程、新增千亿斤粮食、小型二类水库除险加固、小型农田水利重点县建设、小沙河治理工程和土地整治等项目资金(2014 万元、600 万元、1840 万元、3004 万元、590 万元、9055 万元)共计 1.71 亿元,基本实现"田成方、树成行、路相连、渠相通、旱能浇、涝能排”的改造目标，大大提高了该区域农业综合生产能力。

2. 推动了区域农业主导产业建设，农业产业现代化水平大为提升

重庆市永川区着力推进现代农业园区和特色产业基地建设，整合涉农资金10.3亿元，其中，三个市级农业园区核心区规模由2012年的6万亩、年产值3亿元，提高到目前的9万亩、年产值7亿元，农业龙头企业由12家增加到42家；建成茶叶基地7万亩、名优水果基地22万亩、蔬菜基地40万亩，该区农业人口人均达到1亩。山东省莱芜市整合资金集中财力改善农业生产条件，促进了种植结构的调整，2015年，全市姜蒜面积达到30多万亩，产量近60万吨，实现了户均1吨姜，全市农产品出口创汇4.67亿美元，增长18.8%，以全省1%的耕地创造了全省13%的蔬菜出口额。黑龙江根据发展急需整合涉农资金12.1亿元用于水稻催芽车间和育秧大棚建设，其中水稻智能催芽车间达到1116个，智能化催芽实现全覆盖；水稻育秧大棚达到90.8万栋，大棚化育秧比例达74.8%，大大提高了全省水稻生产能力。

3. 推动了美丽乡村建设，农村人居环境加快得到改善

信阳市把建设美丽宜居村庄作为增强人民群众获得感的一件大事来抓，加大了这方面涉农资金整合的力度，效果明显。如商城县出台了《关于整合资金支持美丽乡村建设的实施意见》，整合资金1.7亿元，全县370个村，已建成达标村134个、美丽乡村示范村33个。我们实地考察的平桥区郝堂村，全村2240人，原是一个贫穷山村，由于外出务工人员多，全村50%的房屋处于闲置状态，2012—2015年共计整合涉农资金4100万元，对山、水、林、田、路、房及学校等进行综合整治，村民生产生活条件和村庄环境面貌发生了翻天覆地的变化。现在，90%的外出人员返家经营农家乐及在村里务农、务工，2015年全村仅旅游收入就达1500多万元，村民人均纯收入由2010年的5798元增加到12810元。

4. 推动了扶贫攻坚任务的落实，提高了贫困群众脱贫致富的能力

国家级贫困县新县明确要求将各部门涉农资金的40%以上用于贫困村基础设施建设和产业发展，每个贫困村资金规模不低于200万元，集中解决贫困村突出问题，2015年共整合涉农资金3275万元，完成21个重点贫困村整村推进。湖北鹤峰县2015年按照“4个70%”的办法，即“70%心力、70%精力、70%人力、70%财力”，共计整合涉农资金59429万元，用于产业发展、扶贫搬迁、整村推进等11类项目，其中用于贫困村、贫困户的资金约43552万元，占全年整合资金总额的73.28%。湖北郧阳区立足该区是国家确定的秦巴片区扶贫开发主战场之一的实际，将100个扶贫开发重点村、生态村作为统筹整合资金的重点进行建设，三年来共计整合各类资金近5亿元(每个村平均500万元左右)，集中用于基础设施建设、房屋改造、异地搬迁、产业扶贫等方面，农民仅从生态产业增收中户均就达到1150元。

5. 发挥了财政资金“四两拨千斤”的撬动作用，引导社会投资向“三农”集聚

新县浒湾乡曹湾村整合资金296万元，修建了300多米防洪堤，硬化了4.1公里道路，建设了1座提灌站，整修了2000米沟渠，解决了生产生活用电，引来河南羚锐制药投资1000万元建成中药材基地2100亩，年产值1100万元，解决农民就业200多人，辐射带动周边500多户农民种植中药材。潢川县付店镇晏庄村近年来共整合农业基础设施项目资金3040万元、美丽乡村项目1560万元，平整土地5600亩(其中高标准粮田3500亩)，引来黄淮大丰收农贸科技有限公司投资2.6亿元，整村流转土地7000亩(含水面1000亩)，目前已建成20个功能园区，成为国家级休闲农业观光基地、3A 级旅游景区。山东省莱芜市近三年来共协调争取省、市整合涉农资金 15.55 亿元(省级 12.09 亿元、市级 3.46 亿元),带动社会投资 36.44 亿元,建设了一批农业产业化项目。

二、涉农资金整合存在的困难和问题

尽管试点地区在涉农资金整合方面做了许多有益的探索,也取得了积极的成效。但由于传统体制的制约及试点地区主观上的原因,整合的成效与预期还有较大的差距,与地方尤其是基层的需求相去甚远,整合过程中遇到不少体制机制性障碍,暴露出一系列亟待解决的问题。

(一)涉农资金专项太多,同类资金交叉分散

近些年来,随着中央财力的增强,对“三农”的投入不断增大,但与此同时专项资金也越来越多,每一项专项资金在中央部委角度看都是完整的,但落到基层就呈现出同类资金交叉重复、标准不一、碎片化。据商城县统计,2015 年各级下达到县的涉农资金包括补贴补偿、农业生产发展、生态治理、农村社会事业及公共服务、扶贫开发和其他共 6 大类 91 项,涉及财政、发改、农业、林业、水利、移民、交通、环保、文化、卫生等多个部门。同一类型项目多个部门自主安排,造成点多面广,遍地开花,无法形成合力。如农田水利基本建设项目,水利部门有小型农田水利建设补助、重点小型病险水库除险加固和重点地区中小河流治理等资金,财政部门有一事一议财政奖补资金、农业综合开发土地治理资金,扶贫部门有整村推进资金,国土部门有土地整理资金,发改部门(农业部门参与)有千亿斤粮食田间工程、以工代赈资金,可谓“九龙治

水”。再如农村道路建设，发改、交通、扶贫、移民搬迁等部门都有相应的投资渠道，每公里投资强度差异很大，建设有 3 米、3.5 米、4.5 米多个标准。尽管地方政府在整合工作中想了很多办法，但由于上级主管部门对涉农资金的具体管理使用方式没有转变，使整合变成了大专项套小专项、以打捆代替整合，难以进行实质性统筹。对此情况，有的县级负责人形象地讲：“本来是一块做衣服的完整的布，在中央部门被裁成了一个个布条，且花色不一、质地各异，而县一级要把这些布条拼成一件成衣，实在是困难。”

（二）项目审批权过于集中在中央部委，地方缺乏自主性

很多地方整合涉农资金都是通过规划形式来实施的，但因项目审批权大多集中在中央部门，地方缺乏自主调剂的空间，使整合规划的实施效果大打折扣。地方有的负责人说，“各区县都有整合涉农资金规划，但由于项目审批权大都在上面，报上去的项目有些批不下来，影响了规划的整体性。一些县根据老百姓的急需，自筹资金提前做了一些民生项目，之后却无法再申请现有项目，这就让先干的人吃亏了，影响了基层干事的积极性”。对此问题，新县一位乡党委书记更有感触：排水、污水处理、绿化、亮化、文化娱乐是老百姓最为需要的，但这方面的投入却很少，而跑到的项目和老百姓的需求对不上，结果我们认为办了好事，老百姓却不买账。又如，新县有 9 个村纳入乡村旅游富民工程项目计划，而这样一个一村 100 万元的资金项目，要层层上报，直到国家发改委直接审批，而且用途严格限定到申报村，县级无任何自主调配权。该县政府主要负责人认为，要完善一个村的基础设施，大致要达到人均 1 万元的投资水平，像这种资金量不大、用途明确的项目，资金可以直接切块到县级，由县级统筹使用。

（三）申报项目环节太多，行政成本较高

县乡同志普遍反映，一个项目一般从规划到批复再到规定的评审、招投标，从上年9月一直到来年的6、7月才能完成，费时费钱。信阳市几个区县的负责同志都谈到，许多项目资金量并不是太大，但争取、报批、实施项目的费用较高，加上招标环节，项目还未开工已经花去项目总费用的30%左右，其中一些费用还不能在项目中开支。商城水利局的负责人讲，一个农村水利项目要经过16道程序，行政成本太高了，还造成项目建设进度较慢，工程效率难以保障，项目进度往往跟不上验收时间。新县一位乡党委书记的经历颇有代表性，他每年开春后就紧盯二十多个涉农部委网站，研究能申报哪些项目，然后到县、市、省、中央层层托熟人找关系，每年1/3的时间都花在了跑项目上。

（四）项目要求过于具体和程式化，与地方实际需求相距较大

当前，专项资金下达都是由上级主管部门下发项目申报指南，明确实施范围、建设内容、投资标准，基层按指南要求组织材料、申报项目。但很多指南与基层实际脱节，基层若不按指南申报项目根本批不了，但按指南申报又不符合本地实际。为了争取资金，基层只能“编造”项目，这便给日后项目的实施埋下隐患，要么成了“钓鱼”项目，要么成了半拉子工程。商城县政府负责人说，现代农业（油茶）项目，申报指南要求重点用于排灌、水电、运输、节水灌溉等方面，但县里真正需要的是对现有油茶低产林进行更新改造。平桥区政府负责人也有同感：土地整治项目要求对坑塘护坡进行硬化，这样的做法既不利于坑塘内环境的生态平衡，也不利于群众生产生活。商城县财政局长谈到，农村危改

和扶贫搬迁，支持对象为贫困户、危房户或无房户，补助标准为平均每户不足 1 万元，要求先建后补，而真正的贫困户无力建房，这笔资金又不能以其他方式使用，目前还滞留 7000 多万元。

（五）现行的考核审计评估办法不适应，程度不同地制约了整合

我们了解到，涉农资金整合有的县市高达 70%，有的仅 10%，其中一个重要原因是干部的担忧情绪。县乡干部普遍反映，整合涉农资金有“四怕”：一怕失去专项支持而不敢整合，二怕得罪主管部门而不敢整合，三怕专项考核通过不了而不敢整合，四怕审计过不了关而不敢整合。问题的重要症结在于，考核审计评估的老办法已不能适应涉农资金整合的实际。以审计为例，目前的审计主要是以资金管理制度为依据的，审计部门按照各个部门原有的管理办法和批复的文件开展审计，而涉农项目整合后，必然出现一些项目的建设地点、建设内容或者建设规模等会出现与原项目批复内容不符的问题，难免会对管理制度有所突破。尽管中央领导同志明确支持开展涉农资金整合，审计总署也表示支持，但具体到某个地区或某个项目，往往在审计中过不了关。我们所接触的几位县级负责同志大多曾因整合涉农资金不合审计要求而受到诫勉谈话或别的追责。

三、深化涉农资金整合统筹的政策建议

在调研中，我们深切地感受到，涉农资金整合，是要使财政资金更好地发挥聚合效应、当期效应、最大效应；更好地补短板（如脱贫攻坚、

高标准农田建设)、强长板(特色优势农业产业);更好地调动中央和地方两个积极性,特别是地方的主动作为,形成支持“三农”发展的强大合力。从暴露出来的问题看,主要症结在于中央部门权力过于集中,统得过死,且中央相关部门协同不够,导致资金分散,难以发挥应有效能。要从深化农业政策供给侧结构性改革的高度,加强顶层设计,优化配置中央与地方的权力,从源头整合统筹涉农资金,完善农业政策体系,理顺涉农资金管理体制机制。

(一)统筹专项,构建科学的涉农专项转移支付体系

建议中央财政会同有关涉农部门,梳理现有涉农政策和专项资金,兼顾中央部门宏观调控需要和扩大地方自主统筹空间,科学设置涉农专项转移支付,建立行业大专项与农业发展综合专项相结合、行业专项之间相互衔接的涉农专项转移支付体系。一是设立行业大专项。针对行业部门内部政策碎片化问题,按照行业划分,对行业内相关涉农资金进行整合归并,每个行业只保留一至两个大专项,并依据中央决策部署,明确每个专项资金需要保障的支出方向(即政策任务清单)。二是设立农业发展综合专项。针对地方普遍要求中央财政设立农业一般性转移支付的诉求,考虑到中央行业专项与地方需求之间可能存在错配的情况,同时防止地方因一般性转移支付的财力补助性质而不用于农业,建议中央财政设立农业发展综合专项,实行因素测算、切块下达,由地方统筹用于农业生产重点地区或重点项目。三是加强行业专项间的整合衔接。针对地方反映强烈的高标准农田建设相关资金交叉重复等问题,下决心理顺部门职责,实行归口管理。同时,按照“补短板、强长板”的原则,聚焦基本农田建设、特色产业发展、生态环境建设保护、完善农村基础设施、扶贫攻坚五个方面,推动相关专项之间的统筹使用,

充分形成合力，提高整体效益。四是同步推进地方涉农资金源头整合。地方各级政府也应参照中央涉农专项转移支付体系，结合本地实际，同步优化本级涉农专项设置。

（二）县为主体，科学设定中央、省、县涉农资金项目管理权限

总体上看，当前涉农资金项目管理权限，特别是项目审批权主要集中在中央和省级部门，项目的组织、实施、管理责任主要由县级政府部门承担。建议中央和省级部门按照中央明确的简政放权要求和权责匹配原则，科学配置政府之间、部门之间的权责，减少中央和省级部门审批，加快下放涉农项目审批权限到县。中央部门主要负责总规划、分规模、管投向、作评价等；省级部门主要负责抓统筹、定计划、做指导、接受县级项目备案、实施监督考核等；县级政府部门主要负责制定县级规划和年度计划、编制和组织实施管理项目、加强资金项目日常监督等。

（三）简化程序，提高涉农资金和项目管理效率

一是改进资金分配方法。中央和省级部门应大力推进因素法，客观公正分配资金，减少自由裁量权，阻断"跑部钱进"的后路，让基层政府部门把主要精力放到项目的规划、组织、实施和管理上。中央行业专项转移支付在分配中，除对中央要求完成的政策任务和直接拨给农户的资金需明确相应支出方向的额度外，其他支出方向只下达总数额，具体由地方统筹安排。二是改进项目管理方法。国家、省级重大工程项目，继续分别由中央和省级部门审批和组织实施，其他项目应按照"中央定方向、省级管审查、县级主实施"的原则，彻底改变项目计划层层申报、层层审批的方式，积极推行县级政府自主立项、上报备案制。

（四）效益优先，创新涉农资金使用方法

对于建设类资金，改进单一的政府采购、招投标制度，鼓励地方探索民办公助、以奖代补、PPP 等方式，引导新型农业经营服务主体和村组织自建自管农业项目，以降低管理成本、缩短建设周期、提高资金效益。对于产业发展资金，鼓励地方把财政资金与各类新型经营主体、金融资本等相结合，采取入股、基金、贴息等方式，并建立农民分享产业链利益机制。对于补助类资金，如危房改造补助资金，可不限于直接补贴到户的办法，以解决困难户住房为原则统筹使用。

（五）增强能力，确保县级政府及其部门“接得住”“管得好”

在涉农资金整合的过程中，既要推动中央和省级相关部门“放得下”，又要确保县级政府和部门“接得住”“管得好”。中央和省级相关部门在下放权限的同时，应有针对性地加强对基层政府和部门的指导培训，建立健全跟踪、考核、问责等机制，让县级政府在拥有权力的同时，能够相应地扛起责任。县级政府要建立健全有效工作机制，为涉农资金整合提供有力的组织保障。要加强规划引导，发挥规划在涉农项目申报、立项、组织实施等方面的统筹引领作用，做到“资金跟着项目走，项目跟着规划走”。要加强涉农项目基础管理，强化项目库建设，实现涉农项目年度之间、区域之间的统筹衔接和优化布局。

（六）同步跟进，健全完善涉农资金项目管理制度和监督检查制度

涉农资金整合既然要突破原有管理制度，就必须及时同步建立完善新的管理制度，以制度来规范整合的实施，避免因制度空白出现乱

象。要在涉农资金整合过程中，逐步探索建立科学合理、层次清晰、分工明确、覆盖全面，既符合农业农村发展实际，又符合加强资金管理需要的财政支农资金管理制度体系。充分发挥纪检监察、审计和财政监督力量，引入第三方监管，形成监管合力。要改进审计方式，在严查贪污腐败的同时，将审计重点从对单个项目的检查，转到对涉农资金投向合规性以及资金使用效果的检查和评价上来。科学划分不同层级的监管职责，缩小管理半径，划定监管范围，落实监管责任。把县乡作为涉农资金监管的主战场，审计和财政监督重心下移到县，同时赋予乡镇财政对辖区内涉农资金实施监管的职责，便于就地就近监管。大力推进信息公开，及时公开涉农资金的政策目标、资金规模、扶持范围、分配结果、管理使用情况等，接受群众和社会监督，让涉农资金在阳光下运行。

第十二篇　江西省涉农领域投资情况调研报告

2016 年 4 月 11—15 日，我们调研组一行在江西就涉农领域投资情况进行了调研。在此调研行前，我们设计了专门的统计调查表发至江西，有关部门和地方配合填写。到江西后，以上饶市广丰区、婺源县和南昌市南昌县为重点，实地考察了农业产业化示范园区、美丽乡村建设和生态农业旅游、农村电商产业园、一二三产业融合发展产业园等 15 个项目点，深入生产现场，与乡（镇）、村干部和农户面对面进行交谈，力求了解真实情况。期间，还分别召开了省级相关部门以及调研所及的 3 个县（区）和相关乡镇负责干部、涉农企业代表参加的 4 次座谈会，加上调查统计表反映的数据，调查比较完整。

一、涉农领域投资的基本情况及主要特点

2014 年以来全国固定资产投资增速呈现逐步回落态势，2015 年增长 10%，是近 10 年来的新低，然而第一产业投资却呈现高速增长态势，

年增速达到31.8%,成为农业形势向好的一个重要标志。江西作为中部地区的农业大省,第一产业投资保持了高于全国平均水平的增速。2015年江西第一产业投资429亿元,增长35.7%,比全国高3.9个百分点。从调研的三个县(区)情况来看,南昌县第一产业投资增长29.4%,广丰区增长56.6%,婺源县增长78.1%。

江西涉农领域投资的主要特点有以下几个方面。

(一)农牧业投资高速增长

在第一产业投资中,农业和畜牧业投资高速增长。2015年第一产业投资的778个项目中,农业项目408个,占比52.4%,完成投资249.2亿元,增长48.3%,占第一产业投资428.8亿元的58.1%。畜牧业项目214个,占比27.5%,完成投资101.5亿元,增长31.4%,占第一产业投资的23.5%,体现了江西农业主导特色产业加快发展的特点。像南昌县作为百万人口大县,2015年不仅生产了103万吨稻谷,而且生猪饲养量达到177万头,蔬菜产量达到102万吨。婺源县全县36万人口,耕地面积28万亩,除每年保有粮食播种面积达27万亩外,大力发展农业特色产业,茶叶达到18万亩、蔬菜4万亩、果树近9万亩,全县农业人口人均超过一亩经济作物。广丰区大力发展马家柚,从2010年的3千亩,增长到2015年的13.5万亩,带动社会资金投入10亿元,总投资达11.1亿元,2018年进入盛果期后,仅鲜果销售预计可达20亿元,全县农业人口人均可增收近3000元。

(二)以乡村旅游为代表的新型涉农领域投资井喷式增长

1. 乡村旅游投资大幅增加

江西省印发了《关于加快发展乡村旅游的若干意见》,编制了《江西省乡村旅游发展规划(2013—2017 年)》,出台了《关于推进旅游强省建设的意见》《关于加快旅游改革促进旅游投资和消费的实施意见》,进而推动江西乡村旅游业投资呈超高速度增长。下面是一组从 2013—2016 年江西乡村旅游投资项目投资情况的列表,足以表明其投资强度和投资增长速度。

表 12—1　2013—2016 年江西乡村旅游投资项目投资情况表

年份	项目（个）	投资额（亿元）	政府投资额（亿元）	完成投资额（亿元）
2013	78	409.14	0.371	18.89
2014	111	635.1	2.63	44.96
2015	202	849.92	26.5	123.2
2016	196	842		

资料来源:江西省旅游委。

其完成年度投资额呈倍数增长,2015 年比 2014 年增长了 174%,速度惊人,仅 2013 年至 2016 年的投资额达 2736 亿元。按省旅游委预计,到 2017 年完成所编规划后,乡村旅游直接就业可达 60 万人,间接就业 280 万人,旅游综合收入达 1130 亿元。婺源县作为国家乡村旅游度假实验区,2015 年实施乡村旅游项目 16 个,完成投资 5.37 亿元,增长 86.5%。经过多年发展,婺源已拥有 5A 级景区 1 个、4A 级景区 12 个。全县共有农家乐 3360 户,床位 1.7 万张,餐位 11 万个,解决了 1.8 万农民就业,平均户经营净收入达 6 万多元,据不完全统计,婺源县近 3 年年均新增返乡创业 3000 多人,各类旅游从业人员近 8 万余人,其中吸引外地人员 1.7 万人以上,农民年人均从旅游发展中增收达 1500 元。2015 年全县共接待游客 1529 万人次,门票收入 3.6 亿元,旅游综合收入 76 亿元,成为该县名副其实的支柱性产业。据了解,全县人均存款达 2. 44 万元,旅游作为富民产业的特性得到充分体现。

2.“互联网+农业”投资成为新的亮点

江西省按照“互联网+农业”的发展理念,结合农业强省战略,率先在全国提出运用 PPP 模式整省推进智慧农业,出台了《关于加快推进“互联网+”行动实施方案的通知》和《关于贯彻“互联网+农业”行动计划加快推进全省智慧农业建设实施意见的通知》。江西已与北京农信通公司、中国联通江西分公司合作,带动两家公司投资 5 千万元,已完成 1 个数据云,农业指挥调度中心、12316 资讯服务中心等“两个中心”,农业物联网平台、农产品质量安全监管追溯平台、农产品交易平台等“三个平台”建设。下一步将全面推进信息入村入户建设和实际应用,到 2020 年基本建成智慧农业体系。

3. 农村电子商务异军突起

2014 年、2015 年,江西省先后有 22 个县(市)列入全国电子商务进农村综合示范县,累计获得中央财政资金 4. 2 亿元,省级财政累计下达 930 万元专项资金支持全省农村电商发展。据广丰区调查,2015 年全区完成 3 个 500 万元以上农村电商服务网络投资项目,共完成投资额 8218 万元,增长 153. 3%。正是因投资力度加大,2015 年全省农产品电子商务交易额 184. 4 亿元,增长 163%。据阿里研究院发布,江西已有 31 个县跻身全国电商五百强县,占到全省近三分之一的县。

(三)农业农村基础设施建设力度加大

1. 农业基础设施投资持续增长

2015 年江西省共投入财政资金 41 亿元用于高标准农田建设,136 亿元用于水利工程建设,47 亿元用于农村电网改造项目,都保持较大的强度。特别是农村电网改造投资额年增长达到 48. 2%。据了解,江西"十二五"期间新增农田灌溉面积400多万亩，基本建成高标准农田1377万亩。农作物耕种收综合机械化水平达到63%，水稻耕种收机械化水平达到70%，分别比2010年提高了13个、20个百分点。

2. 新农村建设加快推进

江西以"走平坦路、喝干净水、上卫生厕、住整洁房、用洁净能源、居优美村"为基本要求，以"镇村联动"模式持续加大新农村建设的力度。2015年投入建设资金71亿元，其中财政性专项资金21亿元，重点启动推进654个中心村建设，完成4755个一般自然村点整治建设。五年来，全省共投入资金298亿元，完成了4.3万个村点的新农村建设。江西的特点是抓得比较早，县级财政发挥主体作用，同时调动农民投入的积极性。以南昌县为例，2014年共投入资金2.36亿元，农民自筹及投工投劳2794万元，占比11.8%，县本级财政承担1.7413亿元，占比73.8%。2015年投入4.28亿元，比2014年增长181%，本级财政投入2.78亿元，占比65%。2016年南昌县仍计划以投资超过4亿元的强度推进美丽乡村整治建设工作。

（四）扶贫投入大幅增长

近年来，江西大力推进以罗霄山片区和革命老区贫困县为重点，按照精准扶贫、精准脱贫要求，因地制宜、对症下药，不断加大扶贫投入。2015年全省投入财政专项扶贫资金24亿元，比2014年增长23.5%，其中中央专项扶贫资金增长18.2%，省财政配套增长29.2%，社会扶贫投入19亿元，增长20.4%。全年搬迁贫困人口10.6万人，对3400个贫困村实施村庄整治，劳动力培训3.7万人次。

经过着力扶贫，已取得明显效果。一是贫困人口由2011年的438万人下降到2015年年末的204万人，贫困发生率由12.6%降至5.7%。

二是贫困地区农民可支配收入增长加快，“十二五”期间全省贫困地区农民人均可支配收入年均增长15%以上，比全省平均水平高2个百分点，2015年增长13.6%，比全省平均水平高3.5个百分点。三是贫困地区范围缩小，“十二五”期间完成1.5万个贫困自然村村庄治理建设，贫困村由3400个减少到2900个，帮助34.6万贫困群众搬出深山区、地质灾害区、库区和农村重点污染区。四是贫困人口素质得到提升，“十二五”期间，帮助20多万户贫困户子女参加职业学历教育和技能培训。

（五）民间资本充当投资主体角色

受农业政策的引导和农业相对利好的驱动，社会资本尤以民间资本对农业投资的热情高涨，成为农业投资的主体。从省级层面了解，2014年江西第一产业固定投资中，500万元及以上的固定资产投资项目民间资本投资270.4亿元，增长9.1%，占比达到85.6%。2015年民间资本投资361.6亿元，增长33.7%，占比达到84.3%。从调研地区情况看，2015年南昌县第一产业完成投资581780万元，增长24.9%，民间资本投资高达581759万元，几乎全部是民间投资；广丰区民间资本投入占涉农领域投资总额的90%左右，除前述提到的马家柚种植项目带动民间资本投入10亿元外，另一个广丰红木家具加工产业园项目，政府通过土地运作投入资金2亿元，撬动了民间投资20多亿元；婺源的乡村旅游项目投资主体同样是民间资本，如2015年全县建设中高端民宿近50家，投资近1.5亿元，均为民间资本。

（六）财政资金主导引导作用明显

1. 加大财政对农林水事务支出

2014年江西农林水事务支出500.15亿元，增长14%，占公共预算支出比重的12.9%，排名为中部省份第一位。2015年农林水事务支出达到557亿元，增长11.4%，占公共预算支出比重的12.6%。如广丰区2014年农林水事务支出5.7亿元，2015年达到6.65亿元，同比增长16.7%，占财政支出达到15.4%，比2014年提高了5.1个百分点。

2. 引导市县政府投入

从2015年开始，省财政对市、县上年度财政支农投入情况进行考核排名，并专项安排2900万元资金，对排名前三的设区市和排名前十的县（市、区）给予奖励，推动市县财政加大支农投入。

3. 引导金融支持“三农”

一是在全省范围内开展“财政惠农信贷通”融资试点。2014年开始由财政筹集风险补偿金，引导合作银行按财政出资数额一定倍数向新型经营主体授信放贷，到2015年年底，省、市、县三级按2∶1∶2的比例，筹集13.2亿元风险补偿金，引导合作银行按照不低于财政风险补偿金8倍的标准，向新型农业经营主体提供无抵押、无担保的贷款。银行累计放贷125.3亿元，给全省4.26万户新型经营主体放贷，每户平均贷款达30万元，基本缓解了他们的融资难题，也带动了农业的投入，同时创新了经济欠发达地区财政与金融支农的路子。二是积极实施县域金融机构涉农贷款增量奖励政策。对县域金融机构上年涉农贷款年均余额增长超过15%的部分，考核后，财政部门按2%的比例给予奖励，2014年和2015年共给予542户县域金融机构拨付奖励资金3.59亿元，有力推动了县域金融机构支农的力度。三是婺源县首创“旅游贷”。省财政为支持婺源乡村旅游业，在该县首创开展了“财园信贷通——旅游企业”信贷业务，由江西省财政厅安排财政资金1000万元，县财政配套1000万元作为该县“旅游贷”贷款风险代偿保证金，合作银行按不低于保证金8倍安排贷款，向县内符合条件的“农家乐”

和小微旅游企业进行不超过 100 万元的贷款授信，贷款对象可以在三年内循环使用贷款，并且按照贷款额的 1%缴纳互助保证金。截至 2015 年年底，共发放 1.94 亿元，有力地支持了乡村旅游发展。

需要说明的是，国家统计局公布的一季度数据中，全国第一产业投资增速有所回落，其中江西第一产业投资增速比 2015 年回落了 27.8 个百分点。在调研中了解到，江西增速回落除了多雨天气影响的季节性因素外，地方政府正着手整合资金、集中财力进行重大惠民工程和重点设施项目建设，延迟了目前的涉农投资，经过后期努力，2016 年仍可以达到一个较高的投资增长。

二、涉农领域投资需要关注的问题

调研过程中，各地针对当前形势，深入地分析了涉农领域投资中存在的问题，主要是投资总量偏小、占比偏低、资金缺口较大、农业产业化发展较慢、涉农资金投入过于分散、融资程度不高等问题。

（一）第一产业投资总量偏小，占比偏低

江西作为农业大省，尽管投资增幅较大，但第一产业投资总量偏小，占全省投资比重仍然偏低。2015 年江西第一产业投资占全省投资的比重仅为 2.5%，而第一产业增加值占全省 GDP 的比重为 10.6%，即使加上农业产业化、农村基础设施、新型涉农领域的投资，我们初步估算也只占全省投资的 6.5%左右，由此可见，第一产业以至涉农领域投资的力度与第一产业对经济增长贡献的程度是不匹配的。

就全国而言，这一问题具有普遍性。虽然“十二五”期间，第一产

业投资经历了快速增长的黄金时期，年均增长达到 31.4%，但第一产业由于基础弱，底子薄，在总量规模上依然处于较低水平。2015 年全国第一产业完成投资 15561 亿元，仅占全国投资总量的 2.8%，远远低于第二、第三产业的比重，而这一比重比 2010 年年底仅提高 1.2 个百分点。与第一产业增加值占比相比，2015 年全国第一产业增加值 60863 亿元，占国内生产总值的比重达到 9%，第一产业的投资占比明显低于增加值的比重。

（二）基础设施投入严重不足，资金缺口较大

虽然近年来国家、省、市、县四级财政的投入力度不断加大，但与实际需要相比，基础设施建设的资金缺口仍然很大。以高标准农田建设为例，“十二五”期间江西共完成建设 1402 万亩高标准农田，平均投资标准仅为 1200 元/亩，远低于平均每亩实际需要投资 3000 元的水平。而“十三五”期间，江西计划完成 2825 万亩高标准农田建设，不考虑已建成的继续提升改造，仅考虑新建农田，若要达到国家标准，全省资金缺口预计就在 500 亿元左右。在新农村建设方面，江西 1.7 万个行政村、17 万个自然村，目前大部分地区仍处在样板村点的建设阶段，已完成新农村建设的村点仅占全省自然村的 1/4 强，如按省先行标准建设与整治，需要资金近 100 亿元。江西商贸物流设施不足，全省冷库仓储库容仅为 60 万吨，不足需求的 1/4。江西农村电网改造力度大，但省电力公司经营压力大，资产负债率高，投资能力不足。按“十三五”期间投资能力测算和农村配电网建设需求，每年资金缺口达 40 亿元。

（三）农业产业化发展依然较慢

从江西省的统计数据来看，全省农副食品加工业投资增长平稳，但

增速不高。2015 年,江西省农副食品加工业投资项目 625 个,完成投资 409.8 亿元,同比增长 14.6%,比第一产业固定资产投资增速低 21.1 个百分点。从行业看,谷物磨制加工项目为 165 个,占比高,仅饲料加工项目完成投资 88.2 亿元,占农产品加工业投资的 21.5%,从而影响了江西农副食品加工业多处在米面、粗茶、粮油加工为主的水平,精深加工产品少,技术含量不高,这也制约了农业产业化的现代化发展。

(四)涉农资金投入过于分散

这是在调研中各地反映最为强烈的问题。中央涉农资金的管理、使用涉及部门多,缺乏综合统筹,往往出现多部门分头管理、项目交叉和重复投资等现象,在一定程度上影响涉农资金投资项目的时效。仅高标准农田建设一项,就涉及国土、农业、发改、农业综合开发、水利 5 个部门的 7 项资金,分为农业综合开发高标准农田示范项目、小型农田水利设施建设、千亿斤粮食产能规划田间工程等 8 个不同项目,在具体操作过程中,由于条块分割,政出多门,各部门项目申报信息相对封闭,存在建设标准不一、建设时限不一、补助标准不一、验收标准不一等问题,中央下拨资金呈碎片化状态,从省、市、县的座谈中,无论是部门负责人还是市县领导,对此均有不少意见。

(五)涉农投资中融资程度不高

尽管江西省各级政府部门通过整合财政资金、创新金融产品、多渠道筹集等方法,有效帮助涉农经营主体缓解资金瓶颈问题,但涉农企业特别是农户融资难、涉农投资中融资程度不高的问题仍未得到根本解决。中国人民银行南昌支行的数据显示,2015 年涉农领域的贷款余额增速比总体信贷增速要低15个百分点。大家反映，涉农领域投资中民间自有资本投资畸重，不仅反映了融资程度低，也不利于投资规模的扩大和可持续。在江西，涉农领域融资难还反映两个突出的问题：一是贷款抵押物限制。目前农民承包的茶园、果园等均不能作为贷款抵押物，而经营主体除此之外基本没有可以抵押的资产，因此无法向银行申请商业贷款。二是短期贷款比重过高。以江西省自创的"财政惠农信贷通"为例，其贷款期限基本为一年期，中长期贷款严重不足。农业生产特别是经济林作物一般具有投资期长、见效慢的特点，短期贷款只能解一时之渴，在尚未批量产出但必须偿还之际，反而增加了涉农经营主体的负担。

三、几点认识和建议

在调研中，我们有几点共识：一是"三农"仍是经济社会发展中的短板，造成短板的突出因素是投资不足；二是加大对涉农领域的投资是补齐在全面建成小康社会中"三农"这个短板的最直接最重要的举措和途径；三是涉农投资要按照新发展理念，坚持既要扩大投资，又要优化投资；四是中央"去产能、补短板"的战略部署为涉农投资高速增长提供了一个重要窗口期，需要有强烈的责任感和机遇意识，用改革创新的办法，开拓好"三农"这个投资的广阔空间。

（一）进一步加大涉农领域的投入力度

近几年国家财政加大对涉农领域的投入力度，取得了可喜成效，但从总体上看，农业基础设施建设滞后、农业产业化发展不快的状况并没有从根本上得到解决。目前《农业法》中对财政农业投入稳定增长有明确规定，但考虑到我国各级财政的运行实际，应该以更大的视角、更高的层次、更多的渠道统筹安排支持“三农”财政资金。

“十三五”期间，各级政府应将加大对“三农”投入作为财政政策的基本导向，并将其当作考核工作成效的一个重要内容，在财政资金使用上，继续向“三农”倾斜。建议从土地出让净收益、国有资本经营预算收入、年度预算超收部分三个方面筹措增量资金，提升财政对“三农”的投入力度；从中央和省级国有资本经营预算收入中安排固定比例专项用于“三农”，弥补公共预算投入不足。确保财政支持农业基本建设投资保持在较高水平，逐步改善农业基本生产条件，提高农业综合生产能力，确保农业增效、农民增收、农村发展。

（二）调整和优化投资结构

1. 调整优化农业基础设施投资结构

目前农业基本建设投入用于大中型水利设施的比重较大，农民可以直接受益的中小型基础设施比重较小。建议进一步加大农业基础设施建设、耕地质量保护与提升、动植物保护、种养业良种、新农村建设、生态环境保护与治理等纯公益性方面预算内资金投入力度，逐步改变农村生产生活条件，逐步缩小城乡差距，使政府投入让农民看得见摸得着，增强获得感。

2. 加大新型领域产业投资力度

鼓励各地因地制宜，充分利用资源禀赋，加大对新兴涉农领域的投入力度，比如加大农村电商、生态旅游等领域的投入，通过拓展农民创收渠道，提高农民收入水平。

3. 加快农村一二三产业融合进程

改变传统农业落后的生产方式，加大对新型经营主体，包括农民合作社、家庭农场和种养殖大户、农业社会化服务组织和农业产业化龙头企业的支持力度，从要素配置、财税政策等方面给予倾斜。

（三）创新农业投资方式

1. 加大财政资金整合力度

目前，部分农业项目存在财政资金多头管理，造成力量分散，不利于统一监管。建议建立中央部门协调机制，统筹协调高标准农田建设等内容类同、功能相近的基本建设项目，由中央有关部门牵头统一编制建设规划、明确建设标准，分解相关任务，制定管理办法；中央资金切块到省，扩大地方自主权，由地方相关部门建立相应协调机制，统一制定建设方案，整合建设资金，落实建设任务，统筹推进项目建设，解决目前项目实施各自为政、形不成合力、资金使用效率低等问题。

2. 鼓励引导各类社会资金投入农业

创新财政支农方式，通过以奖代补、先建后补、财政贴息、建立担保体系等多种方式，充分发挥财政投入的导向功能，鼓励和引导社会资本投入农业建设，畅通社会资金投资农业渠道，支持社会资金参与有回报的、准公益性的基础设施建设，参与现代农业的开发，参与农村人居环境的整治，参与包括一些有收益的农业项目建设，及时研究制定引导规范社会资金投入农业的政策性文件，保护社会资金投入农业的积极性，不断构建财政、金融、农民等社会多元化农业投入格局，形成全社会投资农业的良好局面。

3. 加快农村土地制度改革

扎实推进承包地、宅基地、集体建设用地确权登记颁证，明晰集体产权关系；探索推进农村资产资源资本化，加快推进两权抵押贷款改革试点，建立农村土地承包经营权和宅基地使用权抵押贷款担保平台，由财政设立农村产权抵押融资风险基金，健全风险防范机制，有效解决农民专业合作社、家庭农场、种养大户等新型农业经营主体经营资金不足、缺乏抵押贷款担保等难题；稳步开展集体建设用地入市改革，探索以集体资产和资源入股、合作等多种形式参与土地增值收益分配，盘活存量资产和农村资源，使农村沉睡的资产资源转化成为创业致富的资本，带动社会资本投入农业，实现农民增收、农业增效、农业产业化持续推进。

（四）积极推进涉农领域投资统计改革

现行的固定资产投资统计制度，是以计划总投资500万元及以上的项目为调查对象进行统计，在涉农领域统计中一直存在两个突出问题：一是由于涉农领域的项目较为零散，一些项目难以达到500万元的统计标准，同时涉农领域财政资金形式较多，不能全部落实到项目上，因而存在难以全面反映涉农领域投资和财政资金的投入情况；二是由于涉农领域的项目分类尚未健全，难以将涉农领域的全部项目标识清晰，目前的分组主要体现在第一产业行业（农业、林业、畜牧业和渔业）和农产品加工业，而诸如农村电商、智慧农业、乡村旅游等新兴领域还不能准确地标识。

下一步为更加准确地反映涉农领域投资情况，体现涉农领域的投资成果，应从以下两方面进行努力：一方面完善涉农投资统计调查制度，对涉农领域的众多达不到统计标准的项目，根据不同领域的情况分门别类，适度放宽条件；同时建立涉农大数据思维，和涉农相关部门密切联系，对于涉农领域的项目从开始就建立跟踪投资动向、监测投资进度、掌握投资效果的投资联动机制，以便全面准确统计涉农领域项目投资。另一方面，结合2016年作为农业普查年，可以在具体实施细则里适当增加相关涉农领域的投资数据调查，尤其是针对涉农新兴领域的投资，既要顶层设计好哪些是新兴领域，又要摸清楚到底有多少新兴领域投资。

第十三篇　湖南省宁乡县农民增收乡村调研报告

为了解农民增收的趋势性变化，2016 年 5 月 2—6 日，我们调研组一行在湖南省长沙市宁乡县进行入村调研，期间有三天时间吃住均在乡镇。5 月 3 日上午，我们调研组召开座谈会听取了长沙市及宁乡县相关情况介绍；在此基础上，分较高收入、中等收入、一般收入三个层次，选取宁乡县夏铎铺镇天马新村、大成桥镇永盛村、沩山乡沩水源村作为调研样本，在 3 个村分别召开有村支"两委"主干、村民代表、种植大户参加的 3 次座谈会，入户访谈了 41 家农户，详细询问人口、劳动力、就业等基本情况和农民近 3 年的收入状况、收入结构情况；实地考察了 11 处农业产业化项目、美丽乡村建设、土地合作经营、生态农业园等，深入了解其对农民增收的带动情况；途中，还随机在回龙铺镇沿河村和大成桥镇鹊山村了解相关情况。5 月 6 日上午，我们调研组再次召开宁乡县有关部门座谈会，就农民增收相关问题进行讨论式交流座谈。总的感到，"十二五"期间农民收入保持了较快增长，2016 年仍可较高增长，但增速降档趋缓，传统增长动力减弱，新动力正在积聚，进入到不进则退的新旧动力对冲转换时期，只有加大力度、冲关过坎，才能实现增收动能转换、动力接续，继续保持农民收入持续较快增长好势头。

一、宁乡县农民收入增长状况及趋势

宁乡县地处长沙西部远郊区,土地面积 2906 平方公里,人口 144 万人。2015 年全县 GDP 突破 1000 亿元,财政收入突破 60 亿元,三次产业比为 10.9∶67.4∶21.7,经济发展属湖南中上水平。全县耕地面积 144 万亩,水面 22.5 万亩,农业户籍人口 124.4 万人,农村劳动力资源总数 82.3 万人。2015 年,全县第一产业增加值 109.7 亿元,农作物种植面积 300 万亩,其中粮食面积稳定在 200 万亩、蔬菜 60 万亩,还有数万亩的茶叶、烟叶,粮食总产 90 万吨,出栏生猪 212.7 万头,家禽 3860 万羽,是湖南粮食生产第一县、全国养殖大县。宁乡县作为有代表性的农业大县,农民增收趋势和遇到的问题在全国具有普遍性,而作为经济较为发达的都市远郊县,农民增收的新亮点、新业态在面上具有先导性。

(一)"十二五"时期宁乡县农民收入增长特点

1. 增速较快

2015 年,农村居民人均可支配收入 21469 元,比 2010 年增长 132.6%,年均增长 13.8%,与同期全县地区生产总值增速基本持平,比全国农民人均纯收入年均增速高 4.3 个百分点,比湖南省高 3.8 个百分点。"十二五"时期农村居民人均可支配收入增速比同期城镇居民人均可支配收入增速快 5.7 个百分点,城乡居民收入比由 2011 年的 1.92∶1 缩小到 2015 年的 1.58∶1。

2. 增收渠道多元化

一是工资性收入增速快,成为农民收入的大头。2015 年,人均工资性收入 13434 元,比 2011 年增长 1.58 倍,年均增速 26.8%,占人均可支配收入的比重达 62.6%。调研组访谈的 41 家农户,有 24 户有劳动力外出打工,6 户回乡创业,6 户有人在本地企业上班,只有 5 个种植大户没有外出务工。二是经营性收入比重下降,但仍是农民增收的基石。2015 年,农民经营净收入人均 5159 元,占人均可支配收入的 24.0%,较 2013 年下降 25.5 个百分点。三是转移性收入增速较快,成为农民增收的重要渠道。2015 年,农民人均转移净收入 2713 元,比 2011 年增长 2.86 倍,年均递增 40.2%。四是财产性收入占比不大,但成为农民增收的有益补充。2015 年农民人均财产净收入 162 元,占农民人均可支配收入的 0.8%。

(二)宁乡县农民收入增长趋势

1. 增速降档趋缓

2011—2015 年,宁乡县农村居民可支配收入年均增速分别为 19.2%、19.7%、11.4%、10.2%、8.9%,增速由原来两位数降为个位数,呈现出逐年回落的态势,农民收入已从高速增长转为中高速增长。这与长沙和湖南全省的趋势一致,同期长沙市农村居民可支配收入增速分别为 21.0%、14.3%、12.6%、10.0%、8.6%,湖南省增速分别为 10.6%、11.5%、9.8%、9.9%、8.1%。

2. 增收走势分化

从宁乡的情况看,地理位置好和交通便利的村、劳动力素质较高的家庭增收门路广,纯农业村、边远村和劳动力素质较低的家庭增收难度大。大成桥镇永盛村距离县城仅十多公里,区位条件好,村里利用当地资源优势发展生态农业和乡村旅游,农民收入增长快,2015 年人均收入就增加了 5000 元,达到近 3 万元,村民对增收打算也都能说出道道。

而地处边远山区的沩山乡沩水源村，因为交通不便，增收门路少，2015年人均收入14900元，比2014年增加1000元，不仅收入水平远低于全县平均水平，村民对下一步如何增收比较犯愁。特别是宁乡县仍有建档立卡贫困户24123户57347人，省定贫困村32个，贫困人口占比4.0%，低收入群体和贫困人群增收困难，精准扶贫任务依然十分艰巨。

（三）影响农民增收因素

从宁乡的情况看，“十三五”农民增收正处于爬坡过坎升级的关键时期，制约农民增收的各种因素正在积聚叠加。经济下行压力大，粮食增收潜力已近极限，大宗农产品增收市场风险加大，外出打工增收空间收窄，政策性增收作用减小，各种因素叠加交织，农民增收形势不容乐观。

1. 宏观经济下行压力加大，影响农民就业增收

大家反映，农民增收与宏观经济相依存，水涨船高、水落船降，经济增速下行，增收的大环境趋紧，必然影响农民收入增长速度。虽然宁乡县GDP仍保持着两位数增长，但2013年以来增速逐年下降，已经由14%以上，下降到12%左右，2016年一季度又降到10.2%。从实地调研的几个村看，也实实在在地感受到了压缩过剩产能和提高环境限养标准的影响。大成桥镇永盛村以前是煤矿产区，受压缩煤炭过剩产能影响，村里依托煤矿兴办的7家企业已全部关闭，形成了约几千万元的村级债务。沩水源村有1300多人长期在长沙、望城等市郊区县养猪，多数年收入几十万元，受环境标准提高、生猪限养政策影响，现大约有80%外出养猪的劳动力返乡，虽通过就近打工和在村里种植茶叶、生姜、水果等找到了活干，但收入受到明显影响。

2. 农产品供求平衡有余,经营性收入增速下降

当前宁乡县除了生猪价格周期性上涨外,其他大宗农产品价格都呈疲弱态势。2015 年,全县农民人均经营净收入比 2014 年减少了 1630 元,降幅 24.0%,其中第一产业经营净收入减少 1239 元,主要是粮价下跌和蔬菜、茶叶等农产品价格不涨所致。

3. 外出务工数量已无多少潜力,工资性收入增长趋缓

宁乡县人口红利几近极限,外出务工人数增幅明显趋缓。同时,受宏观经济环境影响,宁乡外出务工人员回流人数增多,工资水平增幅趋缓。2011—2015 年,宁乡县外出劳动力返乡人数由 1.77 万人增加到 3.58 万人,其中从省外回流由 1.42 万人增加到 2.89 万人,从省内回流由 0.35 万人增加到 0.69 万人。据宁乡县人社局调查,外出务工劳动力月工资 2012 年上涨 370 元,2013 年上涨 350 元,2014 年上涨 150 元,2015 年上涨 150 元,虽然保持了增长态势,但涨幅回落明显。

4. 农民存款利息、房租收入缩水,财产性收入回落较大

2015 年,宁乡农民人均财产净收入为 162 元,比 2014 年减少 257 元,降幅达 61.3%,其中利息收入、出租房屋收入减少是主要原因。

5. 农民赡养负担公共化、社会化,转移性收入有所下降

2015 年,全县农民人均转移净收入 2713 元,同比减少 14.0%,占农民可支配收入的比重为 12.6%,同比下降 3.4 个百分点。特别是随着农村社会保障体系完善,家庭外出人员寄回赡养费下降,2015 年人均寄回 648 元,比 2014 年减少 1152 元。

(四)宁乡县增加农民收入的思路和打算

宁乡县从“农民有体面、小康才全面”的高度,把农业增效、农民增收作为“三农”工作的核心,通过让农业产业组织起来、农民就业活跃起来、农村资源流动起来，拓宽农民就业增收渠道，努力保持农民收入持续较快增长的好势头，力争“十三五”期末达3.3万元，保持年均9%左右的增速。

1. 向调优农业结构要增收

务农增收仍然在宁乡农民增收中发挥着“稳定军心”的作用，主攻方向是向“优”和“特”发力。重点发展花猪、优质稻、富硒茶叶、烟叶、水果、特色蔬菜、中药材等特色产业，加强产销对接，强化品牌建设，打造宁乡农产品地理标志品牌，实现农业提质增效。据宁乡县政府预计，到2020年可增加农业产值52亿元，按124万农业户口人数计算，人均可增收4000元左右。同时，宁乡“十三五”将大规模开展中低产田改造，建设高标准农田49.2万亩，提升高产稳产水平，降低农业生产成本。

2. 向挖掘农民非农就业潜力要增收

宁乡现有国家级经开区1个，省级高新区1个，省级乡镇飞地经济试点园区1个，乡镇特色园区5个，就业创业基地8个，入驻规模企业597家，用工规模达到9万人。全县工业经济和园区经济正快速发展，就业岗位不断增加，仅2015年就新增就业岗位24223个。同时，加大职业技能精准培训，打造宁乡技工品牌，提高劳动力就业质量和工资水平，力争全县农民人均工资性收入年均增加1000元以上，拉动收入增长5个百分点左右。

3. 向三产融合要增收

宁乡县加速推进一二三产业融合发展，延长农业产业链条，挖掘农业全产业链条的增收潜力。宁乡有农产品加工企业1348家，国家级龙头企业2家，省级龙头企业11家，市级龙头企业89家，从业人员达2万人，年劳动者报酬5亿元，农产品加工业在县域经济中的分量越来越大。宁乡农村电商发展迅速,目前有电商企业40家,农产品网上销售额已达1.2亿元,发展势头迅猛。同时,宁乡县实施全域旅游发展战略,建设“大公园、大果园、大田园、大观园”的美丽宁乡,农家乐等乡村旅游蓬勃发展。

4. 向精准扶贫要增收

宁乡县通过创新农业产业扶贫模式,整合资金实施“千手爱心基金”“千手爱心驿站”“千手大屋”工程,推动扶贫精准化常态化,拟将黄材水库周边684户贫困户整村异地搬迁安置到炭河古城“千手大屋”,结合旅游开发解决安置就业和经济来源问题。同时,通过对口帮扶、政府支持、企业保底、全程服务等方式开展产业扶贫。比如,县里重点扶持的贫困户花猪养殖,由畜牧局负责技术支持,龙头企业按保本微利原则签订保底收购合同,保底价每斤8.5元,市场价高时随行就市,每头可增加收入1000多元,参与养殖的贫困户能够实现当年脱贫。

总体判断,“十三五”时期宁乡县农民收入增长已不可能维持“十二五”时期的高速增长,但仍将维持中高速增长,预计实现年均增长7%以上是能够做到的。

二、宁乡农村基层反映制约增收的突出问题

(一)粮食价格低,种粮成本高,效益低

宁乡是粮食大县,粮价波动对农民收入影响较大。2013年以来,受供求关系的影响,宁乡稻谷价格持续低迷。2015年早稻市场价格在

1.25元以下,中晚稻价格在1.3元以下。沩水源村种植户高再军说,2015年他家一季水稻每亩900斤,每斤售价1.4元,一亩收入1260元,扣除化肥、农药等物化成本250元,流转费300元,每亩还要花除草、打药、犁田等人工5个,如按每个工日150元计算,实际上他种粮是赔钱的。

(二)农业农村基础设施薄弱

农业农村基础设施落后,农田水利、道路、电网、烘干等设施欠缺,跟不上现代农业发展和美丽乡村建设的需要,是调研中农民反映最突出的问题。水利设施差,天马新村共有塘坝360多口,都是20世纪六七十年代建的,老化失修严重,近几年修了135口,还有150口急需维修,按每口清淤1万元、铺砌6万元计算,需投资1000多万元,扣除村民投资投劳,仍有450万元的资金缺口。烘干设施缺乏,南方气候多变,稻谷收获时没有烘干设施因阴雨发生霉变。天马新村文志刚种了103亩地,2015年收获季没晒场又遇上阴雨,米质不好,卖不动,损失几万元。而回龙铺镇沿河村的陈望春,2015年投入30多万元购买了烘干设备,政府补贴6.6万元,2015年不仅自己减少霉变损失10多万元,还代别人烘干赚了3万多元。机耕道少,天马新村和鹊山村都反映,许多农田没有机耕道,机械下不了地,不得不靠人工,种地成本降不下来。村道标准低,天马新村原来的路是3.2米宽,路窄大车进不去、小车错不开,目前全村一半家庭有了小汽车,道路成了制约村里发展旅游和规模种养最卡脖子的问题。沩水源村村道修了6公里,还有4公里没通,至今还有140多人家里未通硬化路。电压不稳,大家反映原来农村变电设施标准低,现在农村电器多了,还要发展乡村旅游和现代农业,用电量增长快,供电不足、电压不稳成为大问题。

（三）农民素质偏低，技能培训短缺

宁乡干部群众都反映，种田要技术，就业需技能，农民普遍存在素质偏低、技能“饥渴”的问题，这种软约束实际成为农民增收的硬制约。宁乡县农村转移劳动力37.6万人，但参加过技能培训的只有4.6万人，仅占转移就业人数的12.3%，绝大多数就业人员没有接受过专业技能培训。外出转移就业人员文化程度偏低，初中及以下文化程度的有20.4万人，占转移就业总人数的54.3%。沩水源村的高再军说，他儿子初中毕业，在长沙打工，工资低，每月2000元左右，文化少，收入也少。沩水源村书记姜成良说，村里正利用当地资源优势开发黄桃、沙梨等特色水果和生姜等特色种植，但由于地处山区，村民对怎么种没接触过，不懂得如何生产、加工、销售，担心产品产量低、品质差，更担心病虫害带来灭顶之灾。村里请湖南农大的专家来做过讲座，但都是短期指导，全村没有一个接受过系统培训的技术能人。村民陈石岩经村里帮助流转了100亩土地种植生姜，并联系公司签订了保底价收购合同，他最犯愁的是没有学过这方面的技术，担心种不好，搞赔了。

（四）农村行政成本高，农民办事难

农村基层办事难，农民办事难，仍然是反映突出的问题。大成桥镇鹊山村是全县大力推广的土地股份合作社“鹊山模式”发源地，村支书陈剑反映，当初成立时土地合作社注册登记需要各种各样的手续，尽管县乡领导大力支持，但他仍到相关部门跑了数十趟才办下来。鹊山村还反映，目前中央惠农政策力度大，各种涉农项目多，申报材料多，手续繁杂，为此村里专门安排了专人负责跑项目，这明显提高了基层工作的成本。农民还反映贷款难，不仅难在渠道少，也难在手续繁。永盛村种粮大户

谢光明说，他在信用社贷了 28 万元，不得不全部用房产抵押，虽然有政府的贴息贷款，但申报手续烦琐，农民不熟悉申请套路，根本摸不着门。

三、宁乡县农民增收的新亮点、新动力及普遍性意义

基本的启示是：稳住务农增收、务工增收大头，做大新产业、新业态亮点，完全可以实现新旧动力的接续转换，继续保持农民持续较快增收。

（一）调整优化种养结构的效益不断显现

在农产品市场由供求偏紧转向供求平衡有余的背景下，农民发展名特优新产品有压力也有动力。宁乡县正致力于主攻沙田万亩富硒有机稻、东湖塘特色功能稻，形成高档优质稻面积 40.8 万亩，占稻谷面积的 20%并逐步扩大，以获取好的价格和收益。宁乡花猪是负有盛名的特色优质品种，每公斤出栏价达 30 元，比普通品种高出 9 元，全县到 2020 年发展花猪达到 100 万头，比现在增加 90 万头。沩水源村原来以种稻谷为主，近一两年大力度调整种植结构，2900 亩耕地全部流转到村土地股份合作社，村里成立了种植蔬菜、沙梨、猕猴桃的三个合作社。通过土地流转和现代经营模式，加上外出务工和旅游收入，村干部预计 2016 年农民人均收入有望达到 17000 元，比 2015 年增收 3000 多元。

（二）乡村旅游带动三产融合增收正在全面发力

宁乡县旅游产业蓬勃发展，实现了旅游产业人气、收入的双丰收。

2015 年全县旅游共接待游客 1600 万人次,旅游综合收入达 200 亿元,分别同比增长 13%和 34%,其中增长的大头是乡村旅游。调研所到的天马新村、沩水源村和永盛村都在谋划进一步发展农家乐、休闲农业和乡村旅游,把农家乐作为带动农民增收的重要发力点。天马新村利用毗邻香山国家森林公园景区的优势,农民开办农家乐、民居民俗、特色商铺的积极性很高。村民洪志章原来在外跑运输,2015 年投资 50 多万元,率先在村里办起了农家乐,开业半年毛利已达约 10 万元,雇工 15 人,还带动周边农户发展种养业,半年采购的食材已达 60 万元左右。沩水源村村民陈命长原来在长沙养猪,因限养回乡后开办了农家乐,有 20 多个床位,客人多时还要雇工,开业半年赚了 2 万元。三产融合带来农民创业增收的"化学效应",成为农民增收的最大亮点。

(三)农业经营机制创新释放较大增收红利

宁乡县重视发挥农村改革增收的威力,涌现出土地合作经营的"鹊山模式"和产销一体的"粮食银行",为当地农业经营机制创新起到了示范引领作用,带动农民增收的效果明显。大成桥镇鹊山村有人口 4186 人,耕地 4206 亩,原来"有田无人种""有人无田种"现象普遍,80%的水田只种一季水稻,抛荒近 100 亩。村里通过逐户征求意见,探索出了"农户+土地合作社+专业合作社+职业农民+服务体系"的新型土地经营模式。村民在自愿基础上以土地承包权入股组建土地合作社,将全村 4206 亩耕地集中起来,投入 1000 多万元开展土地整理和农田水利建设,同时由农民自愿以现金入股组建粮食、果蔬、农机等专业合作社,土地合作社将耕地转租给专业合作社,专业合作社按 50—100 亩划分成 60 个片区,采取竞价方式租赁给 60 个职业农民,每亩年租金 300 元,每三年竞价调整一次。专业合作社下设农机、农资、技术技能、烘干仓储加工四大服务体系，为职业农民提供生产服务。土地合作社收益分配采取“保底分红+二次分红”的方式，保底分红按人口分配，有田有人的每亩年分红 300 元，有人无田和有田无人的分红 150 元，保底分红后，再按土地承包权入股的比例进行二次分红。2015 年合作社保底分红总额 115 万元，二次分红 8 万元。通过土地合作社改革，不仅大幅度改善了农业基础设施条件，实现了适度规模经营和专业化生产，而且推动了农业节本增效。全村双季稻面积从 800 亩增至 2800 亩，亩产提高 250 斤，粮食产量 3500 吨，较往年增长 66.7%，同时每亩粮食生产成本节约 320 元，村里 1400 亩油菜亩产 150 斤，农民每亩增收 965 元。

“粮食银行”由湖南卫红米业有限公司创建，通过土地流转，建设优质稻标准化示范基地，兴建加工、仓储、烘干等配套设施设备，实行“215+全商业模式”，由“公司+合作社”2 个经营主体，共建 1 个综合服务中心，为农民提供农资供销、技术信息、农机作业、粮食烘干、粮食存储 5 大服务以及衍生的互联网、商品换购、农业保险、贷款担保等一体化服务，把种粮农民与粮食企业紧密联结起来，形成利益共享、持续有效的产业化商业模式。目前已建成综合服务中心 6 处，加入“粮食银行”的农户和合作组织 5000 多户，服务耕地面积 13 万亩，农民亩均增值效益 400 元。

通过推广“鹊山模式”和“粮食银行”，宁乡县农业适度规模经营快速发展，目前 30 亩以上的种粮大户 2237 户，比 2013 年增加 795 户，农民合作社注册 2235 家，耕地流转面积 64.73 万亩，流转率 44.8%，有力推动了农业转型升级和农民增收。

（四）盘活农村资源要素增收潜力很大

宁乡县农民外出务工的数量大，许多人在城镇买了房子，农村的房屋长期闲置,同时农村还有一些“四荒地”没有很好利用。如何把这笔财富用活用好,一些乡村进行了有益探索。湘都生态农业发展有限公司的做法具有典型意义。该公司依托永盛村,发展成为集种植养、加工、销售、物流、配送、餐饮以及乡村旅游为一体、一二三产业融合发展的综合性企业,2015 年营业收入 5857 万元,利润 668 万元,带动周边 120 余户共同致富,户均收入均在 10 万元以上。该公司除流转农民的土地、吸收农民务工外,最具有借鉴意义的案例是,它以每平方米 4 元的价格,以 20 年为期,租用 22 户农民闲置的住房进行改造,建成农家宾馆,除留够房主居住的外,作为客房接待游客,房主还可参与经营,并按一定比例分成。以村民朱正财家为例,公司投入 100 万元对其 5 间闲置房屋进行改建,由此朱正财可获房屋年租金收入 2. 4 万元,2015 年还得到入股分红 1. 8 万元,另加上夫妻二人工资 6. 6 万元,不包括土地流转收入,年收入已逾 10 万元。该公司还将根据乡村旅游的发展需求,租用农户闲置住房,完善相关机制,实现公司和农民共同发展。

(五)农民返乡创业增收呈现良好势头

2011—2015 年,宁乡全县返乡创业人数由约 500 人增加到 2000 人。调研中接触到的回乡人员有的成了种粮大户,有的搞起了农家乐,没有见到赋闲在家、无所事事的。天马新村的谢国超,2007 年以前一直在外打工,后来见村里外出的人多了,就回乡种别人不愿意种的田地,面积逐年扩大到 165 亩。特别可喜的是,有些大学生回乡创业,发展休闲农业和农村电商,为农业农村发展注入了新鲜血液。鹊山村成立农民合作社后,吸引了 26 名大学生回乡创业,从事稻鸭种养结合和农村电商。29 岁的宋江是鹊山村人,湖南农业大学毕业,原在长沙创办互联网公司,2015 年回到村里领办了合作社的有机水稻种植和稻鸭种养结合项目，还利用自己的专长运营村综合服务中心，办起了农村电商，帮助村民网上购物，并上线销售水稻和其他特色农产品。湘都生态农业发展有限公司的董事长刘跃华是土生土长的永盛村人，在外打拼多年，已经成为餐饮业很有实力的企业家，2013 年回乡创办生态农业园，搞三产融合效益倍增，目前吸引了 15 名大学毕业生加入到他的创业团队。

四、有关对策建议

我们感到，保持农民收入可持续增长尽管有基础、有潜力、有亮点，但困难更多、压力更大、难度更高，容不得半点松懈、松劲，必须把增加农民收入放在“三农”工作的核心位置，采取更有针对性的措施，拓展农民增收渠道，激发农民增收活力，培育增收新动力。

（一）继续稳定强化强农惠农富农政策，优化农民增收的政策环境

虽然近两年靠政策增收的边际效应递减，但强农惠农富农政策仍然是稳定农民增收的重要支柱，是助力农民增收的“方向舵”“助力器”和“定心丸”。国家惠农投入对增加农民收入具有乘数效应，但“三农”投入强度减弱也会带来农民减收的放大效应。强农惠农富农政策只能加力而不能减力，重在优化扶持取向，由注重保供给向保供给、保收入和保生态并重转变，向扶持新农民、新业态、新组织倾斜，提高扶持政策的指向性、精准性，提高转方式、促增收的政策效能。

（二）着力加强农村基础设施建设，改善农民生产生活条件

基础设施严重不足，是农村最突出的短板，是农民反映痛感最强的。必须坚持把国家基础设施建设的重点放在农村不动摇，持续改善农村水、电、路、气、房。当前要把高标准农田建设作为农业基础设施建设的重中之重，加大建设力度、提高建设标准、完善配套设施。鼓励各地把高标准农田建设与互换并地、土地确权结合起来，既实现藏粮于地、藏粮于技，又促进适度规模经营、降低生产成本，发挥高标准农田建设的综合效应。要把美丽乡村建设作为改善农村基础设施、优化乡村环境的重要抓手，以乡村净化、绿化为建设重点，提升乡村的美丽度和农民的幸福指数，营造新产业新业态发展的美丽环境，让乡村之美成为农民增收之源。

（三）加快转变农业发展方式，拓展农民增收渠道

关键是围绕农业供给侧结构性改革，优化农业产业结构和产品结构，推动农业适销增效、提质增效、节本增效、融合增效。出路是推进三次产业融合，延长农业产业链，建立健全增值收益共享机制，以工补农、以商补农、以游补农，发展壮大新产业、新业态。重点是发展农产品加工业，促进农产品加工业向农产品优势产区集聚发展，抓紧研究制定促进农产品加工业发展的信贷和税收政策，提高农产品加工的科技含量、质量水平、品牌优势和增值能力。增长点是发展乡村旅游和农产品电子商务。发展乡村旅游要处理好鼓励发展与规划引领的关系，以县域为重点加强乡村旅游发展规划，避免一哄而上、遍地开花，防止过滥过乱影响乡村旅游品质，反而让游客伤了心、倒了胃。要加强乡村旅游配套设施建设，对乡村旅游配套设施用地给予支持。加快实施农业电子商务发展行动计划，加强农村物流基础设施建设，支持有条件的地方完

善冷链物流体系。加快启动开展新型职业农民和新型经营主体带头人电子商务培训,让他们有意愿、有能力“触电”。要针对农产品电子商务特点,抓紧完善标准体系、质量追溯体系和信用评价体系,创造农村电子商务健康发展的良好环境。

(四)加强农民技能培训,提高农民增收能力

前些年农产品市场供求吃紧、劳动力需求旺盛,农民增收主要靠增加农产品产量和农民工数量。当前和今后一个时期农产品市场和劳动力市场供求形势都发生阶段性、结构性变化,农产品和农民工靠“量”增收的空间都已近极限,要根本性地转向靠“质”增收,关键在于提高劳动者素质。一方面,要加大力度实施农民转移就业技能培训。农民务工收入是农民增收的大头,是稳住农民增收势头的“压舱石”。稳住农民务工增收,要害在于培养大批契合产业中、高端化需要的高素质劳动力,提升农民工就业质量。要紧盯用工需求变化,改进培训方式,提高农民转移就业技能培训质量和效能,把企业依托提升劳动者素质升级增效与农民工获得更优质就业机会和更高报酬统一起来。另一方面,要下大力气培育新型职业农民。我国农业现代化的未来在新型职业农民,农民增收的本领在技能素质。要加快构建新型职业农民扶持政策体系,加大新型职业农民培育工程实施力度,扩大现代农场主培养计划实施规模,出台有利于新型职业农民发展的农业补贴、土地流转、示范推广、用地用电、信贷保险等政策措施,真正把新型职业农民打造成转方式、促增收的主力军。

(五)深化农村改革激发活力,拓展农民增收的势能和动能

越是农民增收遇到瓶颈期,越要注重改革创新破除体制机制束缚,

激发农民创业就业积极性，让农民增收的各种潜能充分释放出来。一是要加快推进农村土地确权登记颁证。基层干部群众反映，只有土地确了权，农民把土地承包权攥在手里才有底气，对外流转土地经营权才踏实。这件事虽然做起来劳神费力，但是值得。大家建议，最好结合土地承包权确权登记颁证，由村集体出面引导农民互换过于细碎的地块，小块并大块，只要组织协调到位，不怕麻烦，大多是能够办到的。二是引导发展多种形式的土地股份合作制。宁乡县土地股份合作的“鹊山模式”，实现了生产得发展、农民增收入、集体有收益的多赢。当前随着农村劳动力转移、农村土地“三权分置”落实和现代农业发展，农村土地合作经营的呼声更高、要求更紧迫。建议总结推广各地土地股份合作的经验，充分发挥基层创造力，鼓励各地因地制宜地探索适合当地的土地经营模式，发展各具特色的农业适度规模经营。三是推进农村集体产权制度改革。唤醒农村沉睡的资源要素，增添农民创收的物质财富，迫切需要农村集体产权制度改革的“春雷”。要在对农村集体经济组织进行“确人”“确财”（确定集体成员、确定集体资产）的基础上，重点推进集体经营性资产股份合作制改革，理顺集体成员与集体资产关系，让资源变股权、资金变股金、农民变股民，让农民从集体经济发展中分享成果、增加收入。

（六）推动农村基层“放管服”，放活农民创业就业

国务院推动简政放权、放管结合、优化服务改革取得积极成效。但从宁乡县农村调查情况看，这项改革举措还存在“最后一公里”的问题。要以服务农民、便利农民为导向，深化农村基层“放管服”改革，加大督察落实力度，推进基层行政审批管理能合并的合并、能精简的精简、能送服务上门的送上门，真正扩大农村基层组织和农民对农事的自

主权，让农民少跑腿。同时，要优化农民创业环境，制定有针对性的政策措施，引导农民工、退伍军人、大学生返乡创业就业。政府尤其是县一级政府应设立返乡创业担保基金或专项资金，完善创业担保贷款风险共担机制，切实帮助返乡创业者解决融资困难。要鼓励在县域工业园区内设立返乡创业园，为返乡创业者搭建集聚发展的平台。

第十四篇　东莞市农业转移人口市民化调研报告

2016 年 5 月 24—28 日，我们调研组一行赴广东省东莞市，就“农业转移人口落户城镇的难点与对策”进行专题调研。5 月 24 日下午，调研组在广州市召开省直有关部门座谈会，重点听取了广东省贯彻落实国家相关政策以及省级层面就东莞作为全国农业转移人口市民化试点城市所给予的政策支持的情况。5 月 25—28 日，在东莞市召开了 7 次座谈会，先后与 16 个相关委办局、4 家企业、3 个镇、3 个社区的负责同志，16 名外来务工人员（已入户和未入户各 8 名）等开展座谈，充分听取各方面情况和意见建议。调研组还到企业宿舍、当地农民自建出租房、民办中小学进行了实地走访，深入了解外来务工人员的生产生活条件、入户意愿、相关诉求等情况。还对具有代表性的 19 家企业的部分农民工和 100 名外来个体工商业者进行了问卷调查，共计回收有效问卷 966 份。

一、东莞经济社会发展及其特点

东莞自改革开放以来，迅速从一个传统农业县发展成为沿海开放性大城市，既显示出鲜明的时代特色，又具有地域性特点，并对推进农业转移人口落户造成了明显影响。

（一）GDP 总量达千亿美元，跨入中等发达国家水平

2015 年东莞 GDP 达到 6275 亿元，人均 GDP 跨过 1.2 万美元大关，达到中等发达国家水平，高于广东平均水平。2015 年 GDP 比 2010 年增长 47%；财政一般预算收入 517 亿元，比 2010 年增长 81%；进出口总额 1676 亿美元，比 2010 年增长 38%；本外币存款余额超过 1 万亿元，比 2010 年增长 62%。

（二）人口和就业总量稳定，人口倒挂严重

东莞常住人口和就业总量基本稳定。2010 年以来常住人口稳定在 825 万人左右，就业总量稳定在 630 万人左右。2014 年第二产业就业人员数下降约 30 万人，但同期第三产业就业增加 60 万人，社会总从业人员数增长至 660 万人。近年来，异地务工人员实名制就业登记数保持在 500 万人以上。

东莞人口严重倒挂，外来人口是本地户籍人口的三倍。2015 年年末户籍人口仅 195 万人，外来人口高达 630 万人，其中 470 万人来自广东省外。

（三）制造业居先，产业转型升级加快

东莞市是我国改革开放先行地。1978 年，全国第一家“三来一补”企业落户东莞，此后东莞长期坚持外向带动战略，以制造业立市。形成了以电子信息、电气机械与设备、纺织服装鞋帽等支柱产业，并培育出智能手机、新型平板显示等新型产业集群，尤其是 IT 制造业在全球占

有重要地位,是世界知名的制造业基地,我国重要的外贸出口基地。

2015年先进制造业和高技术制造业增加值占规模以上工业增加值的比重分别达48%和37%,比2010年分别提高7个和11个百分点。2015年,东莞第三产业比重达到53%,超过第二产业(46%)。服务业对经济增长的贡献度持续提升,2015年服务业合同利用外资首次超过了制造业。

(四)民办力量强,极大缓解了住房就学供给压力

东莞在快速发展过程中,社会力量在满足外来人口居住、就学和就医等方面发挥了主力军作用,缓解了人口急剧膨胀带来的公共服务供给压力。

东莞村民建房和村集体房屋约69万栋,面积达2.5亿平方米,占全市总建筑面积的一半。这些住房大部分出租,容纳了293万外来人口,约占外来人口的一半。东莞住房租金不高且呈逐年下降趋势,由2010年的每平方米10.5元下降至2013年的7元。尽管东莞另有253万人居住在集体宿舍,但据有关方面统计,外来人口的人均居住面积达到了19.3平方米,超过全国流动人口的人均居住面积。东莞市民办中小学263所,容纳了约60万学生就读,占义务阶段在读学生的65%,超过外来人口随读子女80%的比重。

二、东莞推进农业转移人口落户情况

东莞市委、市政府一直高度重视外来人口的基本公共服务问题。2008年专门成立了新莞人服务管理局,是全国第一个专为外来人口而

设立的专职行政机构，主要负责积分入户工作，并在全市统一推行外来人口居住证制度。2010 年开始积分入户，2014 年成为国家新型城镇化综合试点市，《东莞市新型城镇化规划（2015—2020 年）》提出到 2020 年完成 90 万外来人口市民化。

东莞积极拓宽农业转移人口落户城镇通道，持续推进公共服务均等化，探索建立农业转移人口市民化成本分担机制、投融资机制和行政管理体制，着力打造宜居环境，在加快推进农业转移人口落户城镇方面做了大量工作，积累了一些可资推广的经验。

（一）构建并完善“1+3”入户政策

加强制度设计，不断拓宽入户渠道。市委和市政府联合出台《关于全面推进新型城镇化发展的意见》和《关于推进农业转移人口市民化的实施意见（试行）》。逐步形成了“1+3”的入户政策，即一个管理办法和三个实施细则。2010 年印发《东莞市积分制入户暂行办法》和《东莞市积分制入户管理实施细则》，推出了积分入户。2014 年印发《东莞市人才入户管理办法》和《东莞市条件准入类人才入户实施细则》，对十类人才开通条件准入渠道。2016 年《东莞市企业自评人才入户实施细则》开始实施，将入户权限下放企业，赋予国家高新技术企业、成长型中小企业以及镇街重点发展企业入户自主权。形成了“条件准入”“积分入户”“企业自评”三轨并行的入户通道。

不断调低入户门槛，简化落户手续。积分入户门槛分值从 2010 年的 140 分降至 2014 年的 100 分，并取消了年度入户名额限制。2014 年后全日制大专应届毕业生或高级工可以直接入户。2016 年提高参保年限、在莞居住就业年限、纳税、志愿服务、镇街引导等指标的分值。东莞建立了统一的人才入户信息办理平台，实现了入户资料审核信息化。

不断简化入户资料要求，减少书面证明数量，按“一口受理、并联审核”模式，10 个工作日内完成入户资料的全部审核工作，提高了入户办理效率。

（二）着力解决农业转移人口子女就学问题

东莞义务教育阶段非户籍随迁子女在校生人数快速增长，从 2001 年的 9.9 万人剧增至 2015 年的 75.6 万人（其中小学生 60.7 万人），总量在全国列第二。东莞通过公、民办学校“两条腿走路”，努力满足随迁子女教育需求，仅 2015 年就在解决随迁子女入学方面投入 39.5 亿元。

积分制入读公办学校。2009 年东莞市开始采取积分制入学方式录取随迁子女到公办学校就读。2015 年在公办学校就读的随迁子女达 13.8 万人，占公办学校在校生人数的 44%，占在莞就学随迁子女人数的 18%。

民办学位公用经费和教科书补助。从 2013 年起，东莞市按小学生每年 650 元、初中生每年 930 元的标准给予民办学校公用经费和教科书补助。2015 年秋季该项补贴标准提高至小学生每年 1270 元、初中生每年 2155 元，补贴支出 8.4 亿元，以减轻外来子女家庭的经济负担。市财政 2016 年增加投入 6.5 亿元用于提升民办学校教学质量和办学水平。我们实地考察了两所民办学校，设施条件强于内地农村学校。

（三）制定基本公共服务“同城同待遇”批次清单

东莞按照批次、梯度、分阶段为农业转移人口提供基本公共服务的思路，结合东莞财力，研究形成了《东莞市基本公共服务“同城同待遇”

批次清单》,将东莞提供的105项公共服务分为普遍服务、逐步共享、兜底限定三大类,进行分类管理。

59项普遍服务类主要是普惠性公共服务项目,全部常住人口均可享受,基本公共教育等资源不足的项目,则继续实行积分制管理。

18项逐步共享类主要是具备实施批次共享条件的公共服务项目,在莞具有稳定就业满5年的非户籍人口和户籍人口均可享受。在莞合法稳定就业满5年并有合法稳定住所,参加社会保险满5年人员("双五年"),本人及其共同居住生活的配偶、未成年子女、父母等,可以申请登记为常住户口并享受该类公共服务。

28项兜底限定类公共服务项目,户籍人口可以享受。

(四)建立城乡一体、职居同一的社会保险体系

建立覆盖户籍人口和来莞从业人员同一的养老保险。东莞打破就业人群(职)和非就业人群(居)以及城乡户籍界限,按照"统一制度、统一标准、统一管理、统一基金调剂使用"的原则建立起城乡一体、职居同一的社会养老保险。城乡户籍居民保险在缴费费率设定和基数设定、基金管理使用、个人账户构成、养老保险待遇计发标准等方面都保持同职保制度一致。截至2015年年底,东莞参加社会养老保险人数达452万人,其中非户籍人口367万人。

建立全市统一的医疗保险。2000年将非本市户籍外来务工人员纳入基本医疗保险,2004年实现户籍居民城乡医保无差异,2008年实现企业职工和居民医保全面并轨,2013年新增重大疾病医疗保险,2016年起推行非户籍职工子女参加社会基本医疗保险,惠及17万外来务工人员子女。截至2015年年末,全市参加社会基本医疗保险662万人,其中非户籍619万人。保险年度最高支付限额提高至30万元,

社区门诊医疗费用报销比例从60%提高至70%。常住人口人均公共卫生服务经费补助标准提高到40元,免费为所有常住人口提供11类43项基本公共卫生服务。全市建立居民电子健康档案856万份;各类扩大免疫规划疫苗接种率保持在95%以上。

(五)加大城市基础设施建设投入

"十二五"期间,东莞市基础设施投资1325亿元,交通、生态、信息、文化场馆等城市环境不断优化,已经能够满足东莞市常住居民的基本需求。

2015年年末,东莞公路通车里程5165公里,高速公路335公里,公路密度在国内城市排名前列。城市轨道2号线、莞惠城际轨道常平至惠州段建成试运行。建成环保专业基地7个、森林公园14个、公园2010个、各类绿道956公里,全市森林覆盖率达37.4%。成功入选"宽带中国"示范城市,全市光纤入户率达41%,4G网络覆盖率95%,数字电视全覆盖。

在城区集中布局图书馆、科技馆和文化馆等设施,在镇街设置文化站,村社设置文化室,多数企业或工厂设置员工文化活动室,提供电视、卡拉OK、阅览室等文化活动场所和设施。全市共建成公共图书馆641个,公办博物馆17个,民办博物馆31个,文化广场769个,建成"农家书屋"589家,覆盖率达到100%。实现了镇街24小时自助图书借阅全覆盖。

将于2016年全面完成基层公共服务综合管理中心建设工作,该平台集党务、政务、公共法律、自治互助等服务于一体,建成后公共服务事项一站式办理率将达90%,全程网上办理率达50%。将形成综合管理、综合治理和综合服务"三位一体"的工作格局。

三、农业转移人口落户意愿调查与分析

为弄清到底有多少农业转移人口愿意落户东莞，我们组织了专门的问卷调查，同时研究了其他抽样调查资料（中山大学的432份有效问卷和东莞市公安局8310份抽样调查），分析了东莞居住证和社保数据，综合多种信息来源，估计愿意落户东莞的人口总量至少有200万人。

（一）基于抽样调查的落户意愿估计

不同的调查结论有差异，愿意落户的比重从15%到39%不等，明确不愿意落户的比重更为稳定，在26%—37%，不确定的占25%—56%。

我们组织的调查和中山大学的调查结论更为接近，其中约有一半尚未明确意向，约20%明确表示愿意落户。为了避免样本偏差，我们对比了调查样本的学历分布与东莞2015年1%人口抽样调查中外来人口的学历结构。并按1%人口抽样调查中的学历结构对我们的学历分组意愿加权调整，愿意落户的恰好也是21.2%。

没有明确表示愿意或不愿意的群体通常更为年轻，他们现在没有考虑这一问题或者还不太确定并不等于将来也不愿意。可以预期随着落户条件和能力的变化，其中会有相当比例将转化为愿意落户。这一点，从公安局的调查可以看出，随着不确定比重的下降，分流到愿意落户类的更多，使得愿意落户的比例增至39%。

在莞外来常住人口约630万人，即使按照明确愿意落户的比重（20%）估计，也有126万人，再考虑到不确定性中的一部分转变态度，以及随迁人口(2010—2016 年东莞入户随迁超过 1∶1),总落户人口至少可达 200 万人。

(二)落户能力越强落户意愿越高

有一种观点认为落户能力与落户意愿是相反的:能力越强,越可能不愿落户东莞,因为他们可待价而沽;落户能力越弱,越希望落户,因为他们能通过落户获得的福利待遇增量更大。

但我们的调查数据并不支持这种看法。相反,落户意愿和能力是较为一致的,能力越强,落户意愿也越强。一线工人因自身能力不强、收入不高,没有能力在东莞购买住房,在面临东莞快速转型升级和产业转移时,他们对长期稳定就业的信心也是不足的,因而落户意愿更弱,不确定程度更高。

在莞居留时间不到三年的人,其落户意愿只有约 17%,但是七年以上群体的入户意愿提高到 30%。越是技能低、学历低、年轻的群体,不确定是否落户的比重越高,愿意落户的比重越低。如三分之二以上的研究生愿意落户,但小学学历者只有 15%愿意;普工只有 17%声称愿意落户东莞,自营和雇主则高达 57%,可见意愿和能力实际上具有某种同一性。

(三)现有落户动因主要是子女教育

东莞市公安局的抽样调查询问了为什么愿意落户东莞,有四分之三称是为了子女教育,为了医疗和养老保障的各约占六成。认为工作较稳定的约占一半。

东莞的公办学位资源供不应求,2015 年申请人数达到 3.2 万人,但录取率只有 51%。虽然采用积分入学的办法也能入读公办学位,但如果取得户籍，基本上可以保障入读，不必再按照积分高低排位等待。

东莞近几年社会治安明显好转，也使一部分原来犹豫不定的人最终下定决心落户。东莞深入开展打击整治等专项行动，创建“平安细胞”，构建立体化社会治安防控体系，有效巩固“涉黄”整治成果，加强治安巡逻等，在与16名外来人员的座谈会上，大家都认同近几年东莞社会治安显著改善。

（四）制约落户的诸种情况

本项目对为什么不愿意落户的调查采用了开放式和封闭式两类问题。在开放式问题中，由受访者直接用文字填答“如果您不愿意落户东莞，为什么不愿意”。用这种方式收集到的信息基于受访者的第一反应，更为接近他们的真实意愿。

经事后编码归类，其中约33%称“早晚要回老家”，因而没有留下的打算；30%觉得收入不足，难以落户东莞；22%称在东莞没有房子，不愿落户；收入不足和没有房产这两项合计占比过半，体现的是农业转移人口受自身经济条件制约，有心无力。

其他制约落户的因素包括：东莞治安和环境不好（12%）、农村福利更好（5%）、东莞学费高或入学难（4%）、东莞工作不稳定（3%）。

流行的看法过于强调农业转移人口对老家的土地情结，但这并非他们的第一反应。只有1.3%的人提及担心丧失老家土地而不愿落户，还有人特别强调，他们担心的是将来想再转户口回老家更为麻烦，类似的说法，在开座谈会时也有人明确提到。

问卷中同时设置了“为什么您不想落户东莞”的封闭多选题。57%的人称不想落户东莞是因为房价太高，55%是因为有家人在老家，与前述开放题结果基本一致。在开放题中未提及的宅基地问题，封闭多选时却有 1/4 的人选择,想保留承包地的占 12%,虽然比开放题情形下要高,但远低于其他选项。

东莞市公安局的抽样问卷调查,认为房价高买不起房的占 3/4,认为生活成本高压力大的占 72%,怕土地收回或丧失成员资格不能分红的分别约占 40%。

农业转移人口认为“有房才有家”,但房价偏高,在东莞买不起房,这是他们不愿意落户东莞的首要原因。实际上,东莞商品房价格明显低于毗邻的深圳和广州,但相比于大部分一二线城市房价偏高。截至 2015 年,东莞商品房交易均价每平方米不到 1 万元,但对于大多数一线工人来说偏高。我们调研时召开了 16 人的座谈会,已入户东莞的 8 个人,都已在东莞购买住房,有人提及房在哪儿,家就在哪儿。中国人拥有自有产权住房的观念根深蒂固,这是加快推进农业转移人口落户时必须正视的关键问题。

导致不愿落户的第二大原因是城市生活成本太高,农业转移人口担心难以维系举家迁移进城后的生活。目前,在莞外来务工人员以居住在出租屋(50%)和工厂宿舍(35%)为主,变换工作的频率较高(工作时长 1—3 年间的人数占比 40%),整体收入处于中等偏下水平(月收入 2000—4000 元之间的人数比重为 77%)。大部分外来务工人员正处于上有老下有小的青壮年时期,约半数子女仍然留守在老家,无人照料和在莞学费贵或无学上是主要原因。子女若只能进民办学校就读,年均学杂费高达 6000 元。如果夫妻两人均上班,另需带老人来照料生活,还需要单独租房,生活成本将大幅增加。再加上长期稳定就业信心不足,因而落户意愿更低。

担心落户东莞后户口难以再转回老家。经过三十年的“生不增、死不减”,多数农业转移人口认为地就是自己的,并未过度地将户籍与老家土地挂钩。他们之所以担心落户后失去老家的承包地、宅基地和林地等,关键还是对在东莞能否度过自己的这一生并完成传宗接代缺乏信心,担心落户后万一年老失业,无房无业,户口又难以再转回去,断了退路。所以他们希望承包地一直保留(54%)或交给亲友(32%),愿意有偿转让的仅占15%。

综上所述,现有愿意落户东莞的外来人口规模可观,关键还是政策导向,是政策惠民安民程度问题。若进一步改善落户政策,增强就业能力,完善基本公共服务和解除后顾之忧,现在的观望者也会转变态度。当前愿意落户东莞的农业转移人口数量已经远远超过东莞的规划目标,难以定论落户慢是农业转移人口意愿不足的问题。

四、加快推进农业人口转移落户的若干意见建议

"十三五"期间是推进农村转移人口市民化的关键时期,也是一个加快推进期。对于东莞这类外来人口巨大的城市,推进农业转移人口落户城镇具有代表性意义。

(一)东莞加快农业转移人口落户具有紧迫性

1. 东莞人口严重倒挂,需要尽快形成城市稳定层

一个组织,如果稳步发展,它的组织文化会影响新加入者;如果迅速膨胀,在短期内新成员占到1/3以上,它原有的组织文化必将受到巨大冲击。组织如此,城市也一样。一定比例的户籍城市人口才能给城市构建出中间层,进而形成稳定带。稳定带来责任心和向心力。这种

向心力和未来可期的激励引导人们自觉规范其行为,减少机会主义行为,既增加他们自身的安全感和希望,也有利于整个社会的和谐稳定和奋发向上氛围的形成。东莞要尽快形成一个以数百万户籍人口为主导,以中等收入为主体的城市中坚层,以此作为企业的稳定器,城市发展的可持续力。

2. 人口沉淀不仅带来资源红利,也是智力沉淀和人文积累

城市需要积累,不仅是经济积累,更重要的是人才和人文积累。而人口的沉淀,既是人力资源红利等经济财富的积累,更是人文和智力的沉淀。过去三十余年,东莞作为沿海开放城市,快速的工业化和城镇化吸纳了巨量的劳动力资源。这种人力资源只有在城市的不断转型升级中通过市民化,转化为人才资源、智力沉淀和文化积累,进而成为城市的智力和精神支撑,这也是东莞作为一座新兴城市的魅力和动力所在。

3. 身份差异长期化,容易形成城市新二元结构

户籍和非户籍的二元状态,不仅导致福利差异的分化,也让相当多的人被排斥在本市政治和社会生活之外。他们的政治和社会诉求不能得到表达,难以参与正常的政治和社会生活,这不仅与"以人为中心,以人民为中心"的要求相背离,也易造成外来人口对本地政治社会生活的漠视,对自身权益保护的无助感进而产生积怨,如此等等,成为城市不稳定的潜在因素。长此下去,可能因某种偶发因素引发大的社会性事件,导致付出极大的经济社会代价。

从经济权益的角度,外来人口长期不能市民化,其为城市作出了净贡献,增加了本地财力,这些财力主要被用于增进户籍人口福利。但越多财力被用于增进户籍人口福利,户籍与非户籍人口的福利待遇差距越大。对政府而言,时间越长,吸纳入户的成本越高、顾忌越重;户籍人口和非户籍人口之间因福利差距增大,易固化为城市内部的新二元结构，将进入城市发展的恶性循环。

（二）东莞加快推进农业转移人口落户具备现实可行性

东莞已具备一系列的基础和条件，具备较强的落户承载能力，较大规模加快推进农业转移人口落户是可行的。

1. 经济转型升级成效显著，具有可持续的岗位吸纳能力

对于东莞这样一个外向度极高的全球制造业基地，面临2009年全球金融危机冲击时，第二产业产值负增长3%，之后迅速恢复，保持了较稳定的人口和就业。并且在危机之后开始脱胎换骨，基本完成了产业升级换代。近年来，每年城镇新增就业8万人左右，全市就业用工总量保持在500万人以上，登记失业率仅2%左右，定点监测企业和人力资源市场平均求人倍率保持在1.2左右。企业吸纳就业仍有空间，据市有关主管部门预测，“十三五”期间可新增就业岗位36万个。

2. 主要基础设施建成，具备城市承载能力

东莞各街镇相对自成体系，职住合一，且道路密度在国内排名前列，地铁已开通，虽然全市已有机动车200万辆，但并未显得特别拥挤。森林覆盖率达到37.4%，在珠三角城市中名列前茅。大的文化体育设施已基本建成，“农家书屋”覆盖率达到100%，实现了镇街24小时自助图书借阅全覆盖。全市医疗机构2346所，市民步行15分钟可获得医疗服务，医疗卫生网点覆盖城乡。人均住房面积达到20平方米。至2020年生活垃圾无害化处理日能力达到1.2万吨。东莞的基础设施基本已能满足800多万常住人口需求。

3. 东莞实现了主要基本公共服务全覆盖，落户新增财政支出可承受

在105项基本公共服务项目中，东莞已实现全部常住人口均可享受项目59项，另18项已逐步共享，由户籍人口享有的28项年财政支出6亿，主要是就业扶持、低保和残疾帮扶等福利项目。即使完全放开落户，新增百万人口左右，由于新增人口处于青壮年时期，就业能力强，实现28项户籍人口享有福利全覆盖新增财政支出也极为有限。

（三）把随迁子女义务教育作为重中之重来抓

调查中，我们感到造成东莞财政支出压力最大的是义务教育财政支出，其解决的主要思路是：

解决好外来人口子女的教育问题关键不在于是否上“公办”，而是“有学上，上得起，质量达标”。限于建设用地紧缺、教师扩编难等短期内难以化解的困境，东莞今后进一步解决农业转移人口随迁子女的教育问题，应把重点放在民办学校的达标提质上。

可按照政府购买服务的思路，对义务教育阶段民办学校的公用经费、学杂费进行补贴。把民办学校教师的培训纳入公办教师体系，进一步提高民办学校的学位容量，帮助其改善办学条件，推动其达标升级，提升其教学质量。同时加强对民办学校收费的监管和听证，在提高外来人口随迁子女义务教育质量的同时尽可能降低外来人口的教育负担。

由于东莞转移人口太多，义务教育开支巨大，因此中央和省可考虑东莞建议，达到“双五年”（合法稳定就业满5年并有合法稳定住所，参加社会保险满5年）标准的外来常住人口随迁子女的免费义务教育经费，由东莞市镇两级财政解决。其他随迁子女义务教育经费由中央和省按照东莞对中央和省的财政贡献度给予适当补助。同时优先推进随迁子女义务教育经费财政转移支付与农业转移人口落户挂钩机制落地，切实保证外来人口随迁子女平等接受教育，使他们能够平等享受国家各项免费和补贴政策。

（四）以租赁市场建设为抓手构建住房保障机制

东莞住房结构及外来人口居住模式具有鲜明特色。本地户籍居民有多套住房，企业则拥有大量宿舍，民间住房供给充足，租金较低。出租房总体质量不错，外来人口居住满意度较高。

东莞的外来人口住房市场存在的主要问题是以散租为主，“各家为政，各村为政，各企为政”。既没有形成统一规范的租赁市场，也没有完整的政策支持保护体系，导致租户缺乏稳定性和安全感，进而认为落户东莞需要以在莞拥有自有产权房为前提。然而，由于东莞土地开发强度过高，通过大规模新建商品房和保障房来满足外来人口落户的居住需求既不现实，还会造成现有资源浪费。

建议东莞以民房租赁市场建设为抓手，以稳定长期租约为重点，构建具有东莞特色的住房保障机制。可整合若干住房租赁公司，对现有的散租房进行统合，使住房租赁市场更加有序、稳定和高效。同时通过地方立法加强租赁双方的权益保护，强化租赁市场监管，通过财政补贴等手段引导鼓励长期稳定租赁。在租房合同方面，要为相对困难的租客设置更多保护性条款，使他们有一个相对稳定的居住期限和长远生活预期。

建立住房困难群体租房补贴制度。明确最低居住水平标准，根据家庭人口、收入和房租支出等情况确定补贴对象，由政府负担贫困家庭实际缴纳住房租金与可承受租金的差额部分。政府在确认租约后直接以住房券的方式向房主支付一部分租金，以确保居民在支付房租之后的收入处于贫困线之上。

（五）改进完善落户政策，“双五年”即具备资格

东莞现有的积分制，落户标准和入户办法应有大的调整简化，大幅

提高“双五年”的积分权重，为达到“双五年”条件的农业转移人口提供合法入户途径。

“双五年”是中央和省的明确要求。《国家新型城镇化规划》提出，大中城市可设置参加城镇社会保险年限的要求，但最高年限不得超过5年。广东省人民政府《关于进一步推进我省户籍制度改革的实施意见》提出：为合法稳定就业满5年并有合法稳定住所，参加社会保险满5年人员，本人及其共同居住生活的配偶、未成年子女、父母等提供入户的合法途径。然而，按照东莞现行积分办法，即使达到两个五年，仍然难以通过积分落户。

“双五年”的入户节奏和总体规模适当。东莞自2010年起启动居住证登记，据截至2016年5月31日居住证连续有效的系统数据，共有248万人办理了居住证，预计至2020年共有262万外来人口在莞参加社会养老保险5年以上。

“双五年”是供需双方落户意愿和落户能力的最大公约数。对农业转移人口来说，居留时间和缴纳保险时间越长，落户意愿越高。对东莞市政府来说，随着人才落户式微，进一步推进落户，需要把“双五年”作为积分入户的基准。从落户能力来看，农业转移人口已缴纳足够保险，年老更有保障，财政补贴养老的压力小，未来可承受。

（六）推动“三挂钩”政策尽快落地

加快建立健全财政转移支付、城镇建设用地增加规模和预算内基建资金对城市基础设施补贴数额与吸纳农业转移人口数量“三挂钩”机制，出台具体可操作的实施办法。加强农业转移人口市民化动态监测，建立与“三挂钩”的激励性转移支付制度，可安排专项资金对于落户增幅大、进展快的地区予以奖补。对人口迁入地，以常住人口作为测算转移支付的重要因素,以支持转移人口接收地因承接转移人口在公共服务领域所增加的成本。对人口迁出地,可在一定时期内,仍以户籍人口作为测算基础,确保转移支付规模不减,保障更优。同时将城镇化率和落户率变动情况作为激励因素纳入支付测算,同时调动输出和输入地两个积极性,更好推动人口梯度转移。

(七)加快农村改革,保障进城农民的权益

针对农业转移人口因顾虑迁出土地权益“进城不落户”的问题,建议以农村土地管理制度改革为突破口,推进农民财产权利市场化和城乡要素平等交换的进程,赋予农民更多的财产权利和土地财产处置权。重点是在完善农村产权确权颁证基础上,加快建立城乡统一的土地流转市场和农村产权交易市场,让农民在自愿基础上采用财产转让的多种方式,带着“可变现”资产进城。另一方面,大力推进农民承包土地股份合作,让农民带着“股份”进城,持续享有收益权,安心落户。

第十五篇　西藏自治区旅游扶贫情况调研报告

2016年7月11—16日，我们调研组一行就西藏自治区旅游扶贫情况进行了专题调研。调研组深入林芝市八一镇、鲁朗镇、林芝镇及拉萨市城关区、当雄县等地的乡村旅游区、乡村合作社、家庭旅馆、农家乐、牧家乐等12家乡村旅游经营单位调研了解情况，召开了自治区和林芝市相关部门参加的旅游扶贫工作情况专题座谈会。

一、西藏旅游扶贫工作的总体情况

2015年西藏旅游从业人员32万人，其中，农牧民群众从业人员达到9.7万人，分别比2010年增长了38%和102%；农牧民星级家庭旅馆达到812家，实现旅游接待服务收入10.2亿元，从业农牧民人均增收1.05万元。2016年1—6月份，西藏全区参与旅游接待的农牧民累计达到2.6万户10.3万人，实现旅游接待收入8.3亿元，人均增收0.81万元，较2015年同期均增长30%以上。

我们调研的林芝市2015年农牧民家庭旅馆394家，床位6322张，年接待能力近200万人次；实现乡村旅游收入7707万元，直接参与旅游服务经营的农牧民8136人，人均可支配收入9473元，分别是2010年的10倍、4倍和3倍。预计到2018年全市旅游特色村将达到40个，农牧民家庭旅馆示范社100个，直接参与旅游服务业的农牧民达到1万人，占到农牧区劳动力的近十分之一，促进人均增收1万元，可直接带动1000名贫困人口脱贫致富。

走旅游路，吃旅游饭，发旅游财，正在成为西藏农牧民群众的重要选择，也为旅游扶贫趟出了新路子。

（一）自治区党委政府高度重视旅游扶贫工作

1. 领导重视

为进一步强化对全区旅游业发展的综合协调，2014年10月，经中央编办批准，西藏自治区政府将西藏旅游局升格为西藏旅游发展委员会，由自治区分管副主席兼任旅游发展委员会主任，统筹推进全区旅游业发展和旅游扶贫工作。各地市、县区成立了由主要领导担任组长的旅游扶贫领导小组。

2. 强化政策

2011年，修订实施《西藏自治区旅游条例》，明确规定“县级以上人民政府应当采取小额信贷、贷款贴息等优惠措施，鼓励农牧民以多种形式参与旅游业，扶持农牧民开发具有当地特点的旅游项目，大力发展乡村旅游业”。2016年又先后制定发布《中共西藏自治区委员会、西藏自治区人民政府关于贯彻落实〈中共中央、国务院关于打赢脱贫攻坚战的决定〉的实施意见》、西藏自治区“十三五”时期脱贫攻坚规划、产业扶贫规划和旅游产业扶贫规划，提出开展乡村旅游扶贫、金融支持旅游扶贫、旅游商品促进脱贫等“十大旅游扶贫行动”。

（二）加大投入，带动社会旅游投资和旅游扶贫投资增长

“十二五”时期，中央财政和中央预算内投资支持西藏旅游业发展6.62亿元；2016年用于旅游扶贫的有望突破6亿元。“十二五”时期，自治区财政安排地方旅游发展资金补助3.42亿元，投入旅游扶贫专项资金1.57亿元，2016年计划投入1.2亿元，是2015年的近10倍。地市财政也不断加大对旅游扶贫的投入，2016年林芝市列支1600万元用于11个乡村旅游示范点建设，县级财政按1∶1配套资金；阿里地区列支300万元用于提升乡村旅游基础设施建设。“十二五”时期，对口援藏省区市用于受援7地市的旅游资金投入达42.73亿元。财政对于旅游扶贫的投入，有的用于旅游扶贫项目的贷款贴息，有的作为财政投入，引导社会资金的投入。据统计，“十二五”时期，各级财政对于西藏旅游扶贫资金的投入共带动社会投资421.17亿元。

（三）金融积极支持旅游扶贫项目

1. 金融机构加大对旅游项目的支持

中国人民银行拉萨中心支行出台了《关于西藏金融支持旅游业发展的意见》。2015年年末，西藏旅游企业贷款余额25.47亿元，同比增长72.02%。截至2015年年末，林芝市6家银行的涉旅贷款余额从2010年年末的0.47亿元增加到2015年年末的14.42亿元，增长了30多倍，年平均贷款增速达到97%，远远高于同期全市其他贷款增速。旅游项目的贷款额度加大，国开行西藏分行安排5亿元信贷资源支持建设了阿里神山圣湖等两个大型旅游项目，农行西藏分行支持和培育了拉萨市《文成公主》实景演出剧场及配套商业项目开发。

2. 创新金融产品，加大支持旅游扶贫

农行西藏分行制定《农牧户小额信用贷款管理办法》，按照农牧户信用等级，确定金卡、银卡、铜卡三类，分别给予 3 万、2 万、1 万元的信用贷款额度，近期，对信用县范围内的金、银、铜卡授信额度分别提高到 10 万、8 万、7 万元；为突出扶贫的精准性，近期又专门出台《精准扶贫小额到户贷款管理办法》，对单户额度不超过 5 万元的，3 年之内免抵押，并给予还款便利和付息优惠。2016 年上半年，农行西藏分行共发放旅游扶贫贷款 9500 万元。

二、西藏探索出了多种旅游扶贫方式方法

（一）建设旅游小镇来辐射带动旅游扶贫

鲁朗小镇是广东省对口援建林芝市的旅游项目，占地面积 1288 亩，已投资超过 33 亿元，其中政府投资约 15 亿元，企业投资约 15 亿元。鲁朗小镇历经四年多的建设，已经基本建成具有浓郁藏区特色、山水城镇一体、富于现代气息的旅游小镇，计划于 2016 年 10 月份正式开业运营。我们认为鲁朗旅游特色小镇对周边农牧民的脱贫致富具有带动强、辐射面大的综合效应。

1. 增加旅游就业人员脱贫

鲁朗小镇建成后，年接待游客将不低于 20 万人次，可在酒店、餐饮、安保、保洁等岗位安排旅游直接就业 3000 人左右，年人均收入可达 3 万元以上。通过实地调研，我们认为未来鲁朗小镇常住人口将达到 1 万人，年游客接待量可望突破 100 万人次，按照人均消费 1000 元计算

（据统计，2014 年游客在藏人均花费 5782 元），带动旅游消费总额不低于 10 亿元。而鲁朗小镇目前常住人口 1335 人，具备劳动能力的 600 多人，镇政府统计，凡能从事旅游服务的 200 多人均可以就业，不足服务人员还可以满足周边几个乡镇的劳动力。

2. 小镇商铺收益返补贫困人口脱贫

在小镇的商业区中，为鲁朗镇的 8 个行政村，按所征村耕地总数 3.5%的比例返还，作为该村集体商业用地，保证当地农牧民群众永久收益。每村安置了 200—400 平方米的商业铺面，用于村集体发展经济。一方面，可以直接安排贫困村群众就业，另一方面，上缴的所有收益全部返还 8 个村集体，折算成股份，按股向贫困户分红，实现兜底脱贫。

3. 带动周边农牧村发展家庭旅馆促进脱贫

目前，鲁朗小镇的酒店仅有 800 个床位，按照每天 2000—4000 人的旅游住宿需求，近期还需要周边村庄开设 500 个以上的家庭旅馆。鲁朗镇扎西岗村已从 2007 年的 9 户家庭旅馆、53 个床位发展到现在的全村 66 户家庭旅馆、1760 个床位。家庭旅馆的发展让村民“足不出村”“足不出户”就地分享旅游红利来实现脱贫。同时，还带动了餐饮、农副土特产品、手工艺品的销售的发展。目前，鲁朗周边共发展 117 家设备比较完善的家庭旅馆，人均家庭旅馆收入从 2010 年的 2880 元增加到 2015 年的 8070 元，年均增长率高达 23%；有的贫困户仅为游客提供马匹出租和向导旅游服务，一天的收入就高达 800 元。

4. 小镇建设过程带动了农牧民就业

在小镇建设过程中，广东省和林芝方面最大限度地让当地剩余劳动力参与，通过与施工队签订合同，规定民工用工数量、使用当地建筑材料等，让农牧民群众通过劳力输出、机械出租、当地建筑材料运营等形式获取现金收入。劳力输出的每人每月平均可获取3000元以上的收入,更重要的是培养了一支以农牧民为主体的旅游小镇建设施工队伍,学会了技能,积累了经验,完全可以在当地正在计划开发的易贡等旅游特色小镇的建设中发挥重要作用并增加收入。

(二)景区带村

西藏旅游资源富集,具有藏族特色的古村落和佛教寺庙众多,当地政府依托这些旅游资源开发建设景区,带动周边贫困户脱贫致富,已经成为一种可复制、可推广的旅游扶贫路子。以调研组实地走访的林芝市巴宜区八一镇巴结村为例,村子附近有998棵巨型雅鲁藏布江柏树,平均树高44米,最大的一棵高达57米,被誉为"世界柏树之王"。2001年广东省援助300多万元,将其开发建设成"柏树王园林景区"。每年接待游客约10万人,仅门票收入就达200万元,全部归景区所在的巴结村。广东省还在景区入口处附近建造了60个统一风格的售卖摊位,并把它们无偿转让巴结村,一次性解决了80名村民的就业增收问题,每个摊位年均售卖土特产和藏族手工艺品的收入2万—3万元不等。数百棵大柏树就解决了巴结村88户农民400多人的整体脱贫问题。

林芝卡定沟景区,是典型的峡谷地貌,景区内拥有众多的奇峰异石、参天古树及一条落差近200米的瀑布。2015年,景区接待游客15万人次,旅游总收入299万元。景区由当地政府和投资企业共同投资,按照4∶6进行分成,并把带动脱贫作为政府投资景区、引进企业的先决条件。一是尽可能地吸纳当地群众参与景区工作。景区已优先聘用符合条件的当地农牧民12人为公司正式员工,每人每年收入近3万元。二是租用景区附近村庄的车辆、马匹等参与景区接待,为当地百姓提供就业机会,平均每人及车辆和马匹收入可达4万元。三是景区投资20余万元，在景区入口附近建设了销售摊位，无偿提供给当地10户农牧民经营，为当地农牧民增收76万元。据景区所在的巴宜区负责人介绍，巴宜区共有比较成熟且对外营业的景区7处，仅直接安排当地农牧民到景区就业一项，就解决了165人生计，每月人均收入约3000元。

拉萨市的《文成公主》实景演出剧目也是一个成功的案例，尽管项目投资4.8亿元之巨，但开演之后的近二三年，每年的门票收入就达1.4亿元左右，演艺人员达到400多人，其中95%为所在村落藏族群众，配套的餐饮、安保、保洁等服务直接带动当地农牧民上千人就业，人均收入每月直接增加1000—1500元。

（三）乡村合作社助力农牧民脱贫致富

在政府扶持和引导下，西藏乡村旅游产品和服务的生产经营者，按照自愿联合、共同发起、共同管理、互助发展的乡村合作社，鼓励农牧民参与乡村旅游服务，帮助当地群众“吃旅游饭，走致富路”。据西藏旅游发展委员会统计，截至2015年年底，全区共有47家规模化的乡村旅游经营实体，总投资达3.07亿元，共有1.4万余户、5.8万多名农牧民直接参与旅游经营服务，较2012年增长了一倍多。

以返乡创业的藏族女青年娟安创办的“阿吉林特色经济发展农牧民专业合作社”为例，娟安2010年已是林芝市鲁朗五寨景区的经理，2011年她返乡在林芝市八一镇色定村联合24户村民创立了乡村合作社。现在合作社已发展社员118人，下辖一个手工艺品加工室、一个手工艺品销售门市店、一家林下产品店、一个养殖基地、一个餐厅，初步建成了集餐饮、观光、湿地体验等于一体的独具工布特色的生态园林式休闲度假区，年营业额400余万元，并通过向村民收购藏鸡等土特产品、招募村民、按股分红三种途径带动农牧民年户均增加收入8000元左右。色定村人均年收入也从设立合作社之前的5000多元增加到2015年的14373元，成了远近闻名的富裕村。

（四）“旅游公司+农户”带动农牧民脱贫

考虑到农牧民发展旅游业因为资金、经验、营销等方面的不足，西藏各级政府和部门还积极推动“旅游公司+农户”，采取政府扶持、企业经营、牧民参与的方式带动农牧民通过旅游实现脱贫。

1. 农牧民扶贫资金入股分红

拉萨市当雄县政府2015年支持成立了当雄县净土产业投资开发有限公司，政府出资1000万元作为国有资本金，通过免收国有资本收益费的方式，鼓励企业在县城投资开发了生态园旅游项目，吸纳了当地12个贫困户就业，每年向120个贫困户八股企业的扶贫资金保底分红3000元。2016年，又支持净土公司承包了距离纳木错景区不远的白莲度假村，以发放给当曲村45户农牧民的54万元扶贫资金入股到旅游公司，每年每户保底分红3000元，同时，度假村还吸纳了那曲村12名农牧民就业，包吃包住，每月收入2500元，按4个月的旺季经营期计算，每人每年收入至少1万元，2015年度假村旅游收入30万元，2016年度假村旅游收入有望突破60万元。

2. 农牧民土地入股分红

如林芝市八一镇的公众村，2005年左右开始有游客来村中旅游、食宿，于是林芝县政府依托该村位于318国道、离八一镇较近的地理优势，组建林芝县旅游服务中心，按照自愿原则，扶持6户村民开了家庭旅馆，当年就实现了年收入2万—3万元。为解决旅游经营规模小、分散和受益面窄的问题，2013年，政府引进广东中旅与公众村村委会、林芝县旅游服务中心和林芝县公众村圣雪旅游有限公司签订协议，公众村以土地出资，占有23.4%股权，参与投资分红。2015年公众村经济总收入近1000万元，人均纯收入8000多元。

三、启示和建议

（一）旅游是西藏农牧民脱贫致富切实可行的路子

1. 西藏拥有富集、独特和高品位的旅游资源

这是我们在调研中最强烈的感受。西藏拥有布达拉宫、大昭寺、罗布林卡、扎什伦布寺等藏传佛教寺庙及高原冰川、湖泊、雪峰、地热和独特的藏族风情村落等世界级旅游资源。另外，西藏的藏香猪、石锅鸡等美食享誉中外，西藏的民族手工业品已达二千余种，为旅游者所喜爱。据统计，西藏全区共有符合开发旅游条件的建档立卡贫困村1058个，居全国第8位，约占西藏建档立卡贫困村总数的20%；预计通过旅游开发将带动6.2万农牧民脱贫，约占通过发展生产实现脱贫人数（23.8万人）的26%。

2. 西藏旅游有着广阔的市场需求

我国已进入大众旅游时代，旅游休闲已经成为人们生活方式不可或缺的重要组成部分，西藏旅游对于国内外游客具有独特的吸引力。"十二五"期间，西藏全区累计接待国内外旅游者达6789.88万人次、年均增长18.33%，实现旅游总收入874.64亿元、年均增长23.77%。

从西藏的实际发展环境来看，与其他产业相比，旅游产业是西藏资源就地取材、返贫率低、综合带动性强、绿色生态、物质脱贫与精神脱贫紧密结合的综合产业，应该大力发展。上面的诸多鲜活的案例已经充分说明了这一点。2015 年西藏接待旅游总人数达到 2018 万人次，旅游总收入 280 亿元；相当于自治区 GDP 的 27.5%，比重较 2010 年提高了 13.3 个百分点。从现实看，旅游业已经成为西藏国民经济的重要支柱产业。

（二）要把旅游作为主导产业来打造

1. 确立“以旅兴农、以旅富农”的观念

旅游业可广泛覆盖和深度融合一二三产业，是一个综合性的大产业。优美的乡村环境、优质的农牧产品，正是广大游客所需要的。通过发展乡村旅游，将优美的环境、特色的人文、生态的农牧产品就地就近进行消费，既促进了农牧民就业，又增加了收入，实现了脱贫。可以说，西藏乃至有富集旅游资源的地区发展乡村旅游对于农牧民增收、农牧业增效、农牧村环境改善是全面的、深度的和可持续的。建议把旅游扶贫纳入党政领导干部考核体系，明确导向引领，强化“以旅兴农、以旅富农”的发展指导理念。

2. 把乡村旅游作为一个载体来集聚各种资源，形成发展合力

强化规划引领，积极推进旅游规划和交通基础设施规划、乡村发展规划、产业扶贫规划的衔接；积极整合包括扶贫资金在内的各种财政专项资金，大力聚合包括政府、企业、社会在内的各种扶贫资源，集中力量开发重点旅游扶贫项目。相关部门和行业要在乡村旅游发展上“同演一台戏”，唱好旅游调，为广大贫困农牧民念好“致富经”。

3. 围绕农牧民参与乡村旅游进行政策倾斜

制定旅游用地分类管理办法，对涉及贫困农牧民就业增收的旅游项目要优先保障土地供应；财政要加大对旅游扶贫的支持力度，并按一定比例保持逐年增长；设立旅游扶贫贷款风险补偿金，支持旅游扶贫项

目申请银行贷款,并由各级财政按一定比例给予贴息;加大对吸纳贫困户的乡村旅游合作社、家庭旅馆、旅游企业的支持力度,从税收减免、财政支持等方面给予倾斜。

4. 对口援藏资金要向旅游扶贫项目倾斜

对口援藏是促进西藏经济社会发展的重要力量,据统计,对口援藏22年来,各对口援藏单位累计投入300多亿元用于支持西藏各地市公共基础设施项目和民生项目建设。建议"十三五"期间,围绕西藏的扶贫攻坚,对口援藏资金要进行"战略性转型和结构性调整",其中,用于旅游扶贫项目的资金应不低于对口援藏资金的30%。

在林芝调研中,我们了解到广东省根据林芝旅游和农牧民的实际需求,按照"统一规划、集中开发、功能配套、整体移交"的原则,扶持建设了鲁朗旅游小镇及一批旅游合作社、家庭旅馆、旅游客栈、景区商业铺面等,很受农牧民欢迎,也取得了非常好的造血式扶贫效果,建议认真总结和推广广东省的旅游援藏扶贫开发经验。

(三)要把旅游扶贫重点村的基础设施建设、环境整治、人才培训等作为工作重点

1. 加大对重点村基础设施的支持

全国已确定发展乡村旅游的近2.4万个贫困村,突出的瓶颈是基础设施不足,应作为扶贫投入重点。西藏更是如此,其具有旅游发展条件的1058个建档立卡贫困村,虽然有资源,但是基础设施还比较落后,游览和接待环境还需要整治。目前,仅有151个旅游扶贫重点村列入中央预算内资金的支持范围,每个村100万元。建议中央有关部门进一步扩大支持重点村的规模,支持额度增加到500万元。

2. 加大对农牧民的旅游培训

缺乏旅游人才是乡村旅游突出的问题，要改进和调整培训方式，有关部门应在加大投入的同时，采取送教上门、开设旅游专题培训班、组织参观教学等多种形式，加大对旅游扶贫重点村的旅游经营户、旅游从业者和旅游管理者的培训力度。我们认为，“十三五”期间，西藏每年培训农牧民应不低于1000人，使每个旅游扶贫重点村有3—5人以上的乡村旅游带头人、3户以上的乡村旅游带头户。

（四）抓好金融支持和市场化推动两个关键

1. 金融机构要加大对旅游扶贫的支持力度

支持旅游企业以经营收益权、门票收入等进行抵押，适度提高旅游项目的贷款额度和延长期限。按照旅游扶贫的项目特点，鼓励和支持金融机构创新金融产品，制定旅游精准扶贫贷款管理办法。支持地方和对口援藏省市按照一定比例，共同出资设立贷款担保资金或投资平台，撬动更多银行资金支持旅游扶贫开发。

2. 加强旅游扶贫市场化机制建设

畅通社会资本投资旅游业渠道和方式，鼓励内地有实力、有经验、有团队的旅游企业开发利用西藏旅游资源；将引进企业参与西藏旅游扶贫开发纳入对口援藏工作内容；创新财政支持旅游方式，通过以奖代补、先建后补、财政贴息、建立担保体系等多种方式，充分发挥财政投入的导向功能，鼓励和引导社会资本投入旅游业；建立农牧民土地承包经营权和宅基地使用权抵押贷款担保平台，有效解决旅游合作社、乡村旅游经营户等资金不足、缺乏抵押贷款担保等难题；总结推广地方正在探索的将财政扶贫资金投入乡村旅游经营开发企业、合作社形成经营性资产，通过股权量化到户，让集体经济组织成员长期分享资产收益进行脱贫的做法;大力推广“公司+农户”“公司+合作社+农户”等旅游扶贫方式,对于吸纳贫困人口多、扶贫效果好的企业给予税收优惠、开发补偿。

习近平总书记提出,“治国必治边,治边先稳藏”,维护西藏的稳定发展是全国人民的责任。特别是中央提出打赢脱贫攻坚战,绝不能让一个地区、一个民族掉队。目前,西藏共有贫困人口 59 万,贫困发生率高居全国之首。我们认为,对于西藏给予特殊和额外的支持是完全必要的,既是党中央的要求,也是全国人民的心愿。

第十六篇　辽宁省玉米种植面积调减及农村新产业新业态发展情况调研报告

2016 年 8 月 22—26 日，我们调研组一行就玉米种植面积调减及农村新产业新业态发展情况，到辽宁沈阳、阜新阜蒙县、朝阳建平县、锦州凌海市等地进行了专题调研。调研组先后召开 6 个省和县市政府部门、乡镇基层干部、新型经营主体及普通农民参加的座谈会，通过到田间地头查看玉米调减、入村访谈农户预期收益，走访现代农业园区、食品加工企业、新型农业经营主体和休闲农业乡村旅游项目，感受真切，情况具体。

一、玉米种植面积调减的基本情况

根据 2015 年农业部《关于“镰刀弯”地区玉米结构调整的指导意见》，辽宁省计划调减玉米种植面积 200 万亩。经过实地调研了解到，辽宁省相关部门工作认真扎实，基层干部和农民反映比较积极，完成玉米调减 209. 6 万亩，不仅推进了农业种植结构调整，而且替代作物预期收益利好，有些做法为今后农业结构调整和玉米种植面积调减提供了有益的启示和借鉴。

（一）玉米种植调减的做法和收益预期

1. 高度重视玉米种植调减工作

一是把调减玉米200万亩任务分解落实到县，纳入各地目标管理绩效考核。二是写入2016年省政府工作报告，纳入经济社会发展目标任务中，作为各级政府的一项重点工作。三是对于中央财政玉米生产者补贴资金，省级财政调剂5%作为省级种植结构调整资金，市级财政根据省核定下达补贴资金调剂5%作为市级种植结构调整资金，重点支持调减籽粒玉米后新建的规模化设施农业小区、规模化种植的特色高效作物、大豆、青贮玉米。玉米生产者补贴已于8月上旬拨付到市，各市正在研究制定实施方案，着手开展种植面积统计核实等工作。

2. 调减面积的替代品种情况

辽宁省2016年共调减玉米种植面积209.6万亩，调减比例为5.8%，调减后的种植结构是：增加了优质水稻5.9万亩、豆类16.7万亩、油料9.1万亩、薯类9.3万亩、特色杂粮72.4万亩、饲料作物21.7万亩、蔬菜27.7万亩，浆果、中药材、花卉等19.9万亩，其他作物26.9万亩。

我们调研的阜蒙县和建平县是调减玉米最多的两个县，均计划调减19万亩，凌海市计划调减5.9万亩。从实际情况看，阜蒙县2016年调减了玉米20.6万亩，调减比例为6.6%，增加了杂粮5万亩，豆类1万亩，薯类4.5万亩，汉麻、树莓、葵花4.5万亩，饲草、青贮玉米4.1万亩，蔬菜1.5万亩。建平县近几年逐步缩减玉米种植面积，2016年又调减了20万亩，调减比例为12.2%，增加了谷子14.9万亩、高粱1.9

万亩、杂豆0.7万亩、其他谷物0.8万亩。凌海市2016年调减了玉米10万亩,调减比例为10%,增加了杂粮3.8万亩、蔬菜2.7万亩、薯类2万亩、花生1.5万亩。

从三个县市主要调整的方向看,一是恢复传统的杂粮作物,建平县90%的调减面积改种杂粮,仅一个县就增加18.3万亩。二是发展高收益经济作物,凌海市和阜蒙县改种蔬菜4.2万亩,也增加了一些新的作物如汉麻、树莓等4.5万亩。三是配套畜牧业发展饲料作物,阜蒙县新增饲草和青贮玉米4.1万亩,因地制宜统筹推进了"粮经饲"三元结构调整。

3. 新型农业经营主体是调减玉米种植的主力军

我们了解到,在玉米调减过程中发挥主导作用的是新型农业经营主体。如阜蒙县今年调减玉米种植20.6万亩,有15.1万亩是由新型农业经营主体完成的,占73.2%。其中,合作社和家庭农场调减玉米种植3.9万亩,占总调减面积的18.9%,种植大户调减7.1万亩,占34.4%,农业龙头企业调减4.1万亩,占19.9%,而且还带动新增汉麻、葵花和树莓62.5%的面积实现了订单种植。像辽宁辉山乳业集团,仅一家企业就建立饲草基地近50万亩,在粮改饲试点县就带动青贮玉米、优质牧草22.9万亩,探索出大型养殖龙头企业以养定种、种养结合的发展模式。阜蒙县老河土镇玉米调减1.5万亩种植花生,全部由16户家庭农场和合作社完成。

4. 玉米调减后替代作物的效益预期分析

这是我们这次调研关注的一个重点。

一是以阜蒙县为例。县农业部门同志测算,2016年调增杂粮、薯类、汉麻的种植收益预计比玉米高出500—800元/亩,蔬菜、树莓等经济作物的收益约是玉米的9—12倍,大棚水果和蔬菜等设施农业的收益高出 20 倍。谷子平均亩产 800 斤，亩均收入 1600 元，扣除每亩物质成本 660 元，亩均纯收入 940 元，比玉米增加 530 元左右；马铃薯平均亩产 6000 斤，市场均价 0.6 元/斤，去掉每亩成本 2300—2500 元，亩均纯收入 1000 元左右，比玉米增加约 600 元；汉麻基本实行订单收购，保底价 1 元/斤，平均亩产 1500 斤，亩均收入 1500 元，扣除每亩物质成本近 300 元，亩均纯收入 1200 元。

二是以庆年家庭农场为例。阜蒙县于寺镇官营子村庆年农场往年主要种植玉米，勉强保本不亏，农场主张庆年说，看形势玉米要降到 0.75 元/斤左右甚至还要更低，2016 年春播开始大幅调减玉米种植，农场 2.6 万亩土地只剩下 4500 亩玉米，调增设施农业 3500 亩、果树 1000 亩，种植特色作物 1.7 万亩，其中汉麻 7000 亩、花生 3000 亩、葵花 3000 亩、绿豆谷子 2000 亩、地瓜 1000 亩、烤烟 1000 亩。2016 年预计农场可实现产值 7700 万元，净利润大约 1300 万元，亩均纯收入比 2015 年增加 500 元左右。

三是以八里村合作社为例。凌海市石山镇八里村合作社是一家土地股份制合作社，2013 年由 360 户村民以 3200 亩土地入股成立。2016 年合作社改种植萝卜 600 亩、葵花 1500 亩、葡萄 100 亩、倭瓜 100 亩。理事长刘向伟详细地给我们逐项算了收入账。据测算，2016 年入社农户人均收入可由 2015 年的 1.3 万元增加到 1.5 万元，增收约 2000 元。

（二）玉米种植调减的启示和建议

历史经验表明，改革开放以来经历的四轮农业结构调整，无论是市场发挥作用多一点，还是政府支持引导多一点，这不仅是由我国的基本国情决定的，也是基于农业发展的阶段性特征作出的考量。在当前推进农业供给侧结构性改革的大背景下，必须在确保粮食产能和保护生态的前提下，立足地方资源禀赋，坚持走市场导向、政府引导、农民自愿相结合的路子，更多依靠市场的力量，顺应农民调减意愿，循序渐进调减不适宜地区的玉米种植，引导增加有效供给，确保结构调整成果稳得住、可持续，保障农民得实惠、能致富，提高农业综合效益和竞争力，是新一轮农业结构调整的大逻辑。

1. 适度调减玉米种植还有潜力和空间

玉米作为辽宁第一大粮食作物，自 20 世纪 90 年代种植面积还不到 2000 万亩，经过 20 多年的发展，现在已经达到 3500 万亩，增长了 70%—80%。辽宁对不适宜区域玉米种植的调减，是基于当地资源条件、遵循市场发展规律的调整，也是向科学合理种植结构的理性回归，更是促进农业降本增效农民增收的生动实践。

一是辽西北干旱地区和低丘风沙地区，“十年九旱”是常态，原本不是玉米优势产区，玉米产量低而不稳，恢复性结构调整还有一定空间。辽宁全省耕地面积 7466 万亩，仅我们调研的朝阳和阜新两地耕地面积就达 1600 多万亩，占 21.5%，继续调减非适宜区玉米种植、增加调种立地条件好的耐旱作物，还有不少空间。比如阜蒙县，尽管 2013—2015 年玉米面积不断增加，分别为 274 万亩、300 万亩、312 万亩，但由于连遭旱灾，亩产下降了约六成，分别为 1090 斤、685 斤、458 斤，导致玉米总产缩减了大半，分别为 30 亿斤、21 亿斤、14 亿斤。二是农民对玉米价格下行，有了一定预期和心理准备，正在寻求新的作物替代和增收的出路。三是有些地区杂粮、马铃薯、牧草有地域优势，发展设施农业种植蔬菜、水果以及节水滴灌高效农业也有了一定的规模。比如，我们从阜蒙县规划中了解到，到 2020 年玉米种植面积调减 50 万亩，高粱、谷子、绿豆、荞麦等杂粮增加 22 万亩，设施蔬菜增加 8 万亩，干鲜果种植增加 20 万亩，推广牧草种植 5 万亩。

总体来看，非优势区玉米种植调减还有一定挖潜空间，但也应看到，玉米调减成效还存在不稳定性和脆弱性，比如替代品种“小、多、杂”，市场空间有限，容易陷入“种了多、多了贱、贱了调”的低水平循环，调减玉米可能会带来一定反弹，对此必须有充分的估计和准备。

2. 要把大力发展具有地方特色的优势产业，作为调减的着力点

调减玉米不是为了调而调，而是要从实际出发，根据立地条件，挖潜市场空间，发展比较优势高、效益好的特色优势产品。辽宁规划提出，西北干旱地区重点推进设施农业建设，山区丘陵和风沙地区重点扩大优质杂粮和花生种植面积，东部冷凉山区重点发展中药材、食用菌、小浆果生产，中西部规模化养殖区重点扩大青贮玉米、优质牧草种植面积，辽河流域重点增加水稻和大豆种植面积。

为此，农业结构调整应坚持走“一县一业”“一村一品”的路子，调增品种既要抓得准、调得好，还要稳得住、可持续，逐步转向规模化发展、产业化经营、种养加一体化，不断培育农业增效农民增收新动能。

3. 必须注重充分发挥新型农业经营主体的示范和带动作用

辽宁调研给我们的一个启示是，玉米调减必须依托新型农业经营主体来主导和引导。究其原因，一是感受压力大。新型经营主体的土地大多是流转过来的，既要付出地租成本，又要雇佣一定的劳动力，玉米等大宗粮食作物利润薄，其受到市场价格下跌的冲击较大，调结构更有紧迫感。二是规模化种植能力强。新型经营主体规模化、机械化程度较高，在调整农业结构发展设施农业和高效农业中，资金、技术和管理等方面优势明显，通过适度规模生产经营能提高要素配置效率，产生规模效益。三是对市场信号比较敏感。在玉米临储改为市场化收购后，他们最先感觉到玉米价格下行的信号，而分散农户对市场信息传导、调整种植习惯都需要一个适应过程。四是政府工作成本低。抓住新型主体这个关键少数，就抓住了调减玉米无效供给的牛鼻子。通过依托新型经营主体施行，事半功倍，并能对普通农户起示范传导作用。

4. 统筹发挥好市场化导向和政策支持引导的作用

这是在调研中，各地同志反映比较突出的问题。一是在补贴玉米生产者时要把握补贴的标准以便和其他品种相衔接，既要防止补低了，影响主产区农民增收，带来撂荒弃耕，也要防止补高了，影响农民调减玉米的意愿，对其他品种产生“挤出效应”。二是对新调增品种不宜采取价格补贴的办法，可采取扩大农作物险种的办法加以支持，当前可考虑将杂粮、水果、蔬菜、青贮玉米等新增大宗农作物纳入保险范围，使有限的补贴资金发挥最大效应，以增强农民调种新的农作物的信心。同时，探索实行统一的生产者收入补贴政策，统筹考虑不同农产品补贴政策，防止顾此失彼、按下葫芦浮起瓢。三是积极发挥项目对调结构的引导带动作用，朝阳市将滴灌项目与调结构捆绑起来实施，加快了玉米调减计划的落地，不失为一个好办法。四是对发挥主导作用的新型经营主体，加大对基础设施及配套建设，如节水灌溉、田间作业路、仓储烘干设备等方面的支持力度，在金融、保险政策上予以倾斜，进一步发挥新型经营主体在下一步调结构中的主力军作用。

5. 加强对农产品市场的预测分析和监测预警

辽宁尽管 2016 年调结构总体收益向好，但受自然灾害和农产品价格波动大双重影响，是一个常态性的风险。我们访谈的建平县黑水镇德瑞隆城农业种植专业合作社理事长孟广学，2016 年种植西瓜 500 亩，6 月底受冰雹灾损失了 300 多亩，加上西瓜价格最低时才 0. 20 元/斤，比 2015 年 0. 80 元/斤跌去了一大截，1 亩地就亏损 2000 多元，因此叫苦不迭。由此，要普遍加强农产品市场监测预警体系建设，县以上农业主管部门要加大对市场形势的研判分析，及时发布供求信息，引导农民避免在调结构中走弯路,尽量减少因市场价格波动带来的损失,提高风险抗力。

二、农村新产业新业态发展的基本情况

辽宁近年来把新产业新业态发展作为推进农业供给侧结构性改革的重点内容,不断适应经济发展和消费需求的新形势和新变化。目前,已下发的相关文件有《关于推进农业供给侧结构性改革的实施意见》《关于加快农产品加工业发展的实施意见》《农产品现代流通体系建设方案》《进一步促进旅游投资和消费的实施意见》《关于推进特色乡镇建设的指导意见》《关于促进农村电子商务加快发展的实施意见》等,形成了比较配套的政策和规范,并取得了积极的效果,呈现良好发展势头。

(一)农村新产业新业态发展的主要举措

1. 狠抓设施高效农业建设,提高农业现代化水平

辽宁提出以西北等干旱地区为重点大力推进优型节能日光温室小区建设。目前采取的办法是,以400亩为一个基本单元,省市县分别补助50万元、10万元、10万元,从而激发了各地和新型经营主体的积极性,兴建热潮方兴未艾。如凌海市设施农业面积已达27.1万亩,覆盖耕地面积16%。2016年又新建铁北农业高效温室示范园等高标准设施农业小区27个。我们访谈的凌海市三台子镇五旗村农民董贵军,6年前发起成立西瓜香瓜合作社,现在已发展冷棚2200亩,占全村耕地面积的67%,每亩纯利润6000多元。经过近几年的发展,五旗村农民

人均收入由几千元增加到2万多元。2016年合作社计划再流转村里剩余的1100亩地，建设100余栋暖棚，并提高设施标准，实施水肥一体化、全程监控生产管理，提升产品质量、降低生产成本、增加农民收入。

据统计，2015年辽宁全省设施农业已发展到1120万亩，覆盖耕地面积的15%以上，其中日光温室面积达770万亩。设施蔬菜总产量达3235万吨、产值超过700亿元，成为农民增收的一大支撑产业。

2. 大力建设农产品加工园区建设，实现加工业集聚式发展

辽宁高度重视农产品加工业发展，成立了全省农产品加工业领导小组，效果明显。2015年农产品加工业实现增加值1653.3亿元，占规模以上工业增加值的18.4%，成为全省四大支柱产业之一。2016年又重点发展10个农产品加工业示范县，并投资1亿元建设10个农村一二三产业融合发展试点县。辽宁还规划到2020年，重点培育主营业务收入超50亿元的农产品加工集聚区20个以上，其中超过100亿元集聚区达到5个，使规模以上农产品加工业增加值年均增长3%以上，企业主营业务收入年均增长10%以上。

朝阳市在发展农产品加工上更有强力推进之势。全市各县都建立了农产品加工园区，成立了农产品加工园区管委会，按照副处级建制，授予园区企业自行管理审批权限。通过采取捆绑项目、整合资金等方式，连续两年投入1000万元专项资金用于园区建设，采取PPP等融资模式融资11.6亿元，用于园区公共基础设施建设。截至2015年年底，农产品加工园区已入驻企业88家，其中规模以上龙头企业31家，实现销售收入47.1亿元；园区企业农产品出口额3292万美元，占农产品出口总额的72%，园区承载项目、集聚产业、辐射带动作用正在显现出来。

辽宁围绕农产品主产区建加工区亦是一大特色。如我们考察的建平县朱碌科镇是一个小杂粮种植大镇，该镇建设的杂粮加工园区，已聚集40家杂粮加工企业，年加工能力达80万吨，当地杂粮均可进行产地初加工，并形成了比较完备的销售市场。

3. 突破农产品冷链物流环节，大规模建设果蔬贮藏设施

辽宁积极加快农产品冷链物流体系建设，据不完全统计，全省农产品物流园区、批发市场、大型零售企业冷库保有量300多万吨，仅在“十二五”期间冷库新增库容164.7万吨，增加了一倍多。近期辽宁争取省农发行提供300亿元授信额度，全覆盖实施现代物流项目。我们调研的凌海市大力实施农产品产地初加工项目，培育以错季销售贮藏为主的冷链农业，近5年累计投资4000多万元（其中政府投资1936万元），建设各类贮藏设施860个，新增果贮储藏能力5.2万吨。贮藏设施能力的提升，缓解了蔬菜、水果集中上市的压力，2015年带动农户增收2000万元以上。

4. 立足乡村特色资源优势发展休闲旅游和农村电商，培育农民增收新动能

近年来，辽宁以农家乐为代表的休闲农业和乡村旅游呈现出强劲的发展势头，已初步形成了特色餐饮型、依托服务型、采摘体验型和庄园民宿型四大类型。截至2015年年底，辽宁休闲农业经营主体发展到10280个，比2010年增长一倍。休闲农业年接待游客9198万人次，比2010年增长5.2倍，经营收入193亿元，比2010年增长4.3倍，带动农户32.5万户，比2010年增长2.3倍。

辽宁发展乡村旅游的一个突出特点是，把培育创建特色小镇作为发展乡村旅游的重要载体，集山水温泉、现代农业、田园风光、民俗文化等于一体，大力推进“一村一品”、设施农业、特色农产品产加销、垂钓养生、采摘认养、观赏体验与旅游产业深度融合。2016年8月印发了

《旅游特色小镇创建工作方案》，积极推进旅游特色小镇建设，规划提出“十三五”期间发展休闲农业、乡村旅游、现代农业、生态宜居等多种类型特色乡镇目标任务，到2020年建设50个产业特色鲜明、人文气息浓厚、生态环境优美的特色小镇，推动乡村旅游向更高更新的发展阶段迈进。

辽宁把县建运营中心、镇建服务站、村建服务点作为推进农村电商的重点，尤其是结合实施农村信息入户工程，依托农村商超建益农信息社，努力形成农村电子商务和商贸信息的网络体系。截至2016年上半年，辽宁共有各类农村电商平台300多个，益农信息社已达5000多个，覆盖近一半的行政村。全省入驻淘宝网特色中国辽宁馆企业达到800家，月均网上销售额超过2000万元。大连樱桃、东港草莓70%—80%通过网上销售。

5. 大力推进新型经营主体种（养）加销一体化，实现产业链条自身升值

近年来，辽宁省相当一批农民合作社、家庭农场等新型主体，在市场需求导向下，由传统单一的生产端逐渐向市场端延伸，实现种植（养殖）、加工、销售等环节的内生融合，在自身产业链条相加的过程中，实现了产品价值链相乘提升。列举我们所见三例。

一是建平县朱碌科杂粮合作社，通过土地托管的方式为560户农民、1.3万亩土地提供经营服务。2015年种植的杂粮涉及20多个品种，总产量约4000吨，合作社通过订单收购，收购价格上随市场不封顶、下则按合同保底。合作社加工自营，2015年仅加工小米约1200吨，网上销售十分火爆，有30万顾客消费群，线上销售1000多吨，出口日韩100—120吨。

二是阜蒙县润禾种植合作社有622户农户，经营耕地1.5万亩。

2016 年种植胡萝卜 1000 亩、番茄 1500 亩、花生 4500 亩。合作社建立农产品加工厂，将合作社所产蔬菜进行初加工、包装和销售，并注册“怒河土”农产品商标。2015 年仅加工一项就带动农民人均年增收 6744 元。2016 年加工厂预计可加工清洗蔬菜 4000 吨，销售收入 640 万元。

三是阜蒙县立强花生种植合作社有社员 127 户，流转土地 3022 亩，同时投资 5000 万元成立了佳信合花生制品公司，集花生种植收购、筛选分级、深加工、出口贸易于一体，每天可加工生产裹衣花生 5 吨、多味花生 30 吨、切碎花生 18 吨、脱皮花生 30 吨、分级花生米 120 吨，已注册“阜花”“阜乡花”品牌商标，每年可实现利润 1292 万元。

这些案例表明，在电子商务时代，加之消费的个性化趋势，为新型农业经营主体一二三产业内在一体化的融合发展，提供了新的空间和机遇，转变农业发展方式大有可为。

（二）关于农村新产业新业态发展的两点启示

农村新产业新业态既是农民增收的新动能、新源泉，又是供给侧结构性改革的必然趋势，更是农业现代化发展的大逻辑，内涵十分丰富，前景十分广阔。

1. 农村新产业新业态是新阶段农民增收的主要来源和路径

如何突破农民城市就业减缓、工资性收入增长有限、粮食等大宗农产品价格下行压力加大等现实性困扰，保持农民收入可持续增长，成为我们面临的一大现实课题。辽宁农民收入的增长为我们提供了有益的启示和思考。辽宁 2016 年上半年农村居民人均可支配收入为 7622 元，收入水平列全国第 7 位，比 2015 年同期增加 499 元，同比增长 7.0%，扣除价格因素实际增长 4.9%，名义增速和实际增速分别高出城镇居民 1 个和 0. 6 个百分点。在辽宁经济增长上半年处于负值的情况下，农业增效、农民增收既是一个亮点，又是一个支撑点，值得我们分析和思考。从农民收入的结构上看，尽管因猪肉价格走高，人均牧业净收入增长 44%，但玉米、水果价格下行，人均净收益下降 16. 8%，从而使一产总体收入下降了 3. 1%。而农村居民人均二三产业经营净收入同比增长了 14. 1%，加之农村居民人均工资性收入增长了 12. 5%，进而使农民收入仍保持了持续增长。实践告诉我们，没有辽宁农村新产业新业态的发展，没有县域经济农产品加工业的发展，没有一二三产业的融合发展，农民可持续增收就会失去源头活水，必须坚定走供给侧结构性改革，加快转变农业发展方式的路子。

2. 推进农业供给侧结构性改革，发展农村新产业新业态需要抓住要害和关键

从辽宁的情况看，今后一个时期，必须牢牢把住推进农业供给侧结构性改革这个大方向，要着力抓好结构调整、提质增效两个关键，围绕农村新产业新业态发展，加大政府支持，加强市场引导，增加政策的有效供给，推动做大做优做强，成为现代农业的新支柱、农民增收的新途径。要着力解决新型职业农民短缺、农村基础设施不足、金融支持薄弱、物流体系不完善、农村二三产业建设用地紧张、信息传导滞后、涉农资金散碎等突出短板。要着力培育壮大新型农业经营主体、生产服务主体、农产品加工主体及销售主体，使之成为我们现代农业的主要支撑体，发挥支柱和主导作用，不断提高农业综合效益和竞争力。

第十七篇　河北省农业供给侧结构性改革调研报告

2016年9月18—22日，我们调研组一行就农业供给侧结构性改革问题，到河北省固安县、望都县、曲阳县、平山县等地进行了专题调研。调研组先后召开5个省和县级政府部门、乡镇基层干部、专家学者、新型经营主体及普通农民参加的座谈会，实地走访现代农业园区、农民合作社、农村电商、美丽乡村、乡村旅游、特色小镇等16个项目点，深入了解现代农业园区建设、农村股份合作经济、农业科技推广体系建设、“互联网+现代农业”建设、美丽乡村建设和休闲农业乡村旅游发展等几个方面的情况。

一、大力推进现代农业园区建设，构建现代农业发展的有效方式

河北把现代农业园区建设作为农业供给侧结构性改革的重要抓手，打造区域性、板块化现代农业发展高地，推动现代农业发展，成效初步显现。

（一）主要做法

1. 强化组织领导，有规划、有标准

一是建立了园区管理运行机制。由省委农村工作领导小组统筹领导全省现代农业园区建设工作，省农业厅会同小组成员单位负责推进实施，各市县成立领导小组，推动各级园区设立管委会，并把现代农业园区建设纳入各设区市、省直管县（市）农业部门专项工作考核。二是制定了现代农业园区建设规划。2015 年 7 月省委办公厅、省政府办公厅印发《关于加快现代农业园区发展的意见》，把园区规划纳入当地经济社会发展总体规划，两次召开全省现场会加以推进。三是提出了现代农业园区的指导标准。制定了《省级现代农业园区建设规范》《现代农业园区认定管理办法》，明确提出，省、市、县、乡级现代农业园区规划面积分别在 10000 亩、5000 亩、1000 亩、500 亩以上，产业化经营率达到 90%以上，园区农户入社率达到 80%以上，农业科技进步贡献率达到 70%以上。同时，对出现擅自改变土地用途性质、侵占农民权益造成恶劣影响的园区，直接撤销现代农业园区资格。

2. 坚持发挥新型农业经营主体主导作用

河北把培育新型农业经营主体作为园区建设的中心环节来抓，或是以现有的龙头企业、农民合作社为主体扩展为现代农业园区，或是以引进龙头企业、培育农民合作社来推进，借以形成园区内合作社带动农户，以及加工企业通过订单联结农户的主导模式，不仅推进了土地适度规模经营，而且实现了园区生产的农产品能加工、可销售。目前，省级农业园区共引进和培育新型农业经营主体 3114 家，平均每个园区近 80 家，每万亩园区拥有 26 家，其中农产品加工企业达 417 家，平均每个园区近 11 家，基本能实现园区农产品全部就地加工转化增值，新型主体集中度高、布局密度大,在现代农业发展中彰显出强劲的主导作用。

3. 着力推进园区一二三产业融合发展

通过现代农业园区拓展多种功能,推行产加销一体化,发挥农产品加工企业“前拓、后延、左右联”作用,实现了种养基地规模化经营与农产品加工产业化发展相配套,打造完整的产业链、提升价值链,因地制宜促进了一二三产业融合发展。曲阳县齐村乡“四万一千”现代农业园区总面积5.87万亩,打造万亩红枣、万亩核桃、万亩生态林、万亩光伏发电、千亩鲟鱼养殖基地。其中,2.6万亩红枣基地年产青枣500万斤、红枣230万斤,配套引进2个红枣加工厂和建立2个红枣专业合作社,年加工能力800万斤以上,全部通过“企业+合作社+农户”实现了订单收购,就地加工转化增值,同时还辐射带动周边地区,实现了红枣产业种植、加工、销售一体化。1.2万亩核桃也由1个核桃加工厂和5个专业合作社一体化经营。

4. 打造集合各类资源要素的聚合体

一是整合涉农资金投入,将农牧、水利、电力、扶贫、土地等资金打捆使用,集中支持园区基础设施建设,累计整合各级农业项目资金48.3亿元,其中地方财政整合投入47.3亿元。二是吸纳社会资金投入。仅2016年省级农业园区新增投资97.8亿元,其中工商资本、龙头企业、合作社等投资67亿元,占68.5%,已成为园区投资的主体力量。三是搭建融资服务平台,引导信贷资金投入。河北省印发了《关于创新融资信贷模式支持现代农业园区发展的意见》。引导各地创新金融支持方式。比如,邯郸县利用省园区建设资金,采取支持资金、县级财政、金融机构(1+3):10比例,撬动金融资本放大40倍,目前正在推进之中。四是打造引进先进农业科技的孵化平台。以11个现代农业产业技术体系省级创新团队为依托,开展新品种、新技术、新模式、新机制"四新"示范。目前39个省级园区共承担省级以上科研项目65项,引进培育新品种980个,引进推广先进适用技术329项,申请获得专利90项,不断强化科技支撑,加速成果转化。

(二)成效和启示

目前,河北现代农业园区已经成为现代农业发展要素的聚集区、先进技术的示范区、深化改革的先行区、产业融合的试验区,为现代农业发展带来了有益的启示。

1. 园区发展呈现燎原之势,创新了现代农业的发展格局

河北立足当地资源禀赋和特色产业优势,从省到市贯穿到县和乡镇,梯次推进各级现代农业园区建设,总体规模正在不断扩大,已建成省、市、县三级现代农业园区1213家,规划面积740万亩,覆盖耕地面积的7.5%,建成近500万亩,占规划面积的67.6%。保定市共建成各级园区369个,涵盖了80%以上的乡镇,县级以上园区规划面积162.34万亩,覆盖耕地面积的15%,建成75.53万亩,占规划面积的46.5%。按照规划,到2020年河北建成200个左右万亩以上省级现代农业园区,在全省率先基本实现农业现代化,带动市县建设现代农业园区1000个,不断提高园区的内在聚合度和外延辐射带动能力。河北从农业供给侧出发进行结构调整,着力打造现代农业园区核心板块,以点带面率先示范引领,向周边加快扩散辐射,探索一条加快现代农业进程的便捷高效路径,呈现出现代农业趋势性新图景。

2. 推动了集约化经营,极大提高了农业生产力水平

河北39个省级园区规划总投资规模达1307亿元,已累计完成投资503亿元,投资强度达4.2万元/亩,园区核心区基本实现了"九通一平”,土地产出率、资源利用率、劳动生产率得到明显提高,单位面积产值高于当地非园区平均水平的30%以上。在现代农业资源要素不足和传统消费需求低迷的双重制约下,从生产端出发整合集聚涉农政策和各类要素,有效配置资源和调整结构,提高规模效益和集约效应,释放出新的要素供给,带来园区农业生产力水平的整体跃升。

3. 注入了现代农业发展新动能,带动农民收入较快增长

目前,省级现代农业园区二三产业产值达到271.8亿元,占比近55%,一二三产业融合发展效果明显。2015年省级现代农业园区农民人均纯收入达1.6万元,比周边地区高出20%—50%,比全省农民人均收入(11051元)高出44.8%,年均增幅在10%以上。像曲阳县“六山一水三分田”,是燕山—太行山集中连片特困地区,该县齐村乡2012年农民人均纯收入仅为1032元,通过把整乡21个村纳入实施“四万一千”现代农业园区建设,2015年农民人均纯收入已经增加到4895元,短短三年时间翻了两番多,县里负责同志满怀信心地告诉我们,2016年农民人均收入将超过6000元,到2020年突破10000元,整乡21个村全部脱贫致富。

4. 现代农业园区需要从“范式”到“模式”的演进

河北建立现代农业园区,从农业供给侧结构性改革视角定位,主观意图明确,示范引领作用明显,但也有一些问题值得进一步通过改革创新加以解决,如由目前的政府强势推进到政府引导支持下,让市场机制更多发挥作用;从目前园区大多以特色农作物占比大,到粮食生产的现代化一同推进;从土地多以出租流转到更多以土地入股共享合作发展;从园区目前示范作用有限,到对周边示范、带动、辐射一体化发展。

二、强力推进美丽乡村建设，改善农业农村生产生活条件

在调研中，我们强烈地感觉到河北省在美丽乡村建设工作上，目标明确，力度超强，举措有力。

（一）主要做法

1. 把美丽乡村建设工作摆在了农业农村工作的突出位置

一是强化组织领导。省、市、县三级都成立了以党政“一把手”为组长的领导小组，并组建办公室，专门负责统筹协调、组织推动、督促检查等工作。省市县领导班子成员每人分包一个重点村，要求把所包村建成当地示范村，完不成任务不脱钩。连续四年每年抽调1万名干部下乡，指导制定村庄规划、协调项目建设。二是制发专门文件强化任务要求，2016年省委省政府下发了《关于加快推进美丽乡村建设的意见》，同时领导小组印发了《2016年河北省美丽乡村建设实施方案》，并制定了《美丽乡村建设十二个专项行动实施方案》。三是全力推进。河北对全省近5万个村庄进行科学分类，确定了中心村、保留村、特色村和撤并村，每年按照“1234”计划，即每年启动建设100个片区、200个中心村、300个旅游村、4000个重点村的工作目标加以推进实施，预计到2020年河北美丽乡村将基本实现全覆盖。

2. 突出解决了资金瓶颈制约

河北多措并举解决美丽乡村建设资金难题。一是政府加大投入，省上要求市县从土地出让金收益中拿出不低于20%的资金作为建设

的专项资金，同时加大对涉农资金的整合力度。二是创新投融资机制。省市县都建立融资平台，利用乡村环境整治的政策，2016 年省政府与农发行签订 5 年合作协议，全面加大对美丽乡村建设的信贷支持力度，目前省市县共建立 189 家融资平台，2016 年省级融资达 60 亿元，市、县级融资近 500 亿元，未来 5 年总融资规模将超过 2500 亿元。采取 PPP 模式，吸纳社会资本投入，由第三方公司负责建设项目。像白洋淀片区乡村的垃圾、污水处理就采取了这种模式。三是发动社会援助、群众投工投劳。像固安县在建设美丽乡村的过程中，通过部门帮扶资金 3000 余万元撬动社会捐助资金近 2000 万元。

3. 狠抓规划引领

河北坚持规划先行，按规划推进美丽乡村建设。河北省住房和城乡建设厅、美丽乡村建设办公室还出台了《美丽乡村规划设计技术指引（试行）》，加强对村庄片区建设的规划和指导。河北编写的《美丽乡村民居设计方案》，设计出 30 余种民居样板样式，供各地参考。依此按照县域、片区、村庄三个层次，分别作出规划，乡村规划还要求村民代表参与，切实做到建设有规划、式样，没有规划不施工，确保美丽乡村以生态绿色为底色，体现当地建筑风格、民俗风情、历史特色。

4. 采取了集中性的专项行动

河北把美丽乡村建设细化为十二个专项行动，各个专项行动都有一两个部门牵头，分别组成领导小组专抓，制订出五年工作计划。这十二个专项行动为：居民改造、安全饮水、污水治理、街道硬化、无害化卫生厕所改造、清洁能源利用、“三清一拆”和垃圾治理、村庄绿化转型、特色富民产业转型、电商平台建设、乡村文化建设、基层组织建设。进而实现以美丽乡村为龙头，与现代农业、扶贫攻坚、乡村旅游、山区综合开发有机结合起来，“五位一体”统筹推进形成整体合力，实现现代农业、农民致富、社会主义新农村建设三大目标任务。

(二)成效和启示

1. 美丽乡村建设真正改变了农村的面貌

调研实地感受到美丽乡村建设统筹推进了农村交通、水利、通讯、电力、电子商务等基础设施建设,着重在绿化、美化、净化工程,在改厕、改厨、改水方面下了功夫,农村的村容村貌焕然一新,农民有了一个整洁美丽的幸福家园。身临其境,我们作为城里人一方面艳羡,另一方面也洋溢着一种舒心。

2. 美丽乡村建设激活了农村闲置资源,激发了农村发展活力

基层干部反映,美丽乡村建设使村子美了、亮了,成了城里人看得上的香饽饽。仅以石家庄市平山县李家村为例,该村以"美丽乡村+股份合作制"的方式,成立了绿岛旅游专业合作社,农户以闲置农宅和空闲地入股合作社,荣盛集团统一开发农家乐,每年农户保底分红3万—6万元,村集体在荣盛集团经营的农家乐占10%的股份,分红主要用于村内的卫生及垃圾处理;荣盛集团利用村内960亩山场,作价1万元/亩,总计960万元为村集体入股,由荣盛集团统一开发乡村旅游,村集体每年收取30万元保底费用,盈余分红,期限50年。

3. 奠定了乡村旅游的基础

就其本质上是构建了乡村旅游这种新产业的客观基础。在美丽乡村建设上,各地深挖农村自然生态、历史文化元素、田园风光、农林牧渔特色资源,使田园变成风景,把农房变成景观,把村庄变成景区。目前,河北已建成10条名镇名村精品旅游线路、7个乡村旅游重点片区、185个乡村旅游示范村。美丽乡村不仅可以演进成乡村旅游的新业态,更为重要的是,巨量的城镇人口到乡村所带来的餐饮、农产品购买、乡村文化产品的消费以及电商、物流、运输等等，潜力巨大，前景无限。

4. 美丽乡村建设开拓了新的投资空间、产业空间、消费空间

美丽乡村建设第一直接效益是改善了农民的生产生活条件，使农民有直接的获得感。从供给侧结构性改革的视角，美丽乡村建设改进的是农民的生产、生活供给条件，也为城市人来乡村投资、消费提供了新的供给。从投资而言，如像河北一个村的治理以 500 万元左右计，全国 58 万个行政村，则需 2. 9 万亿元，这是一个巨量的投资额。

三、着力推进乡村旅游发展，实现农业、旅游、美丽乡村融合

河北将发展旅游业作为推动供给侧结构性改革、实现河北又好又快发展的一个重要抓手。近年来，河北省把乡村旅游和休闲农业作为现代旅游业的新业态，以超常规的举措着力打造，强力推进。

（一）主要做法

1. 大手笔构建乡村旅游精品路线

河北推进乡村旅游注重谋划、策划、规划。2015 年以来，河北省共策划了 65 条精品路线。其中包括“春节到农家过大年”19 条乡村路线、“早春到乡村去踏青”22 条路线、“初夏到农村品美食”15 条路线、“中秋到田间去采摘”9 条路线。最为引人注目的是 2016 年以来，河北省历时短短 9 个月倾力打造的“京西百渡”休闲度假区：与北京“十渡”相联结，沿岸新修风景道 206 公里，串起涞水、易县、涞源等县，形成 6600 多平方公里的全域旅游，新建旅游项目 87 个，打造旅游专业村 64

个,农家乐增加1000多户。目前已投资300亿元,可谓是大手笔之作。

2. 大布局推进乡村旅游和一二三产业的融合

河北省高度重视以旅游带动一二三产业的发展,以一二三产业与乡村旅游相融合。河北特别突出抓"美丽乡村+旅游""现代农业园区+旅游"的业态,乡村旅游不断向农业生产、农产品加工、现代服务业一体化升级,打造出一批和农业园区为一体的乡村旅游园区。许多园区依托乡村旅游、采摘活动实现了长足发展。保定市望都县民得富生态园区占地2000亩,集种粮、种果、种菜于一体,往年是以自己的工业企业补亏种粮的流转费用,难以达到盈亏平衡,自2016年开展采摘、亲子活动、体验式厨房等园区特色旅游项目后,扭亏为盈,2016年盈利超过500万元。此种情况不在少数。

3. 大力度唱红乡村旅游

为了增加乡村旅游的吸引力,加快形成农村发展的支撑性产业,河北加大推介力度,形成发展乡村旅游的热烈氛围。河北已建立休闲农业、乡村旅游微信公众号,针对年轻人群体和有消费能力、出行能力强的群体,和省电台102.4FM音乐频道合作,建立休闲农业企业和广大消费者紧密连接的平台。现在河北的街坊、运输通道已出现不少乡村旅游的广告牌示,让人明显感到有一种强烈的冲击感。河北还组织全国休闲农业管理人员营销培训,这是值得提倡的。

(二)启示和建议

1. 乡村旅游作为一种新的供给要注重质量

乡村旅游作为农业产业的新业态如火如荼,显示出巨大需求和发展空间,好的旅游项目能够为城乡居民休闲度假提供有效供给。但要注意到,乡村旅游、休闲农业作为旅游业态,同样应遵循旅游的规律和规范，要规划引领，不能无序；要注重质量，不能粗俗；要建立标准，不能无章；要加强监管，不能随任，以保证乡村旅游健康可持续发展。

2. 乡村旅游要注重共享式发展

发展乡村旅游重要的承载和依托是农村的山水田园、传统民居、村落文化，它具有公共资源的性质，当它被消费并获得收益时，应当为当地农民所共享。河北的做法启示我们，将集体的山林院场以及一些投入到乡村旅游的资金作为股金，入股到乡村旅游的经营主体中获取收益，作为村集体的收入，用于全村公共福利支出，特别是用于贫困户的扶助，这不失为一种好的办法。

3. 农村的旅游要姓农

我们看到一些乡村旅游项目吸引了不少的工商资本并有增长态势，这无疑对推动乡村旅游发展是件好事。但是要注意理顺农民与资本之间的利益联结机制，特别是要让农民成为乡村旅游的参与者、建设者、享有者，成为农村旅游的主体，永葆乡村旅游“农”字底色、本色和特色。

四、着力推进股份合作，确保农民在农村生产关系变革中的主体地位

河北大力发展股份合作制经济，专门制定印发《关于鼓励支持农村股份合作制经济发展的指导意见》。截至目前，全省农村股份合作经济组织已达 11718 家，实有成员 920637 人，辐射到全省近 40%的行政村，尽管还在大力地推进中，但已呈现出良好的发展势头和较为广阔的发展前景。

（一）主要做法

1. 通过股份合作推动土地适度规模经营

河北积极发展土地股份合作模式，推进以土地、林地、山场为基础的股份合作，目前这种形式的股份合作社已达3134家。河北正加大力度，对现有的专业合作社加大规范化的力度，努力向土地股份合作社转型。

2. 通过股份合作分享集体资产收益

河北努力推进有条件的村将集体所有的各类资源性资产和经营性资产折股量化到本集体每个成员，成立社区股份合作制经济组织，实现集体资产保值增值，目前全省已有558个村完成了集体股份合作制改革。

3. 通过股份合作推动扶贫开发

河北普遍依托现代农业园区、新型经营主体，将各方面的扶贫资金折股量化到贫困户，转化为贫困农户参加股份合作制经济组织的股本，或是农业龙头企业的股金，把扶贫资金到户改变为股份权益到户，由“有限资金”变“活力股金”，由单户扶贫转变为组成利益联结共同体脱贫致富。目前全省国家级和省级贫困县已发展农村股份合作经济组织6348家，辐射带动61万贫困农户走上脱贫道路。

4. 通过股份合作实现山区综合开发

河北境内山区连片，山区面积占全省国土总面积的近60%，未开发山场约5000万亩。河北通过股份合作制将山区资源资本化，整合并撬动了大量社会资本进行山区开发投资，同时支持将农村“四荒”（荒山、荒沟、荒丘、荒滩）等资源经营权，采取确地确股、确权确股等形式，与大量的社会资本对接合作，组建股份合作制经济实体，建设经济沟，发展山区特色高效农业，为山区综合开发注入强大活力。

5. 通过股份合作建设美丽乡村

在美丽乡村工程建设中,河北规定由各级财政资金、部门帮扶资金、社会捐助资金等形成的生产性设施和经营性资产,原则上划归集体所有,并可以折股参与合作经营。对中心村建设复垦出的耕地以及土地整治中新增的耕地,可以采取确权确股不确地的办法,组建股份合作制经济组织或入股其他市场主体进行合作经营,按照各自股份从每年经营收益中进行分红。

6. 通过股份合作开发农村闲置住宅资源

随着农村人口向城镇不断转移,形成了大量闲置住宅资源,如何通过闲置住宅的再开发和再利用推动农民增收和农村建设是一个重要问题。河北探索以农户闲置住宅资源入股发展农宅合作社,已初显势头。现在全省这类股份合作社已发展到 131 家。保定市望都县固现村 400 余户,每户宅基地都在 1.2 亩以上,现有 90 户宅基地闲置,50 多户住宅长期无人居住。村支部和村委会的干部带头发起成立农宅合作社,准备以尧帝母亲诞生地的历史传说为文化元素,开展乡村旅游,为该村的发展开拓了一条新路。

(二)启示和建议

1. 要始终坚持农民在农村生产关系变革中的主体地位

农民在农村的核心关系是与土地的关系,在新一轮农村改革中,农民和土地的关系仍然处于中心位置,坚持农民是土地的主人,坚持农民享有土地的增值收益是我们在改革中必须的遵循。采取股份合作的形式,既可以保证农民对土地经营的知情权、决策参与权,又可以实现土地的流转,发展土地适度规模经营,还可以获得土地的增值收益,一石三鸟,成为深化农村土地改革最好的选择。

2. 在农村资源开发过程中实现了农民“资源收益”和“发展收益”双重共享

目前河北省推行的股份合作制大多数采取“收益保底+按股分红”的分配模式，这样做从制度上将农民按成员权占有的资源和新型农业经营主体的先进生产要素结合在一起，把农民的利益与新型农业经营主体的发展联系在一起，使农民在获得稳定资源收益的基础上，平等地分享到了产业发展的增值收益。

3. 农民的土地等权益的股份化破解了一部分农民工进城入户的农村户籍难题

农业转移人口进城不以退出农村“三权”为条件，但又不能享有城市户籍和农村户籍双重户籍，没有了农村户籍，农村“三权”如何享有成为一个现实的困扰，也是影响农民工进城入户意愿的重要因素，如果农民的“三权”变为股权，农民就可以不受身份限制，带着股权进城，这一难题也就迎刃而解。

五、农村电商发展遇到了不少门槛

我们认为河北在推进农村电商发展上做了大量基础性工作，电子商务在农村兴起，但也遇到了一些制约因素和困难，需要引起高度重视。

（一）主要做法

1. 扎实推进农村电商基础设施建设

目前已建立县级电商公共服务中心 137 个，县、乡两级公共仓储配送节点625个，行政村电子商务服务站点34696个，覆盖了70%以上的行政村。

2. 大力促进多元化资金投入机制

截至2016年8月，按照每个行政村6000元的标准，省级财政下拨2.88亿元资金，县级财政配套补助8000多万元，带动社会投资6.9亿元。

3. 大力开展多层次电商人才培训

省市县各级组织电子商务培训2103批次，与电商企业共同举办“河北推进农业电子商务行动计划——农村淘宝津冀地区‘战·春耕’大型共创会”等大型专题培训会，培训人员约20万人次。

4. 充分发挥重要电商平台作用

与阿里巴巴、京东、苏宁等电商企业展开全面合作，推动电商平台开设农业电商专区，对接阿里巴巴“千县万村”计划，推动10个贫困县加入京东集团“电商精准扶贫行动”、3个贫困县列入苏宁云商“电商扶贫双百示范行动”。

（二）制约因素

1. 农村物流体系不完善，网上购物、农产品上行都有受限

农村地区交通不便，需求分散，物流难以实现全面的下乡入户，农民在网上购买的农产品一般不能直接在家里接收，一般要到县里或者镇上自取，成为入村入户这“最后一公里”。与之类似，农产品上行的“最初一公里”也面临较大的物流供给不足制约。

2. 电商平台有垄断之势，网上销售成本高

目前已是阿里巴巴、京东等少数几家电商平台强势领先的局面，无形中带来了平台的垄断优势，也出现了平台对农产品卖家收取高昂的入场费、推广费等各类费用。以河北当地的“崔老哥鸡蛋”为例，上网销售需要承担两笔额外费用：1. 平台进入费。“崔老哥鸡蛋”入驻天猫需要付担保金 10 万元，入驻苏宁平台需进店费、宣传推广费、包装费等各类费用 20 多万元。2. 物流包装费。“崔老哥鸡蛋”通过顺丰快递公司运出，每枚鸡蛋运费 0.53 元，快递包装费 0.26 元，合计 0.79 元，物流包装费用占售价的比例高达 36%。因此，应该考虑在推动农业电商平台市场化竞争的基础上，有意识地引导平台兼顾公平，注意对农业农村的扶持；可以适度引导多元化或区域性的电商平台发展，为市场竞争提供更好的环境；可以考虑引导农民“抱团触网”，提高农民对电商平台的谈判能力。

3. 电商专业人才严重不足，制约了农村电商的运行

尽管河北省市县举办了多层次多批次电商培训班，但专业性、专门性不足，加之懂电子商务的大多不愿意回到农村，现在在农村电子商务服务站点的工作人员，多只能起到收发员的作用，农村电子商务发展亟须的产品策划、包装宣传推广和物流配送等相关方面的专业人才奇缺。河北商务厅在汇报材料中称“发展农村电子商务普遍面临‘无人可用’的局面”，可见问题之急迫，确需采取非常措施和切实政策加以解决。

第十八篇　甘肃省精准扶贫脱贫乡村调研报告

2016 年 10 月 9—13 日,我们调研组一行就精准扶贫、精准脱贫问题,到甘肃省渭源县开展了入村调研。

一、调研方法

调研组聚焦“六个精准”,力求直接察访社情民意,真切了解乡村扶贫脱贫情况。

(一)自行选择调研地点

此次调研选点由调研组自行随机选择确定。首先,我们在省里推荐的 3 个贫困县中,确定了定西市的渭源县。之后,我们让县里按照已脱贫、未脱贫、易地搬迁 3 类贫困村推荐 9 个村,随机选择了莲峰镇绽坡村、清源镇马家窑村、上湾乡侯家寺村等 3 个村。到村后,我们让每个村提供全部建档立卡贫困户名单,并随机选择走访了 45 户贫困户。在重点做好以上 3 个村调查的同时,我们还沿途走访调研了田家河乡元古堆村、五竹镇渭河源村这2个村。

（二）入村入户开展访谈调研

为使调查更为直接和细微，行前调研组准备了60余个访谈问答题，3个村分别都花了半天的时间，进行入户面对面访问式调查，在绽坡村和马家窑村，调研组在农户家吃饭并交纳伙食费，与农民拉家常、听实情、谈脱贫、看家境，从走访的45户农户情况来看，基本能反映渭源以至甘肃的乡村扶贫脱贫情况。

（三）同基层干部、扶贫队员、新型经营主体分别专题座谈

调研组分别同乡村干部、驻村工作队、龙头企业、农民合作社以及致富带头人5类群体，先后召开12场次的小型专题座谈会，深入交流、了解情况、听取意见。调研组还认真查阅了3个村的扶贫档案资料。在渭源县所涉调研的5个村，调研组实地察看了农村电商、种养基地、扶贫企业、农民专业合作社、村卫生室、幼儿园、农村超市、易地搬迁安置点等10余个项目点。

除上述工作外，调研组还召开了省里和渭源县相关部门的座谈会。

二、对甘肃精准扶贫的基本看法

通过实地调研，我们总的感受是，甘肃自然条件恶劣、生态环境脆弱，贫困面大、贫困程度深，扶贫开发难度大。甘肃省委省政府牢牢树立抓扶贫就是抓发展、通过扶贫促发展的理念，坚持把脱贫攻坚作为“一号工程”，把全面小康作为最大任务，把注意力、精力主要放在脱贫

攻坚上。先后在全省开展了“双联”行动(即联村联户为民富民行动)、“1236”扶贫攻坚行动(即紧扣持续增加贫困群众收入这一核心,围绕“两不愁、三保障”,着力推进基础设施建设、富民产业培育、易地扶贫搬迁、金融资金支撑、公共服务保障、能力素质提升“六大突破”)和“1+17”精准扶贫行动(即1个扎实推进精准扶贫工作的意见、17个专项行动支持计划)。把“六个精准”贯穿于脱贫攻坚全过程,凝神聚力,集中领导力、集中精力、集中财力,调动各种社会资源和力量,向贫困宣战、向脱贫用力,脱贫攻坚氛围浓厚,脱贫信心明显增强,贫困地区生产生活条件明显改善,生产明显发展,农民收入明显增加,只要咬定不放手、坚持不松劲,不断总结和解决脱贫攻坚过程中的新情况、新矛盾、新问题,甘肃一定能如期完成党中央所确定的脱贫攻坚任务。

三、甘肃精准扶贫的特点

(一)组织领导集中有力

甘肃从省到市、到县加强对扶贫的组织领导。渭源县建立了“1+22”的脱贫攻坚组织领导和定期推进机制,即1个脱贫攻坚领导小组,由县委书记任组长、四大班子成员参与,成员包括县领导、部门和乡镇负责同志共113人;领导小组下设22个脱贫攻坚推进小组,包括农村道路建设、安全饮水、产业培育、易地扶贫搬迁等,每个工作小组均由县级领导任组长,具体负责每项工程的实施。我们在查阅档案资料时看到,渭源县出台了“1+30+9”的脱贫攻坚政策措施(即1个脱贫攻坚实施意见、30个专项工作方案和9个配套文件),与省上组织实施的

"1+17"精准扶贫行动实现对接,并根据县里的有些实际工作有所拓展。2015年、2016年渭源县制订了"人大代表在行动""政协委员在行动"工作方案,其145名人大代表联系帮扶530户贫困户,102名政协委员联系帮扶501户贫困户。这种领导力量的集中运用,使扶贫与发展融为一体,形成全县脱贫攻坚"一盘棋""一台戏",目标一致,任务明确,分工协同,共同攻坚,一体推进。

(二)识别贫困对象上下功夫

渭源县要求贫困对象识别必须要精准。既按照"一核二看三比四评议五公示"的识别流程进行("一核"收支状况,"二看"生活条件和生产条件,"三比"收入、住房和财产,"四评议"农户申请、小组初评、村两委审议、村民代表决议,"五公示"村级公示、纠错、乡镇公示、纠错、县级公告),同时,为了保证精准,又要按照"一标二线三因四缺五不能"的识别标准进行("一标"以国家公布的当年贫困人口收入标准确定扶贫对象,"二线"是贫困人口最低生活保障线和贫困线两线对接,"三因"指因灾、因病、因学致贫的三类农户在同等条件下优先纳入建档立卡贫困户,"四缺"指缺土地、缺资金、缺劳动力、缺技术的四类农户在同等条件下优先纳入建档立卡贫困户,"五不能"指家中有财政供养人员、家中有二层以上楼房、家中有3万元以上存款、家中有小轿车或营运车辆、家中有商铺或有商品楼的五类农户不能确定为建档立卡贫困户),实现"正向评"与"反向否"相结合。我们在村走访中,每个贫困户家中都有扶贫包,包里都有三本账(脱贫计划、帮扶措施、工作台账)、扶贫手册、脱贫验收表(已脱贫户)、双联连心卡、双联精准扶贫考核手册、收入测算表等。在问到什么原因致贫、怎样评为贫困户等情况时,贫困农户都能说出自己的贫困原因,也能与扶贫档案内容对上号，都表示在评定过程中，自己写过申请、村里开过会，并且都表示贫困户的确定工作是认真的、公道的。我们特别了解了全县有关扶贫的信访情况，2016 年 1—9 月，渭源县扶贫办共受理关于建档立卡工作信访件 16 件，占全县信访总量 172 件的 9%，相对于全县识别扶贫对象 2.35 万户，从这一侧面也反映了贫困识别对象整体上是准确的。

（三）驻村扶贫工作队配备得强

这次重点调研的 3 个村，都有驻村工作队。绽坡村驻村工作队 6 名队员都是大学以上学历，都有 5 年以上工作经历，其中 2 名正科级干部、1 名副科级干部。马家窑村 4 名队员都上过大学，最小的也是 2009 年参加工作，工作队长是兰州财经大学后勤办主任，副队长是县地震局副局长。侯家寺村由上湾乡 3 名政府人员组成，队长是乡人大主席团主席。从配置人员的职别、经历上看，甘肃扶贫是精兵强将上一线，“杀鸡用了牛刀”。调研中，我们看到驻村工作队员宿舍里有被褥、桌椅、换洗衣物以及日常生活用品等，在做饭的地方有餐具、餐桌、锅灶以及蔬菜等。在向贫困户了解驻村工作时，贫困户都能说出驻村队员名字、谁在帮他们、干了哪些事等。在与驻村工作队座谈时，每个队员都按要求就驻村干了哪些事、存在哪些困难和问题、有什么意见建议等几个方面做了发言，总体感觉是这些驻村工作队员有精气神，工作很辛苦，干了不少事，发挥了脱贫攻坚不可或缺的作用。

目前甘肃 1.6 万多个村（其中贫困村 6220 个）101.3 万贫困户，实现了每个贫困村都有县以上单位联系、每个贫困村都有驻村帮扶工作队、每个建档立卡贫困户都有帮扶责任人“三个全覆盖”。省上每年还选派 58 名厅级和厅级后备干部到贫困县挂任副书记，选派 58 名专业技术人才到贫困县挂任科技副县长。甘肃省还建立了一套较为完整的驻村工作管理办法，一是明确驻村工作队的职责，包括宣传政策、反映民意、促进发展、疏导情绪、强基固本、推广典型等六项。二是要求驻村工作队员每月驻村不少于20天，帮扶贫困户的党员干部每年到贫困户家中开展帮扶活动不少于4次。三是由组织部、扶贫办联合对驻村工作队进行管理。四是建立“逢提必下”制度。像渭源县结合2016年换届，从脱贫攻坚一线推荐提拔干部101人，交流79人。

（四）贫困群众生产生活条件跨越式改善

贫困地区发展面临的最大瓶颈制约还是基础设施和公共服务，甘肃在这方面舍得投入，舍得下硬茬。渭源县已实现所有建制村通沥青水泥路，农村安全饮水覆盖99.55%的自然村、自来水入户率达到96.99%，农村电网改造面达到96%、动力电覆盖率达到100%，危房改造面达到72.23%，到2020年前农村危房全面消除。甘肃省农村自来水普及率已提高到80%，贫困村动力电已实现了全覆盖，2016年基本实现所有建制村通沥青水泥路，并启动村组道路硬化。以马家窑村为例，该村距县城26公里，山大沟深，总面积18平方公里，275户1126人，7个村民小组分散居住在沟壑高塬上，村民祖祖辈辈走的是泥巴路，喝的是地窖水，生产生活条件极差。工作队长刘庆明告诉我们，他2015年8月驻村时，住在村部，吃水到山下挑，晚上只能点蜡烛，走的是泥土路。短短1年多时间，9.1公里4米宽的水泥路通到了村部，行政村通自然村沙化路14.4公里，家家用上了自来水、动力电，危房基本消除，村里有了办公室、会议室、图书室、文化活动广场和卫生室。这种巨大变化，让村民有了从来未有的获得感，生产生活条件得到极大改善，奠定了脱贫的基础条件。

（五）金融扶贫覆盖面大

甘肃采取多种措施解决贫困农户资金短缺问题，一是推进双联惠农贷款，在 58 个贫困县成立政策性担保公司，发放“双联”贷款 248 亿元。二是精准扶贫专项贷款，为贫困户专设贷款产品，累计发放精准扶贫专项贷款 426 亿元，惠及 94.2 万户 388.9 万贫困人口，占贫困户的 93%。其中，农户自主使用 381.3 亿元、占精准扶贫专项贷款总额的 89.5%，企业带动集中使用 44.8 亿元、占精准扶贫专项贷款总额的 10.5%。三是贫困村互助资金，已覆盖全省贫困村和有贫困人口的非贫困村，共涉及 79 个县 8251 个村，资金总规模达到 35 亿元。四是妇女小额担保贷款，全省已累计发放贷款 400 多亿元，扶持近 70 万妇女发展产业。渭源县两年来发放精准扶贫专项贷款 8.6 亿元，其中投放贫困户自身发展类贷款 6.2 亿元、占精准扶贫专项贷款总额的 72.1%，通过“贫困户+产业”模式支持 12338 户农户发展种养主导产业以及加工业等，投放企业带动贫困户类贷款 2.4 亿元、占精准扶贫专项贷款总额的 27.9%，通过“企业+贫困户”模式由县里筛选确定 65 户企业带动 4878 户贫困户，户均年增加收入 3750—4000 元，发挥了专项贷款效益。该县 217 个行政村全部建有扶贫互助协会，扶贫互助资金总量达到 7781.23 万元，村均达到 35.9 万元，并按 1∶10 的比例放大，已投放贷款 2.2 亿元。从我们实际走访的 45 户贫困户了解到，他们都获得了 5 万元、3 年期、免抵押免担保、财政贴息的精准扶贫专项贷款，他们都感到这笔贷款对种中药材、马铃薯以及养牛、养羊不愁没钱，管了大用，有不少已经有了收益。走访的每个村都有 50 万元左右的互助资金，以 1∶10 放大作为金融机构贷款担保金。如绽坡村利用 50 万元互助资金已撬动银行向农户发放贷款 100 多万元。

（六）贫困户脱贫增收效果明显

从走访农户的情况看，贫困户的收入都有明显增加，家家都有余粮，D 级危房都得到改建，穿的、盖的、用的都比较齐备，不少户家里瓦缸中还有数斤肉臊子。调研走访的已脱贫户，均表示脱贫真实、自己认可。绽坡村 2015 年年底贫困户人均可支配收入达到 4630 元，全年共计脱贫 193 户 828 人，贫困面下降到 1.93%，已于 2015 年脱贫。截至 2016 年 9 月马家窑村全村农民人均可支配收入达到 5324 元，贫困户人均可支配收入达到 3425 元，2016 年可望实现整体脱贫。渭源县相关统计数据表明，全县贫困人口由 2013 年年底的 10.23 万人减少到 2015 年年底的 6.04 万人，贫困发生率由 31.66%下降至 18.56%，2015 年贫困人口人均可支配收入 3110 元，较 2014 年增长 16.3%，实现 57 个贫困村基本脱贫。据介绍，甘肃省贫困人口由 2013 年年初的 692 万人减少到 2015 年年底的 288 万人，年均减少 135 万人；贫困发生率由 33.23%下降到 13.9%。

（七）监督检查考评严格

甘肃省委省政府紧紧抓住精准考核不放松，建立起严格的监督检查考评体系。一是明确具体脱贫标准。甘肃省在国家没有正式出台关于贫困退出政策之前，制定了贫困人口和贫困县退出实施细则。根据实施细则，全省 2015 年共减少贫困人口 128 万人，退出省级扶贫开发重点县 10 个。2016 年甘肃根据国家出台的贫困退出政策，将印发新的实施细则和考核办法，拟将贫困人口退出的年人均纯收入验收标准提高到 3500 元，“两不愁、三保障”验收标准细化为 11 项具体指标，贫困村退出验收标准 20 项指标，贫困县退出验收标准 7 项指标，均定成反向否决性指标。二是建立“4342”脱贫验收责任体系。明确了村级党支部书记、村委会主任、驻村帮扶工作队队长、贫困户4方,乡级乡镇党委书记、乡镇长、扶贫统计工作站站长3方,县级县委书记、县长、扶贫办主任、统计局局长4方,市级市州委书记、市州长2方的脱贫验收责任,每一方均须在脱贫验收单上签字,对脱贫真实性负责。三是强化激励约束。渭源县制定了脱贫攻坚业绩考核评价意见,分别按照100%、80%、70%、100%、80%的赋值权重对乡镇、承担双联脱贫攻坚任务的县直部门、县直双联单位、驻村帮扶工作队和双联扶贫干部进行考核评价,并建立考核结果与干部使用直接挂钩制度。渭源县还制定了贫困人口退出激励政策,给予当年认定为脱贫退出的贫困户一次性奖励现金500元。甘肃在精准识别“回头看”中,对识别不精准的相关责任人390人进行了处理,对2名干部进行了免职。

四、值得重视的问题和建议

(一)要把更多的精力、财力放在农业产业发展上

我们重点调研的3个村,都有种植中药材的传统,近年来不少农户特别是贫困户,调减了玉米等非优势作物的种植,增加了党参、黄芪的种植面积,农业结构调整取得初步成效。但由于分散种植,规模化程度不高,加工和销售市场滞后,农民难以抵御自然和市场风险,收入很不稳定。走访的贫困户反映,2016年由于严重干旱,党参、黄芪大量减产,2015年一亩地可产300—400斤,2016年只能产100斤左右;因多数党参未成材,还有一部分贫困户2016年就不打算收割。贫困户还反

映,中药材市场价格波动较大,2015年每斤党参只能卖到十几元,前几年最高可卖50—60元甚至上百元,2016年价格每斤又高到30—40元,还在上涨,大家都在等待价格回升。与之不同的是,渭源县利用1000万元产业发展资金,大力发展马铃薯产业,扶持种薯企业、合作社134家,建成产业繁育基地18个,马铃薯种植面积达到40万亩,全县农民人均1.2亩,年产种薯80万吨,良种化程度达到90%,产值达6.4亿元,实现户均增收2585元。当地马铃薯产业化程度较高,产业发展相对稳定,农户种植马铃薯收入基本稳定。这一正反例证启示我们,贫困农民稳定增收根本还得提高农业产业化程度。加大对贫困地区主导产业培育的支持力度,增加这方面的专项资金显得十分紧要。同时,推进一二三产业融合发展,形成产供销、经科贸一体的农业产业化体系。

(二)要加大培育新型农业经营主体的力度

贫困村产业化程度低,适度规模经营不足,很重要的是缺乏新型农业经营主体。我们重点走访的3个行政村,同样是这种情况。已经脱贫的绽坡村,已成立中草药专业合作社2家、养殖合作社3家,还组建了康荣中药材有限责任公司。实际了解,2家专业合作社正在发展过程中,目前还不能很好地发挥生产合作,养殖合作社亦是如此,康荣中药材有限责任公司是由村支部书记发起成立的,处在初创期,还需时日。马家窑村刚成立了一个养殖合作社,还处于一个小型养殖场的水平。侯家寺村建立了兴旺农民专业合作社,书面材料中称全村240户贫困户全部参加,但还未真正组织起来。我们认为,贫困村稳定脱贫、走向小康,有赖于新型经营主体的壮大和带动,要把此作为脱贫攻坚的一项重点任务,切实抓起来。

（三）要跟踪关注企业使用贫困户精准扶贫贷款的收益共享问题

渭源县有28.35%的贫困户将5万元精准扶贫贷款投入到企业，由企业每年支付贫困户3750—4000元固定收益。我们调研分析，企业还没有“保底收益、利润分红”，所支付贫困户的3750—4000元可视作是贷款利息的转化。这笔贫困户贷款从本质上讲是发展资金，这样的单纯保底式收益，使贷款的效应大打折扣，应该推进扶贫企业与贫困户之间建立利益联结和分享机制，贫困户应参与企业收益分红。

（四）加大对贫困人口较多的非贫困村的工作力度

本次调研的绽坡村是2015年度脱贫村，该村由省政府办公厅联系，累计投入项目资金3357.5万元，2015年减少贫困户193户828人，贫困发生率下降至1.93%；马家窑村是2016年拟脱贫村，计划2016年减少贫困户89户361人，该村由兰州财经大学联系，已累计投入项目资金1375.75万元；侯家寺村是非贫困村，该村没有县级以上单位或部门联系，由镇干部组成帮扶工作队，除易地扶贫搬迁投入外，该村投入项目资金838万元，2015年减少贫困户1户4人，贫困发生率25.8%。从直观上看，贫困村脱贫步伐较快与驻村帮扶力量、项目资金投入有直接关系。据了解，渭源县有46%的贫困人口在非贫困村中，2015年年底贫困发生率在20%以上但未列为贫困村的还有54个，占全县行政村总数的24.9%；贫困发生率在10%—20%但未列为贫困村的还有28个，占全县行政村总数的12.9%。我们感到，除继续保持对贫困村工作的力度外，应重视和加大对贫困发生率仍在

20%左右的非贫困村的帮扶力度，特别是在加强扶贫工作队干部力量和突出的短板项目上加大力度，以防止出现建档立卡贫困村和非贫困村的明显差距。

（五）要从早研究贫困农户集中搬迁的管理问题

此次调研的侯家寺村是易地扶贫搬迁的集中安置点，该集中安置点计划安置820户3690人，涉及上湾乡共11个村，已搬迁安置342户1710人（其中贫困户79户432人）。2016年，计划搬迁到该安置点的贫困户144户648人。搬迁完成后，该聚居点人口将达到5819人，相当于渭源县3个行政村的人口总数。目前，新搬迁户继续由原行政村管理服务，搬迁完成后，需要进行统一的社区管理服务。此种情况，应尽早研究，确定管理方式和办法。

（六）基层对国家提高危房改造补助标准愿望强烈

从省到县，都反映目前的危旧房补助标准太低，强烈要求提高补助标准。我们在走访危房改造贫困户时了解到，多数危改户都推倒重建，花费7万—14万元不等，而政府1.15万元危房补助资金太少，除花光自己的积蓄外，多是向亲戚朋友借5万—6万元，负债量不小。甘肃有关部门提出，用西安建筑科技大学的技术，对C级危房维修加固采取“捆绑、支撑、牵拉、固根、置换”的办法，投入大约在1.5万元。但D级危房需要拆除重建，国家补助标准为8000元/户，加上地方补助资金也只有1.15万元/户，补助标准太低，农户特别是贫困户拿不出钱改房，存在不愿改、改不了的问题。甘肃全省还有居住在C、D级危房的五保户、低保户、贫困残疾人家庭和贫困户共42万户（其中贫困户16.35万户）。改造压力大、难度大，成为“两不愁、三保障”的一个难点。我们感到，这个问题在全国贫困地区具有普遍性，需要从实际出发，提高危房改造的补助标准或是采取贷款贴息的办法等，解决好这一关乎脱贫的现实问题。

第十九篇　安徽省现代农业产业化联合体调研报告

2016年11月21—25日,我们调研组一行就安徽省现代农业产业化联合体发展情况,到其宿州市埇桥区和灵璧县、蚌埠市怀远县、合肥市肥西县和肥东县等3市5县(区)进行了专题调研。先后召开7个省和县市政府部门、乡镇基层干部、产业化联合体及新型经营主体参加的座谈会,共20个联合体负责人参加座谈,实地考察了5个联合体以及相关的12个龙头企业、农民合作社、家庭农场、种养基地等项目点,较为全面地了解了不同类型、多种形式的联合体发展情况,深入剖析联合体组织形式、联结机制和运行方式,共同探讨其所具有的现实性、方向性、趋势性价值。

总体看,安徽作为农业大省和农村改革的重要发源地,从小岗村率先实行“大包干”到农村税费改革和农村综合改革试点,积极培育发展家庭农场等新型经营主体,不断探索发展多种形式的农业适度规模经营,农村改革和发展处在全国前列。从2012年开始,安徽大力培育现代农业产业化联合体,对加快构建新型农业经营体系,促进农村一二三产业融合发展,推进农业供给侧结构性改革,具有创新性意义,取得了明显的成效,展示出广阔前景。

一、现代农业产业化联合体的缘起和现状

2011 年，宿州市作为全国首批 24 个农村改革试验区之一，主要任务是培育三大新型经营主体（家庭农场、农民合作社、农业企业），创新现代农业经营组织体系。“现代农业产业化联合体”由此应时而生。

淮河种业有限公司是现代农业产业化联合体的最早创立者。该公司 2011 年在宿州市埇桥区灰古镇流转 2000 亩土地进行良种繁育。在公司的经营中，他们既遇到自身繁育良种规模不足问题，又有联系普通农户繁育良种存在质量难以保障的困扰。为解决这两大难题，他们尝试委托周边付湖、秦圩等村的家庭农场和种植合作社进行规模化代繁育良种。为解决家庭农场技术及资金问题，淮河种业提供技术支持并垫付原种、化肥、农药等农资款；为解决农机服务问题，公司还引入了淮河、德杰农机合作社等服务组织参与合作，对良繁基地开展合作的家庭农场和种植合作社进行农机服务，农机合作社不仅获得了服务费用，还获得了较为稳定的服务面积。公司对繁育出的良种以高出市场一定比例的价格全量收购。这样，一个由淮河种业有限公司牵头，从种子到农资到耕作到购销的产业链就形成了，同时又基于各个生产主体之间的需求、相关利益的保证，用服务和收益联成一体。这就是现代农业产业化联合体初始、初创形态。

宿州市委市政府发现了这个典型，认为这种做法具有示范和推广价值。在安徽省农委的指导下，宿州市将类似淮河种业公司的做法定名为现代农业产业化联合体，并于 2012 年 9 月，以市委市政府名义出台了《促进现代农业产业联合体建设试点方案》，成立了市领导牵头的联合体试点工作领导小组，并设立了科技、项目、政策等 6 个服务指导

组,确定了“农业企业+合作社+家庭农场”的运行模式,并制发了《促进现代农业产业联合体试点建设若干政策的意见(试行)》和《推进现代农业产业联合体综合服务体系建设的意见》等5个文件。首批选择了16家龙头企业牵头形成16个联合体试点,并提出到2014年,试点联合体土地产出率达到2550元/亩、农业劳动生产率21000元/人、农民人均纯收入高于周边10%以上的综合效益目标。

安徽省对宿州市的做法跟踪给予指导,及时进行总结和推广。2015年省政府办公厅出台了《关于培育现代农业产业化联合体的意见》(以下简称《意见》),在全省开展现代农业产业化联合体培育工作。《意见》明确了政府引导、市场主导、独立经营、联合发展等原则,提出了产业联结、要素联结、利益联结的基本方式,并将相关支持政策向联合体倾斜,如涉农支持资金重点支持联合体内新型经营主体;对引领性企业在建设用地等方面优先安排、优先审批等。《意见》确立了发展目标,即到2016年年底,全省各类联合体达到1000个,其中省级示范联合体100个左右;到“十三五”期末,全省各类联合体达到3000个,其中省级示范联合体500个左右。

目前,安徽农业产业化联合体快速发展。从全省情况看,已从2012年最初的16家试点发展到1031家,其中,涵盖龙头企业1132个、农民合作社1567个、家庭农场(含专业大户)12982个,分别覆盖全省总量的22.3%、2.1%、6.9%。宿州市从2012年的16家试点到目前229家联合体,涵盖龙头企业237个、农民合作社700个、家庭农场1286个,分别覆盖全市总量的4.5%、7.2%、31.5%。联合体内经营土地面积119万亩,覆盖全市耕地面积的14.6%。宿州市埇桥区农业产业化联合体数量从2012年的7家,发展到目前的60家,涵盖龙头企业55个、农民合作社326个、家庭农场512个,分别覆盖全市总量的2.8%、

23.6%、50.8%。联合体内经营土地面积46万亩,覆盖全市耕地面积的33%。无论从省到市到县,联合体积极发展的基本态势已经形成。

二、现代农业产业化联合体的类型

为较为全面了解联合体的基本形式,我们从产业类型、要素联结、产业一体化三个角度,客观描绘联合体的基本样式。

(一)从产业类型角度,联合体可分为粮油类、畜牧类、果蔬类

这类联合体主要以种养龙头企业为核心,龙头企业利用自己从事种养的规模、技术、生产服务以至资金、品牌等优势,与相关的合作社、家庭农场(种养大户)通过签订合同,明晰各方责任义务,根据各自的专业性生产优势,对生产经营的各环节进行精细化生产管理和标准化控制,形成相互依存、相互制约的生产和利益共同体。再以淮河种业有限公司牵头的淮河粮食产业化联合体为例,该联合体从初始的5家专业合作社、8个家庭农场,发展到目前的13家专业合作社、27个家庭农场,联合经营土地从当初的6300亩发展到目前的16000亩,联合体通过订单生产、农资团购、科技培训、品牌共享等多元化利益联结方式将农业企业、农民专业合作社、家庭农场(种植大户)联合在一起。其中,龙头企业负责提出生产规划、生产规程、质量标准以及为成员单位提供技术、品牌和服务,负责成员单位自营及对外收购订单的粮食收购、烘干服务、加工、销售、产品研发及品牌创新。农民专业合作社组织技术培训、收集分享技术信息、指导家庭农场及种粮大户按绿色水稻种植标

准进行种植及田间管理服务，组织种子、化肥、农药等农业生产资料的购发，统筹安排育秧及机械作业调配服务。家庭农场按相应的技术标准具体负责粮食种植和管理，完成订单生产。畜牧业产业化联合体、果蔬业产业化联合体大致遵循了淮河粮食产业化联合体的运行方式和路径，形成此种类型的产业发展形态。

（二）从要素联结角度，科技、品牌和资金在联合体的联结上发挥出核心黏合作用，形成要素带动型发展形态

砀园果业集团产业化联合体是一个利用科技服务和品牌带动的典型范例。该联合体的牵头龙头企业砀园果业集团拥有 20 多名种植砀山梨的技术人员，其种植的砀山梨获得“砀园”牌省著名商标品牌，并获准使用砀山酥梨地理标志。该公司以农资配送专业化服务队为牵引，以共享“砀园”品牌为切入点，联合起 13 家专业合作社和 12 个家庭农场组成联合体，联合体经营的种植面积达 1.2 万亩，从而使联合体的万亩果园成为省级现代农业标准化生产示范区核心区，优果率大幅提高，亩均增收 1000 元左右。龙头企业利用资金优势，为联合体内合作对象提供资金服务也不乏案例。强英集团鸭产业联合体的龙头企业强英集团是全球最大的鸭苗单体孵化场，年产达 4 亿羽，2015 年营业收入达 22 亿元。几年来为联合体内的 5000 余养殖大户担保贷款资金超过 3 亿元，至今无一不良户，形成了公司和养殖户的发展共同体。

（三）从产业一体化角度，以加工为中心环节、以销售为终端、一二三产业融合发展已成基本样式

1. 销售牵引型

在实践中，发展起一批销售带动型农业产业化联合体，这些联合体

大都由一些具有稳定销售渠道的农业企业牵头,带动一批农民合作社、家庭农场(种植大户)等主体组建而成。联合体以市场需求为导向,充分发挥其联合优势,使各主体共享发展成果。如萧县瑞隆蔬菜产业化联合体,由3家合作社和14个家庭农场与种植大户组成,其牵头企业是安徽华夏集团,该集团是省商业连锁十强企业,旗下有762家连锁店,有完善的销售网络和电商平台。该联合体依托集团的销售渠道,按集团的质量标准,合作社采取"六统一"(即统一供应农资、统一技术标准、统一机械化作业、统一产品品牌、统一指导服务、统一销售)的方式进行生产经营,按订单进行收购。目前该联合体种植蔬菜面积达4200余亩,年产蔬菜4.6万吨,每斤蔬菜价格高于同类菜价10%以上。

2. 加工联结型

以具有市场竞争力的加工企业为核心形成了一批现代农业产业化联合体,并有扩大的态势。以宿州市皖大大豆产业联合体为例,皖豆香豆制品有限公司作为联合体的龙头企业,利用大豆加工的优势,目前已联合18家专业合作社、35个家庭农场,订单种植面积达3.5万亩,年加工大豆达7200余吨,销售收入由2012年的2000余万元,到2016年10月达到8600多万元,实现了跨越式发展,种植农户也得到了实实在在的收益。

3. 一二三产业融合发展型

我们在实际调研中了解到,一二三产业融合发展是产业化联合体发展的必然趋势,也是未来发展的一种综合性形态。合肥市肥西老母鸡农业产业化联合体具有典型性,该联合体的牵头企业是安徽老乡鸡快餐有限公司,缘起于20世纪八九十年代的养鸡大户,1998年成立肥西老母鸡养殖公司,2003年创立肥西老母鸡快餐店,并逐步发展为现有460家快餐店的驰名中式快餐公司。以快餐公司为龙头建立的联合体，已联结关联的老母鸡食品加工厂、农牧企业、合作社、农场、养殖专业户、稻米专业户、渔场、蔬菜专业户800余家（户），就业人数达5万人，仅鸡禽养殖和加工就达1500万只。联合体还办起了以鸡为题的农家庄园式旅游。自2008年发起初的2亿元营业收入到2016年的21亿元，联合体内的养鸡专业户年收入少则10万元，多则50万元。我们实地考察中，真切感受到农业产业“1+2+3=6”的广阔前景。

三、现代农业产业化联合体的基本运行方式

尽管联合体有诸多种类，其规模也不尽相同，但具有一些共性的特征，形成基本的运行方式。

（一）产业化联合体的构成

凡联合体须包括三个方面的主体，即农业龙头企业、专业合作社、家庭农场（专业大户）。其基本构建是以龙头企业为核心，农民专业合作社为纽带，专业大户和家庭农场为基础。

（二）联合体的基本组织架构

联合体以联合体大会、理事会和秘书处为基本组织架构。凡联合体成员单位，一单位一票，组成联合体大会，联合体大会选举产生联合体理事，并审议和批准联合体章程、发展规划、工作计划、年度工作报告，决定联合体的变更和终止；理事会审定联合体管理制度，讨论拟提交联合体大会的发展规划、年度工作计划、年度工作报告，讨论拟提交联合体大会批准成员的加入、退出和除名以及其他重大事项，理事长一

般由龙头企业负责人担任，加入联合体的合作社、家庭农场、农业公司是理事会成员；秘书处负责联合体日常工作。

（三）联合体依据章程运行

联合体大都制定了明确规范的章程，并按照章程运行。联合体章程重点就加入、退出联合体的条件、联合体本级资产管理、联合体内新型农业经营主体的权利和义务等形成明确条文。联合体章程经联合体成员大会讨论通过方能生效。

（四）联合体的日常管理

联合体的秘书处职能实则由联合体内的龙头企业承担，一般 3—5 人不等，年开支 30 万—50 万元不等，多为龙头企业负担，也有由成员单位交纳的会费开支。从趋势上看，由会费开支逐渐会成为常态。

（五）联合体的建立和运行都遵循三条原则

一是自愿原则，联合体内的新型农业经营主体保持独立经营者地位，有申请和退出联合体的自由。二是协商原则，包括品种选择、技术服务、利益分成等各项事务在内的决策由联合体相关性成员协商决定。三是契约原则，联合体各农业经营主体在平等、自愿、互利的前提下，通过签订规范的合同结成一体化合作关系，合同明确规定各方的责权利。

（六）联合体具有内生性的几个基本关键点

1. 龙头企业牵引

龙头企业凭借资金、技术、信息、营销网络、品牌、管理以至电子商务等方面的比较优势，成为现代农业产业化联合体的核心。凡联合体必有一家龙头企业发起或牵引，否则群龙无首，联而不体，既无核心凝聚，又无龙头带动。

2. 利益联结

利益联结是联合体得以建立和持续运营的根本所在。这种利益联结显性的表现在主体之间，尤其是龙头企业往下端供应的技术、生产资料往往低于市场价格，而收购下端的产品一般又高于市场价格。隐性的利益在于获得了稳定可靠的服务对象、销售渠道、原料来源，既有质量的保证，又减少了交易成本。加之有双方或多方合同约定的违约处罚，使利益的联结得到了很好契合。

3. 优势互补

这也是联合体的一个共性特征，联合体内各主体作为一种独立的经营主体的存在价值，自有其比较优势。如前所述，龙头企业有其企业功能性优势，尤其是市场化程度高的优势；而专业合作社则按企业和家庭农场的需求，定向按需开展多种生产性服务，尤其是具有组织的中介性作用；家庭农场和专业大户则具有生产的专业化优势。多种优势的联结，自然会产生“1+1+1>3”的效果，形成各主体参与联合的内生动力。

4. 产业一体

考察各联合体的龙头企业与其结为一体的专业合作社和家庭农场，其在生产的产品和产业化构建上都具有紧密相关性，要么这种相关性形成产前、产中、产后服务的一体化，要么从生产到加工到销售即一二三产业的一体化，给我们的启示是物以类聚、产以业联。

5. 合作共赢

联合体内各主体通过合作实现了共赢，这也是联合体得以迅速发展的关键因素。如果说利益联结是联合体得以存在发展的根本原因，那么不做大联合体这块蛋糕,就难以有利益的分享。这种合作带来的共赢,从整体上讲是生产规模扩大、生产质量和效益提高、生产风险降低等。其共赢的基本逻辑是,龙头企业为获得稳定高质的产品来源而牵头联合体,专业合作社为获得稳定的服务对象而加入联合体,家庭农场为获得稳定可靠优惠的生产性服务而参加联合体。

四、现代农业产业化联合体发展的主要成效

现代农业产业化联合体的建立和发展产生了多方面的积极成效。

(一)产业联结进一步紧密

一是产业内部纵向联结更加紧密。联合体的组成串联了从科研、种子、农资购买、农机服务、加工、销售等农业产前、产中、产后各生产环节。二是产业内部的横向联结更加紧密。联合体模式可以打破横向产业分割,实现农业内各产业优势互补和融合。例如肥东县现代牧业公司,把奶牛养殖粪污制成沼气,沼渣和沼液提供给合作社和家庭农场肥田,合作社和家庭农场为牧业公司生产青贮饲料,形成种养加结合,实现了产业循环发展。三是一二三产业联结更加紧密。联合体覆盖了从原料基地到农产品加工、流通、乡村旅游等各产业,有利于形成相对完整的产业链条,实现了一二三产业融合。

(二)生产服务进一步增强

联合体内经营主体发挥各自优势,开展多元化社会化服务,服务内容涵盖了产前的种子、化肥、农药、薄膜等农资供应环节,产中的耕、种、

管、收等机械化作业环节以及产后的销售、运输、加工等环节的服务，基本满足了不同经营主体对社会化服务的需求。这些服务内容都在合同中予以明确规定，使生产性服务这一在农业发展过程中的薄弱环节得到有效解决，无疑提高了农业以至一二三产业融合发展的社会化服务水平。

（三）标准化程度进一步提高

我们了解到，许多联合体的龙头企业把制定生产标准和规划作为第一任务，并把相关标准写入合同以约束家庭农场（种养大户）的生产行为，确保农产品质量。例如蚌埠市香飘飘农业产业化联合体，其龙头企业香飘飘粮油食品科技有限公司主营糯稻加工，往年尽管也与农户实行了订单收购，但产品仍然参差不齐，合格糯谷不到产品标准的占20%，自 2015 年年初建立起 6 家专业合作社、15 个家庭农场的联合体后，指导合作社和家庭农场采取“六统一”：统一供种、统一适期早播、统一机械操作、统一技术指导、统一管理、统一收获，使得优质糯米的合格率达到 95%以上，实现了稻谷优价收购，稻米优价销售，“金皖糯”牌精制糯米走红，企业产值从 2014 年的 2.4 亿元到 2016 年达 4 亿元。

（四）生产成本进一步降低

总体上看，联合体模式下，农资大批量集中采购比农户分散采购成本普遍下降 15%—30%以上，农机服务成本也因为规模化经营大幅度下降。各主体生产经营成本下降的结果是企业发展加快，合作社、家庭农场收入增加。宿州市意利达粮食产业化联合体成员所需的农资产品都是从厂家直供到田间地头，仅化肥一项，每年每亩可为成员节省成本

60 元左右。联合体统一采用了先进的生产技术，减少了化肥、农药、种子的用量，每年每亩又可为成员节省成本 136 元，增收 200 元左右。联合体内各经营主体生产成本的下降成为一种普遍现象，这也是规模化、集约化生产使然。

（五）农民收入进一步增加

联合体发展最为突出的成效是带动了联合体内农户收入的较快增长，仍以上述提到联合体发展情况的安徽省、宿州市、埇桥区为实证：安徽全省 2015 年联合体内农民人均纯收入达到 12335 元，年均增长 15.4%，高出全省农民人均纯收入 10821 元的 14%；宿州市加入联合体的农民人均纯收入从 2012 年的 27650 元到 2015 年的 35160 元，增加了 7510 元，年均增加 2500 元，而全市 2015 年农民人均纯收入 9140 元；埇桥区联合体内农民人均纯收入从 2012 年的 30890 元到 2015 年的 36420 元，增加了 5530 元，年均增加 1800 多元，而全区农民人均纯收入 2015 年是 9311 元。由此可见，联合体的发展对农户收入增长有着重要的带动作用。

五、几点启示

综上所述，现代农业产业化联合体的产生发展不是偶然的，是农业改革和发展的必然现象，无论从组织形式、运行方式、体制机制上都具有创新性意义，从供给侧结构性改革的角度是一种有效的实践，从新型经营服务体系的角度是一种有效的形态，从产业化发展的角度是一种有效的路径。由此，可以推演其趋势性和方向性意义。

(一)农业产业化联合体是新型经营主体联合的一种组织形态

近年来,为适应市场经济和农业生产力发展要求,一大批从事专业化、集约化生产经营的新型农业经营主体如家庭农场、农民合作社、龙头企业应运而生,成为适度规模经营的有生力量,是农业生产经营的一种新型组织形态,形成当下适合现代农业发展要求的一种新型生产关系。随着整个经济的市场化、规模化、产业化程度进一步提高,新型经营主体各自的局限性显现出来,主要是生产的规模、产业化、集约化程度的局限,需要更高的组织化程度来实现。农业产业化联合体本质上是各类新型经营主体的再组织,通过这种组织形式,各类主体优势互补、分工合作、产业联结、一体发展,既发挥了各类经营主体本身所具有的优势,又弥补了短板,既是优势叠加,又是短短相连,都能达到“1+1+1>3”的效果。可以说,联合体作为一种现代农业产业化发展的新的组织形态,符合我国现代农业发展的趋势性要求。

(二)农业产业化联合体是一二三产业融合发展的重要组织方式

一二三产业融合发展是现代农业发展的一种新的发展方式,是现代农业发展的大逻辑、大方向。其关键是如何使一二三产业联结起来,这是当前摆在我们面前的一道亟待破解的现实课题。农业产业化联合体给我们的有益启示是,通过各自具有一产、二产、三产功能的经营主体的联合,将产业的“外部性”变为联合体内的“内部性”行为,打通了从生产向加工、储藏、流通、销售、旅游等二三产业环节连接的路径,环环相扣、业业相连,实现了一体化、融合式生产和发展。可以说,联合体作为新阶段农业产业化组织形式的创新，是我们推进三产融合的一个便捷有效抓手。

（三）农业产业化联合体是提升农业社会化服务水平的有效形式

农业社会化服务作为现代农业发展的重要支撑，尽管这些年有较大的发展和提升，但整体而言，服务不足、服务成本过高、服务效应较低的情况仍然普遍存在。农业产业化联合体最为明显的功能是服务，在联合体内部，龙头企业为家庭农场和合作社提供技术、信息服务，并开展专业化技术培训；农民合作社为家庭农场等农业生产主体提供专业服务，如种植业里的耕种收管，养殖业里的疫病防控；家庭农场为龙头企业提供稳定原料性产品。联合体内各类主体既是服务对象，也是服务端，结成了一个覆盖农业产前、产中、产后全程环节的服务链，各类要素得到充分优化配置，极大提升了农业的社会化服务水平。

（四）联合体是提高农业生产经营市场化程度的有效载体

农业是一个高风险产业，其不仅仅存在自然风险，更多地表现为市场风险。发展农业产业化联合体，能够让其中的各类主体形成一个紧密联系的整体，通过信息和资源共同分享，打通了产需信息快速传递、迅速响应的通道。市场信息经由龙头企业判别转化为生产决策，能够及时有效地沿着产业链反向传导至农业生产环节，引导农民合作社、家庭农场按需进行生产，同时通过联合体带动，提高农业生产经营规模化、集约化程度，促进提质增效，多重作用提高联合体中新型经营主体抵御市场风险的能力。联合体模式使各主体既适应了市场，实现了与市场良好对接，又能更好地应对市场。

（五）要将推进农业产业化联合体作为农业供给侧结构性改革的重大举措

归结以上观点，无论是要素配置、市场对接，还是三产融合、提质增效等方面，安徽发展农业产业化联合体都显现出明显效果，适应了当前我国农业农村改革和发展的现实需求，是农业供给侧结构性改革的重大创新，具有复制推广价值。建议将发展农业产业化联合体作为推进农业供给侧结构性改革的重要抓手，把握好联合体发展的关节点。一是抓好“联”的环节，做好“合”的文章，“联”在利益，“联”在产业发展的相关性，“联”在优势互补，“联”在发展所需；“合”则要求同处一体、生产互补、利益共享、发展共赢。二是政府引导。这里强调的政府引导，包括产业规划、联合体发展规范、支持性措施、培育各类联合体范式，以使联合体发展健康可持续。三是政策支持。主要聚焦联合体发展一二三产业融合上，发展新产业、新业态上，发展循环经济、生态产业上，使联合体成为农业现代化的劲旅。四是加大对相关龙头企业的培育力度。龙头企业对联合体的建立、发展、做大、做强至为关键，因此要把发展优势农业产业能力强并具有一定联结能力、牵引能力、带动能力的龙头企业作为培育和支持的重点，增强其作为联合体“火车头”的能力。五是切实打牢农民合作社和家庭农场这个基础。目前以土地租赁为主的家庭农场和合作社占比很大，要渐进推进股份合作，从而使这些新型经营主体不仅可以降低土地经营成本，而且让更多农户分享联合体发展所带来的增值收益，降低经济风险，从而筑牢这个基础，保持联合体健康发展。

第二十篇　安徽省蚌埠市探索“一户一块田”改革调研报告

2016年12月下旬，我们调研组一行到安徽省蚌埠市怀远县就“一户一块田”改革情况，做了专题调研。我们实地走访了率先探索的徐圩乡殷尚村，与市县乡村相关干部群众进行了座谈，了解了改革探索的初衷、做法、效果和应注意的问题。

一、“一户一块田”是怎么来的

怀远县的“一户一块田”的探索是由徐圩乡殷尚村东邵村民小组发起的。东邵村民小组有农户20户103口人，耕地面积467亩，被分成168块承包到户。2014年4月，东邵村民小组邵志敏、邵东洋等几位村民代表考虑到耕地细碎，不便于适度规模经营和土地经营权流转，就提出“小田并大田”动议，主张把本组承包土地，以互换并块的方式进行合并，重新分配后形成每户“一块田”。经过村民讨论商议，这个动议获得全组村民的一致同意。在乡村两级的支持下，村民寻求法律政策支持依据，自发成立土地互换组织，研究制定具体操作办法，将20

户承包的168块土地进行合并，重新承包分配到户，使19户实现了“一块田”，另外1户有“二块田”。互换后，各户的地块面积成方连片，少则10亩多，多的达到30多亩。之后，殷尚村大一村民小组59户农户也自发组织起来，进行了“一户一块田”的探索。两个村民小组共有426块“零碎田”，现已合并成81块“整块田”，总体上形成了“一户一块田”的格局。

东部、大一两个村民小组的探索，被殷尚村其他村民小组仿照复制。全村14个村民小组目前已将全村承包土地面积的3/4、共计9000多亩进行了互换合并。这一探索引起徐圩乡党委政府的高度关注，2016年2月在全乡推广了东部村民小组的做法和经验。怀远县徐圩乡已进行试点的村民组85个，占村民小组的37.1%；涉及农户占总农户数的27.5%，共合并田块面积46159亩，占12.5万亩耕地的37%。蚌埠市委市政府对这一探索给予充分肯定，并积极出台扶持政策，对依规实施“一块田”合并土地100亩以上的村，市财政按照实际互换地面积每亩100元的标准进行奖补。补助资金主要用于并地地块农田基础设施建设。互换并地过程中地块测绘、变更影像信息、数据库调整等所发生的费用，由县（区）财政承担。农户互换并地实现户均“一块田”或“二块田”承包经营，免费变更换发土地承包经营权证，所需费用由县（区）财政支付。目前，蚌埠市有5个乡镇19个村的104个村民小组，开展了土地互换并块试验，互换面积达到6.79万亩。

二、“一户一块田”是怎么操作的

经过一个时期的探索，蚌埠市目前承包地互换并块试点，从工作指导上，有 17 个操作步骤，概括为成立组织、宣传动员、制订方案、组织实施、核实公示、换证建档、组织验收 7 个阶段。从具体操作上，我们总结大体有这样的程序：一是了解农户意见，进行民主决策。计划实施互换并地的村民小组，需首先征求小组所有村民的意见，由村民民主决策。经了解，目前已进行互换并地的村民小组，绝大多数取得村民小组成员意见一致的结果。同意互换并地的村民，要签字或按手印。蚌埠市领导介绍，有少数村民小组，确实存在个别不同意互换的村民，我们就尊重这些村民的选择，对其承包的土地暂不纳入互换并地范围。二是进行摸底核查，制订工作方案。试点村由群众推选成立土地互换并地小组，对村民的承包地进行摸底核查，核实承包人口、承包面积、地块四至以及流转情况等，逐户登记造册，张榜公示，制定土地并块具体实施方案。三是民主评议地块，确定土地等级。试点村都要召开户主大会，成立由农户组成的土地打分小组，对每块地进行民主评议，进而确定地块等级系数、并地互换地块序号、找补地块位置和面积等。四是进行抽签换地，完善相关手续。并地后的地块分配，采取公开二轮抽签的办法，由所有农户进行抽签。第一轮抽顺序签，确定农户下一轮抽签的先后顺序；第二轮抽换地签，确定农户“一块田”的地块面积和四至。按照各户应得承包地面积，进行现场测量，确定各户地块边界，并打桩定界。每个步骤都要登记造册，做好文字材料记录。实行“一户一表、一村一册”，形成完整的档案材料，集中归档备案。

三、“一户一块田”需要具备哪些条件

经与干部群众交流，我们认为，能够在现阶段实施“一户一块田”

至少有五个条件：一是地类等级差别不大。经过多年来农村农田水利、交通等基础设施建设不断加强，二轮承包时的耕地“肥瘦、远近不一”的状况得到改善，使“一户一块田”的实施具备了重要客观条件。二是农户进行适度规模经营和实施农机作业的意愿不断提高，无论是便于生产耕作，还是便于土地流转，农户都希望解决土地零碎化问题，使换地成整块具备了较强的内在动力。三是以村民小组为单位，互换耕地区域有限、参与人数不多、容易达成一致意见。四是以二轮承包时的人口和承包地为基数，延续了“增人不增地、减人不减地”的政策，不会引起大的折腾。五是基本在平原地带、非城镇近郊，适宜大面积机械化耕作、土地征用预期不高。有了这几个条件，就使“一户一块田”的探索易于实施、易于操作，保持了二轮承包政策的稳定性、连续性，也在一定程度上避免了农户吃后悔药、可能找历史后账的因素。

四、“一户一块田”有哪些客观效果

尽管对“一户一块田”的探索时间不长，具体做法还需要在实践中进一步完善，但是从目前看，已经显现了一些积极效果。一是解决了土地零碎化问题。“一户一块田”便于耕作和管理，便于使用大机械，便于病虫害统防统治，也便于适度规模经营和进行土地流转。二是提高了土地利用率。通过互换并地，减少了垄沟、水渠、道路等占地，起到了增加土地资源的作用。殷尚村东部村民小组实行“一块田”后，田埂被推平，墒沟由 150 多条缩减到 30 多条，增加耕地面积 5%，扣除预留的公共用地后，平均每户多分得耕地 1 亩多。据了解，实施“一户一块田”的村民小组，耕地面积一般增加在 5%左右，有的甚至达到 10%。

三是实现了家庭经营的节本增效。实施“一户一块田”后，农业生产规模作业，减少了燃油、化肥、农药等农资开支和人力成本，促进了农民的增收节支。四是减少了邻里纠纷。实施“一户一块田”后，承包地四至减少，因机收、耕犁、灌溉产生纠纷矛盾的可能性大幅降低，有利于村民和睦相处、村庄稳定。

五、“一户一块田”推进需要注意哪些问题

《农村土地承包法》明确允许“承包方之间为方便耕种或各自需要，可以对属于同一集体经济组织的土地的土地承包经营权进行互换”。2013 年中央一号文件明确指出：“结合农田基本建设，鼓励农民采取互利互换方式，解决承包地块细碎化问题”。2016 年中央一号文件明确指出：“依法推进土地经营权有序流转，鼓励和引导农户自愿互换承包地块实现连片耕种”。安徽省蚌埠市“一户一块田”的探索，在法律上不存在障碍，在政策上是提倡的，属于基层和群众的自发探索和大胆创新，今后应予积极倡导，并在政策上加以指导和完善。

从实施情况看，当前主要面临解决互换并地结果与确权登记颁证工作衔接的问题。从调研情况看，除怀远县殷尚村的东郢、大一两个村民小组是先互换并地，再进行确权登记颁证外，蚌埠市其他已开展“一户一块田”的村组，均是在确权登记工作完成后，才逐步试行“一户一块田”的，先期的确权登记结果不能使用，因此当地政府把土地承包经营权证书还放置在政府，没有颁发到户。如果按先期确权登记结果颁证，地块位置、四至甚至面积都发生很大变化，“一户一块田”就缺乏法律保护。如果按“一户一块田”的结果颁证，则需要重新测量地块四

至、面积等,一定程度上是开展一次新的确权登记颁证。考虑到各地正在按照中央的部署,有序推进确权登记颁证工作,同时进行互换并地敏感度较高、政策性较强,因此我们建议:

第一,总体上应继续按既定部署进行确权登记颁证工作,确保这项工作如期完成。不能因为有的地方实施互换并地就影响确权登记颁证工作进程。

第二,对确有愿望、具备条件进行互换并地探索的地方,应把握几个原则:一是必须群众自愿、由农户提出、进行民主决策,地方各级政府不搞硬性行政推动,主要做好倡导、引导及服务。二是以二轮承包的人口基数和承包面积为准,不得改变土地集体所有性质、家庭经营制度和土地用途。三是以村民小组为单位,暂不得在更大范围内进行互换并地。

第三,允许在确权登记颁证前进行互换并地,搞好与确权登记颁证有机结合、有效衔接。

第四,主要倡导在地势平缓农区进行互换并地,对山区、丘陵地带等地类等级差别较大和城镇郊区、工业区周边等土地征用预期较大的地区,主要应做好确权登记颁证工作,通过土地承包经营权“三权分置”推动适度规模经营。

第五,对在确权登记后又进行互换并地的地区,应允许按照互换并地结果进行新的确权登记颁证,所需经费应由地方财政负担。

第二十一篇　辽宁省玉米“保险+期货”试点情况调研报告

2015年辽宁省农委和人保公司辽宁省分公司、大连商品交易所在义县探索开展玉米“保险+期货”试点，这在全国属首次。2016年辽宁省在农业部、保监会、证监会等相关部委的支持下，在义县、康平县、铁岭县开展了玉米“保险+期货”试点，中央财政补贴500万元。为详细了解辽宁省玉米“保险+期货”试点进展情况，2017年2月14—16日，我们调研组一行赴辽宁省锦州市进行了专题调研。调研组在义县进村入户实地调查，先后走访了聚粮屯羊圈子村玉兰种植合作社、九道岭镇农旺大田合作社、大榆树堡镇人保财险营销服务部，与村组干部、合作社带头人、种粮大户、参保农户和人保公司基层网点业务人员进行座谈，直接了解基层干部群众反映。调研组在锦州市两次召开座谈会，就辽宁省开展农业保险、玉米“保险+期货”试点情况，与省农委、省财政厅、辽宁保监局、大连保监局、人保公司辽宁省分公司、大连商品交易所、新湖期货公司、锦州市有关部门和参保农户进行了深入交流和讨论，听取各方面的意见和建议。从调研总体情况看，辽宁玉米“保险+期货”试点虽然规模不大、效果有限，但是对于探索在玉米价补分离改革背景下建立健全农户收益稳定机制具有重要的启示意义。

一、辽宁玉米“保险+期货”试点基本情况

2016 年农业部、保监会、证监会等相关部委联合 12 家期货公司和 7 家保险公司在黑龙江、吉林、辽宁、内蒙古、安徽共同开展 12 个“保险+期货”试点项目。辽宁省的玉米价格“保险+期货”试点，由人保财险辽宁省分公司、上海新湖瑞丰金融服务有限公司承担。据调查，义县、康平县玉米价格“保险+期货”试点的主要做法有以下四个。

（一）种植大户参加保险

保险公司开设玉米目标价格保险产品并向新型农业经营主体销售。考虑到新型农业经营主体对国家政策及玉米价格行情有很强的敏感度，且有强烈的高保障的需要。试点明确投保主体为从事玉米种植的大户（种植面积 100 亩以上）、家庭农场、农民专业合作社、农事企业等新型经营主体。试点涉及 21 个乡镇，63 个自然村，其中包括 10 家合作社，74 个种植大户。义县共有 294 户参保，承保量 0.8 万吨；康平县共有 280 户参保，承保量 1.03 万吨。经各方多次协商，确定目标价格为 1650 元/吨，费率为 14.91%，保费为 246 元/吨，农户自缴 73.8 元/吨，约占保费的 30%。人保财险共取得保费收入 450 万元，其中，中央财政补贴 315 万元，农户自缴保费 135 万元，地方财政未给予补贴。

（二）保险公司转移风险

保险公司购买期货公司的“场外期权”产品进行风险转移。由于目前中国再保险公司不能提供基于农作物价格险的再保险业务，为此，

人保财险辽宁省分公司与上海新湖瑞丰金融服务有限公司(期货公司)签订了场外期权合同,以图通过购买玉米场外看跌期权把集聚的风险予以转移。保险公司向期货公司支付380.64万元期权费用(权利金),从而达到“再保险”的目的。由于目前国内期货市场没有上市期权合约,期货公司只能利用场外期权在场内期货市场实现再保险,但这种风险对冲机制较为复杂,成本也较高,同时也存在一定风险。因此,保险公司向期货公司购买期权的权利金也相对较高,占到保费的85%左右。

(三)期货公司对冲操作

期货公司收到保险公司支付的权利金后,发挥其专业操作优势制定相关交易策略,在大连商品交易所(以下简称“大商所”)玉米期货市场复制期权进行对冲操作,以将从保险公司承接的玉米保单在期货市场上进行消解,减少收益损失。

(四)按照合同约定理赔

保险公司根据合同对承保农户进行理赔。按照合同约定,以大商所公布的保险期间(2016年10月16日—12月16日)玉米期货C1701合约收盘价格平均值1563.07元/吨作为理赔依据,上海新湖瑞丰金融服务有限公司按照目标价格1650元/吨计算,每吨理赔86.93元(目标价格1650元/吨-期货合约平均收盘价1563.07元/吨),共兑付理赔资金159.0819万元(每吨理赔86.93元×承保量1.83万吨),其中义县理赔金额69.544万元(每吨理赔86.93元×承保量0.8万吨),康平县理赔金额89.5379万元(每吨理赔86.93元×承保量1.03万吨)。人保财险公司从期货公司得到这笔理赔款后,再向农民进行赔付。2016年年底前,理赔款已全部兑付到位。

各有关主体损益情况如下:除了中央财政为农户提供保费补贴315万元以外,参保农户从159万元理赔收入中扣除自缴保费135万元,收益约为24万元;保险公司从450万元保费收入中扣除380.64万元期权权利金支出,收益约为69万元;期货公司从380.64万元期权权利金收入中扣除159万元理赔支出,收益约为221万元(不包括对冲支出)。

此外,辽宁省在铁岭县也开展了玉米价格“保险+期货”试点,具体做法与义县、康平县试点类似。铁岭县由中华财险辽宁省分公司、华信万达期货公司承担,目标价格定为1600元/吨,共有7家合作社承保,承保量1.5万吨,每吨理赔36.93元,共赔付55.4万元,理赔工作也已完成。

二、辽宁玉米“保险+期货”试点取得的成效

(一)“保险+期货”为农户提供了管理市场风险的有效手段

对于参保农户来说,“保险+期货”以“价格”为赔付标的,对他们的价格损失给予经济赔偿,这就等于提前锁定了种植玉米的产期保底收益,“保险+期货”为玉米种植新型农业经营主体承担了重要的经营风险,确保他们在面临市场价格下跌风险时,可以获得相当的收入补偿。根据当年约定的玉米价格,义县和康平县的参保农户相当于每斤玉米较未参保户多卖5分钱,这在很大程度上解决了玉米种植户最为关心的价格风险问题。我们走访的几位合作社领头人和种植大户都对这项试

点给予积极评价,他们觉得参加"保险+期货"试点最大的好处就是让农民心里有底。另外,尽管通过"保险+期货"防范和规避市场风险是一项极为复杂的经济活动,但对于农民与合作社来说只是简单购买了玉米价格保险,后续的风险化解过程全部交由专业的金融机构来完成。这样,农民只算价格账,核算理赔易于操作,比较容易理解和参与投保。

(二)"保险+期货"担当了农产品价格保险的再保险角色

我国传统农业保险主要承保自然灾害和意外事故造成的物质投入损失,目前,对此已有比较成熟的做法和经验。但是由于市场波动的风险太大,国内目前没有针对价格险种的再保险,保险公司很难通过再保险机制把风险分散出去,所以保险公司一般不愿保价格和收入。随着玉米等大宗农作物市场化改革的推进,农户必然要面对越来越多的市场风险,也迫切需要规避市场风险的有效手段。开展"保险+期货"试点,保险公司通过向期货公司买入看跌期权将价格风险进行转移,期货公司再将转移过来的风险通过对冲交易在期货市场上化解,这为解决保险公司不敢大规模提供价格保险开创了一条途径,在一定程度上满足了新型经营主体规避市场风险的需求。因此,在"保险+期货"试点过程中,期货公司有效解决了保险分散风险的路径问题,实际承担了再保险的角色。

(三)"保险+期货"有利于推进玉米市场定价、价补分离改革

取消玉米临储政策后,玉米价格浮动,不仅影响着玉米种植户当年的收益,还对他们的生产积极性和信心有极大影响。政府给予一定保费补贴,农民自缴一定比例保费,再通过"保险+期货",保险公司借助期货公司的专业能力实现对冲交易,实际上是发挥保险公司风险管理

优势以及期货公司在场外期权方面的风险管理优势，形成“政府+市场化”的方式，共同解决农户面临的价格下跌风险。据大商所介绍，玉米临储政策取消后，玉米期货交易量和持仓量迅速增长了4—5倍以上，玉米日均成交量由最低时（2008年11月—2015年4月）的9万手增加至44万手（2015年5月—2017年2月），日均持仓量由26万手增加至102万手。可以预期，随着期货市场上玉米仓容持续扩大，期货市场的价格发现和套期保值功能将会强化，玉米价格保单通过期货市场消散风险的成本也会随之降低，农户通过“保险+期货”抵御市场风险的能力将会进一步提高。这就有效规避了因市场价格不确定因素对农户生产以及农产品供给造成的冲击，有利于推进玉米市场定价、价补分离改革的进一步深化。

此外，开展“保险+期货”试点，期货借助保险作为中介进村入户，改善了期货在农户眼里“高大上”、知之甚少的现状，发挥了农村保险服务网络的优势，扩大了期货市场交易量，提高了期货市场的活跃程度。同时，我们调研发现，各类生产经营主体通过参加“保险+期货”试点，对农产品价格风险有了更深层次的认识，防范风险的意识大大提升，这对深化农产品价格形成机制改革具有重要意义。

三、思考和建议

（一）把“保险+期货”作为防范农民收入风险的有效探索形式来推进

相对价格保险，收入保险不仅保生产风险，而且可以保价格风险，借鉴美国经验,收入保险可能是未来农业保险发展的方向。为了让农产品价格保险在农民和涉农企业中得到普及和接受,保险公司利用期货市场,为其保险产品寻求再保险,在短期内是必要且可行的。“保险+期货”可在推动农业保险由保成本向保收益、保收入更高层次跨越,为探索开展农业收入保险创造条件、积累经验。美国从 20 世纪 70 年代探索农产品收入保险至今形成成熟的商业模式,前后经过了几十年时间,在这个过程中,收入保险是以期货市场的远期合约价格为预期价格的,期货市场在价格发现方面发挥了不可替代的功能。“保险+期货”可以促进保险与期货这两种金融手段深度融合,通过发挥期货市场对远期价格的发现作用,有效引导农户生产行为,提高他们抵御自然风险和市场风险的能力,为探索农产品收入保险开辟道路。

(二)稳步扩大“保险+期货”试点

总体上,目前“保险+期货”试点规模小、时间短,难以反映整体情况和深层次的问题。建议适当扩大试点区域、数量和类型,以取得普遍性经验,为探索适合国情的农业保险发展模式提供参考。建议选择一些粮食主产区的县(市)开展整县(市)试点,也可以以整村推进的方式开展试点,以获得区域性的经验,以至具有可复制性。鉴于“保险+期货”的试点地区都是农业大县,地方财力有限,建议中央和省级财政进一步加大对“保险+期货”试点的补贴力度,减轻县级财政压力,更好地推动“保险+期货”试点。

(三)科学设置保费比例是“保险+期货”模式可持续的关键

从“保险+期货”的试点经验看,期货不失为转移和化解价格风险的一种有效方式。但是,农业主管部门和农户都反映保费太高,一般政策性农业保险费率为6%左右,试点费率高达14%以上,比政策性农业保险高一倍多。目前玉米、大豆等主要农产品都没有场内期权也增加了对冲成本。据人保公司估算,因为没有场内期权,提高了约两成保费。"保险+期货"模式的综合成本较高,最终会降低农民收益。在义县、康平县玉米"保险+期货"试点中,财政补贴共315万元,农户、保险、期货分别得到净收益24万、74万、221万元,农户净收益仅占财政补贴的8%。如果综合成本不能降到合理区间,只能靠政府补贴来维持,政府既不堪重负,也有违于政府补贴的初衷,对"保险+期货"而言也没有商业可持续性。为进一步做好今后试点工作,建议有关部门和地方政府要认真总结已有经验,完善试点方案,把保费比例降低到合理区间。要引导农户理性看待"保险+期货"的保底作用,避免盲目要求过高标的价格,付出不必要的高额保费。同时,支持交易所适时推出玉米、大豆等更多的农业相关期货期权品种上市,逐步替代现有场外期权的保价形式,降低对冲成本、扩大受益面积。

(四)大力加强粮食等主要农产品期货市场建设

经过二十多年的培育和发展,我国农产品期货市场已逐步成长为品种覆盖广泛、市场规模较大、具有一定国际影响力的期货市场,在稳定农业生产特别是促进农产品市场化改革等方面发挥了积极作用。2016年,大商所安排1960万元专项资金用于补助期货公司开展"保险+期货"试点。"保险+期货"试点充分证明了期货市场为保险公司提供了一个重要的再保险渠道,无论是运用场外衍生品还是未来上市的场内期权,保险公司都可以围绕期货市场设计保险产品做再保险。因此,期货市场功能在原有的"价格发现"和"套期保值"基础上得以延伸。但总体上，农产品期货市场总量还比较小。从持仓合约规模来看，美国玉米期货单边持仓量占美国玉米现货产量的比例，近十年来一直稳定在50%左右，而我国这一比例仅有6%左右。这反映了我国农产品期货市场风险管理规模总量与成熟市场相比仍有较大差距。另外，农产品品种体系还比较单一。许多现货市场规模大、市场需求大的农产品尚未开展期货交易。大力发展农产品期货市场有利于深化金融服务"三农"。要鼓励产业企业和银行、券商、基金等更多机构广泛参与农产品期货市场。加大农产品期货新品种上市力度，鼓励期货交易所推出期货、期权、场外等更多的风险管理工具，为相关农产品价格及收入险提供定价支持。为支持相关业务的保险公司、期货公司等机构提供税收优惠。

（五）充分发挥地方政府在"保险+期货"试点中的参与主体作用

地方政府虽然不是保险合同的签约人，但却是签订保险合同最重要的推动力量，对农户参保具有举足轻重的决定性作用。在辽宁的试点中，地方政府发挥的作用主要是制定试点规则和程序、动员和组织农户参保，在厘定费率、确定标的价格等关键环节的谈判中尚未能充分发挥引导农户获得有利地位的作用。一方面，是由于地方政府缺乏专业的精算能力和期货知识，很难帮助农户争取到更有利的谈判条件。另一方面，在试点的方案设计中没有建立中央财政和地方财政的分担机制，中央财政承担了70%的保费补贴，地方财政没有补贴，这就减弱了地方政府的主体责任意识。建议在今后的试点中将期货价格保险保费补贴纳入中央财政和地方财政补贴范畴，建立中央财政和地方财政的分担机制，在补贴结构上可采取"中央补贴+地方财政+农户自缴"的形式,具体的分担比例可以参照政策性农业保险设置。此外,要构建政府和农户与保险公司、期货公司间的有效沟通机制,地方政府加强对粮食价格走势的研判,提升价格保险的定价能力,尽可能帮助农户提出有说服力的目标价格和费率水平。

后　记

全书所辑21篇系列调研报告,均由袁纯清同志亲自带队开展实地调查,并构思统稿、主笔撰写。

调研组成员名单如下:第一篇“成都市实施统筹城乡发展综合配套改革试验、推动农村改革发展调研报告”:袁纯清、张建军、赵铁桥、钟海涛、胡华浪;第二篇“福建省转变农业发展方式调研报告”:袁纯清、张建军、胡志全、钟海涛、詹卉;第三篇“贵州省扶贫开发工作调研报告”:袁纯清、谢德新、徐晖、钟海涛、曹振华;第四篇“浙江省农业农村生态环境治理调研报告”:袁纯清、杨尚勤、朱立志、钟海涛、张宇;第五篇“河南省农村一二三产业融合发展情况调研报告”:袁纯清、杨尚勤、刘明国、钟海涛、邵建成;第六篇“山东省新型农业经营服务体系建设调研报告”:袁纯清、刘进喜、杜志雄、钟海涛、张征、郜亮亮;第七篇“吉林省黑土地保护情况调研报告”:袁纯清、何才文、周冠华、谭本刚、钟海涛、张征、仲鹭勍;第八篇“湖北省农业科技推广服务情况调研报告”:袁纯清、杨尚勤、侯立宏、钟海涛、王青立、秦卫东;第九篇“新型职业农民培育工作调研报告”:袁纯清、张建军、刘艳、钟海涛、纪绍勤、刘杰、冯剑;第十篇“农村产权流转交易市场建设调研报告”:袁纯清、杨尚勤、黄延信、钟海涛;第十一篇“涉农资金整合调研报告”:袁纯清、杨尚勤、林泽昌、郭红宇、钟海涛；第十二篇“江西省涉农领域投资情况调研报告”：袁纯清、贾海、张辉、钟海涛、刘斌、许建峻；第十三篇“湖南省宁乡县农民增收乡村调研报告”：袁纯清、祝卫东、赵长保、钟海涛、刁银生；第十四篇“东莞市农业转移人口市民化调研报告”：袁纯清、钟海涛、陈传波、杨胜慧、常皓、祝仲坤、袁航；第十五篇“西藏自治区旅游扶贫情况调研报告”：袁纯清、彭德成、钟海涛、魏立忠、沈仲亮；第十六篇“辽宁省玉米种植面积调减及农村新产业新业态发展情况调研报告”：袁纯清、杨尚勤、潘文博、李文明、刘武；第十七篇“河北省农业供给侧结构性改革调研报告”：袁纯清、冀名峰、罗丹、李文明、刘月姣、王鸿萌；第十八篇“甘肃省精准扶贫脱贫乡村调研报告”：袁纯清、杨尚勤、吴华、田鸣、李文明、杨志强；第十九篇“安徽省现代农业产业化联合体调研报告”：袁纯清、张建军、冀名峰、李文明、刘月姣、王鸿萌；第二十篇“安徽省蚌埠市探索‘一户一块田’改革调研报告”：袁纯清、张建军、冀名峰、李文明、刘月姣、王鸿萌；第二十一篇“辽宁省玉米‘保险+期货’试点情况调研报告”：袁纯清、陶怀颖、何浩、王宾、王衍、王祺、李文明。

在调研过程中，调研组得到了中央财办、中央农办、财政部、农业部、教育部、科技部、保监会、国务院扶贫办、国家统计局、国家旅游局、国家粮食局、全国供销合作总社等中央国家机关单位，中国社会科学院、中国人民大学、中国农业科学院、农业部农村经济研究中心等高校科研机构，以及地方党委和政府有关负责同志的支持。本书涉及的典型案例和数据，一方面来源于调查访谈获得的第一手资料，另一方面为相关部委和地方及基层直接提供的相关材料，因数据涉及层级较多，且浩繁，难以一一注明，予以说明。

谨在此一并致谢。

策划编辑:郑海燕
责任编辑:孟　雪
封面设计:林芝玉
责任校对:刘　青

图书在版编目(CIP)数据

农情:农业供给侧结构性改革调研报告/袁纯清 等 著. —北京:人民出版社,2017.12
ISBN 978 - 7 - 01 - 018492 - 0

Ⅰ. ①农…　Ⅱ. ①袁…　Ⅲ. ①农业改革-调查报告-中国
Ⅳ. ①F320. 2

中国版本图书馆 CIP 数据核字(2017)第 267401 号

农　情

NONGQING

——农业供给侧结构性改革调研报告

袁纯清 等 著

人民出版社 出版发行
(100706　北京市东城区隆福寺街 99 号)

北京汇林印务有限公司印刷　新华书店经销

2017 年 12 月第 1 版　2017 年 12 月北京第 1 次印刷
开本:710 毫米×1000 毫米 1/16　印张:18. 75
字数:215 千字

ISBN 978 - 7 - 01 - 018492 - 0　定价:60.00 元

邮购地址 100706　北京市东城区隆福寺街 99 号
人民东方图书销售中心　电话 (010)65250042　65289539